被打断的近代化

晚清探隐

黄波——著

人民东方出版传媒
東方出版社

图书在版编目（CIP）数据

被打断的近代化：晚清探隐 / 黄波 著. — 北京 : 东方出版社，2017.6
ISBN 978-7-5060-9801-4

Ⅰ. ①被… Ⅱ. ①黄… Ⅲ. ①中国历史—研究—清后期 Ⅳ. ①K252.07

中国版本图书馆CIP数据核字（2017）第143560号

被打断的近代化：晚清探隐
（BEIDADUAN DE JINDAIHUA : WANQING TANYIN）

作　　者： 黄　波
责任编辑： 闫　妮
出　　版： 东方出版社
发　　行： 人民东方出版传媒有限公司
地　　址： 北京市东城区东四十条113号
邮　　编： 100007
印　　刷： 北京楠萍印刷有限公司
版　　次： 2017年8月第1版
印　　次： 2017年8月第1次印刷
开　　本： 880毫米 × 1230毫米 1/32
印　　张： 10.5
字　　数： 180千字
书　　号： ISBN 978-7-5060-9801-4
定　　价： 45.00元
发行电话：（010）85924663　85924644　85924641

自序

“相对地说，我们对帝国上层的制度有较多的了解，而对人民大众的生活则知之甚少。”很多年前，读费正清主编的《剑桥中国晚清史》时，这句话曾给我很大的震动。因为尽管国人对大清王朝的兴趣始终浓厚，但不知何故，人们所熟悉的多为官场争斗和所谓宫闱秘闻，哪怕这些官场故事和宫闱秘闻没有可靠的史料依据，本缘于道听途说和以讹传讹。而另外一些众所周知的大事件，又往往由于历史以外的因素，有意无意地流失了太多的细节，也使真相渐趋迷离。

从那时起，我就想写一本关于晚清的书，按照我的预想，这本书必须一反以往晚清图书多专注宫闱秘闻和政治斗争的趣向，而应通过发掘比以往更多更一手的史料，对那些对晚清社会走向具有深远影响的事件进行细致再现与分析，从而揭示出辛亥革命前夕晚清社会的客观形态。所选择的这些事件，因为以往偏政治史的视角，也许都不够格被历史教科书称为“重大历史事件”，但其背后，却是晚清民众真实的生活。比如《申报》在“杨乃武与小白菜”案中扮演的角色，可能远不如附加了香艳色彩的案件本身富有猎奇性，但独立于官和民这两极之外的公共媒体的出现，又怎能说不是深刻影响晚清民众生活和观念的大事？又比如长沙抢米风潮，看似只是一起普通的“群体性事件”，可从其酝酿、发生到善后，从中难道不能窥出清王朝即将崩溃的迹象？

至于那些被约定俗成认为的“重大事件”，本书也并未全然避开，只是力图从大事件的幽微和少为人关注处落笔。因此，我不写鸦片战争，而写一个“殉国者”的尴尬，这种尴尬正好透露了那场战争的吊诡之处；我不正面写甲午中日战争，而是聚焦于“在马关的李鸿章”上，历史人物的是是非非已在其中；我不写庚子事变和八国联军，而写慈禧的逃难，事实上，有了这番遭遇之后，也才会有后来的“慈禧新政”；我不写保路运动，而是通过对端方之死的分析，揭示这场运动乃至辛亥革命的实质……

晚清被贴上了众多负面的标签是有道理的，在很多方面，这个时段都不能让人满意，但它有一个鲜明的特点，即它正在深刻地转型之中，而且这个过程原本能以和平渐进的改革方式通向它要到达的终点。我相信，读完此书的人们自然能够同意这个判断。在这样一个判断的基础之上，全书便凝结成了两个发人深思的问题：晚清社会转型走到了哪一步？这种转型又为什么会被打断？至于答案是什么，读者自有结论，就不宜由作者来包办了。

揭示晚清真相，判断史料价值并做出取舍是一大困难，因为相关的资料太多，简直到了“乱花渐欲迷人眼”的地步。然而说句也许会被讥为轻率的话，尽管我浏览了大约关于晚清的近百种书目，但我认为其中确实可靠、真有史料价值的并不算很多。有的纯属造假，如系革命党人伪造却被收入史料汇集《抗俄运动》的“清廷密谕”；有的是向壁虚构，如所谓德龄公主的回忆录；有的是辗转稗贩，如民国时人写的大量关于晚清的笔记，多为谋利之具，可信者甚少。那么如何判断晚清史料的价值？首先在知人论世，先要弄清史料提供者有无提供可靠史料的条件；其次还得大量阅读，相关的阅读量越大，对林林总总的史料进行比勘、鉴别的能力就会越高。而本书所运用之史料，除了“准正史”的《清史稿》，作为历史事件参与者的当时人的文集、日记、自述、回忆录，均为我个人认为可信者，尽管不可能全无讳饰。除此之外，两本民国笔记的价值也不可忽视，即徐凌霄、徐一士兄弟的《凌霄一士随笔》和黄秋岳的《花随人圣庵摭忆》，这两本笔记之所以在大量民国时人著述中为特出，则与其作者的身份和学养密不可分。

本书不能算是学术论著，所追求者，只是一个“说清楚”而已，但在某些问题上，间或也有自己的一家之言，读者识之。既然要“说清楚”，则必然拒绝戏说、瞎说和胡说。如此一来是否会影响趣味性呢？这是我并不担心的，真实的历史本身就有趣味，根本就不需要任何涂脂抹粉。

从搜集、阅读史料到撰文，本书之完成历时颇久，书中篇什多已揭载于各报刊，感谢《随笔》《书屋》《南风窗》《时代周报》《南方都市报》《南方周末》等媒体的朋友慷慨提供版面。发表之日，部分文章曾引起一些争议和讨论，现在随着文章的结集，希望读者、师友们能提出更多更好的意见。

目录

第一辑 尴尬人物：生于末世运偏消

第二辑　叶落知秋：转型社会之幽微

第三辑　重回现场：历史公案探隐

第四辑　“后晚清”时代：青史他年任是非

第一辑

尴尬人物：生于末世运偏消

海龄：鸦片战争中一个尴尬的“殉国者”

汉奸捣鬼：清廷对鸦片战争的一种想象

1840 年爆发的鸦片战争，是中西两种文明碰撞中，给中国人留下的最早也最深的一道伤疤。

我们失败的缘由，现在当然是弄清楚了。可局中人往往是糊涂的，何况，天朝上国的观念那时还根深蒂固。天朝上国居然惨败于“外夷”之手，这在当时的确是一个很不容易让人想明白的问题。清廷上下开始流传：咱们为什么失败？原来是汉奸捣鬼。

费正清主编的《剑桥中国晚清史》在“鸦片战争”一章中这样写道：

“由于很多官员已上奏清帝，把许多失败（像宁波的失陷）完全归咎于‘奸细’，因此满洲的将军们就倾向于相信英军主要依靠的是第五纵队。这种把外国人与汉奸联系起来的做法可以追溯到中西贸易的最初日子里，而流传下来的军事传说只是加强了这种信念：欧洲人有笼络中国同伙的特殊有效办法，其中包括使人吸食鸦片上瘾。……这类消息被夸张成为不胫而走的谣言，在整个长江流域，各方面都有奸细，如船夫、私盐贩子、土匪、市场恶棍等三教九流中的人物。由于官兵们开始分了一半力量来清查潜在的背叛者，这就对清朝的防务造成了灾难性的影响。”

这是不是西方史学家的偏见呢？

湖南湘潭有一个黎姓大族，语言学家黎锦熙、音乐家黎锦晖就是从这个家族中走出的著名人物。二人的伯祖黎吉云，是道光咸丰年间的名御史，留下了手抄日记。道光二十三年（1843），鸦片战争已经结束，按说真相随着硝烟的散去将逐渐清晰，黎吉云又是在京城做官，见过世面的读书人，更容易改变观念。但这一年正月二十九日，黎吉云根据一个从鸦片战争前线的“浙江军营回来者”的讲述，在日记中饱含感喟地写道：“收复宁波、镇海，奈汉奸走漏消息，夷得准备，不能克。……英夷既往镇江，前宁波省城所招集汉奸，未尝带之往，口粮亦自是不给，汉奸遂叛英夷。……汉奸中有素与之往来者，因往与勾结，许以官职重赏……”日记的主人仿佛在向世人透露一个惊天的秘密：鸦片战争外夷的胜利，成也汉奸；中国的失败，败也汉奸。

回头看清廷官员在鸦片战争中的措置，就会发现，在抗夷的同时，又严防汉奸，始终是他们的“两手抓”。因为“汉奸捣鬼”，正是当时清廷上下一种仿佛合情又合理的想象。下面，我们不妨将镜头转向镇江，看看“汉奸”如何成为清朝官员挥之不去的魔魇。

镇江抗英：最具血性的一战

镇江之战，是中英鸦片战争中的最后一次战役。茅海建先生的大著《天朝的崩溃——鸦片战争再研究》影响深广，争议也大，争议的焦点之一就是一场反侵略的战争，在作者的笔下调子过于低沉了。尽管如此，茅海建还是为镇江之战赋予了难得的亮丽色彩：

“镇江是鸦片战争中英军攻击诸要点设防最为薄弱的，而镇江之战却是鸦片战争诸战斗中抵抗最为激烈的。英军投入的兵力最多，但没想到遭到的损失也最大，共有 39 人毙命，130 人受伤，还有 3 人失踪。这一数字以今天的标准来看并不吓人，但相当于清军设防最坚强的虎门、厦门、定海、镇海、吴淞诸战役英军伤亡的总和！英军在镇江遭到重大损失的主要原因在于轻敌。……英军在镇江遭到重大损失的另一重要原因是八旗兵的坚强抗击。除青州兵 400 名外，1185 名京口驻防八旗，已于此驻扎了近 200 年，家产在此，眷属在此，祖坟在此，他们保卫的已不是抽象意义上的国，而是实实在在的家……”

在中国一方，指挥这最具血性一战的人是谁呢？是于 1841 年年初刚刚上任的京口副都统海龄。《清史稿》中有其小传。他是满洲镶白旗人，历任西安、江宁、京口（镇江别称）副都统。这个副都统是个什么官职呢？清王朝入关建立政权后，将八旗官兵分派到各省要害地区驻扎。各地八旗驻防部队以级别的不同，其长官分别由将军、都统、副都统担任。镇江这个地方，八旗军的首领，即当地最高军事官就是作为副都统的海龄。

《清史稿》中叙镇江之战云：“英兵既陷吴淞，由海入江，六月，犯镇江，提督齐慎、刘承孝败退，遂攻城，海龄率驻防兵死守二日，敌以云梯入城屠旗、民，海龄与全家殉焉。”参加了侵略战争的英国军官利洛在其《英军在华作战末期记事》一文中对镇江留下了这样的印象，“不论是汉兵或满兵都表现得非常勇敢，很令我们钦佩……从他们的行动可以看出，虽然打到最后一个人，也还是不肯屈服”。

专门研究鸦片战争的茅海建综合中西各种档案、史料，其叙述要翔实生动得多：

“京口副都统海龄对该处防御颇为上心。他严格训练部众，并率领军民修复了已显倾圮的城墙。但他无权调兵无钱铸炮，能办的不过如此而已。他曾要求招募水勇巡查江面，为牛鉴（两江总督）所拒。他又想给手下兵弁弄点钱改善生活，以激励士气，反遭牛鉴的弹劾，结果受到降两级留任的处分。……1842 年 7 月 12 日，英军舰队驶至江阴鹅鼻嘴。15 日，英舰两艘率先到达镇江江面。至 20 日，英全军抵达。……海龄率镇江旗兵、青州旗兵约 1600 名防守城内。齐慎（参赞大臣，四川提督）率援军 2700 名驻守城外。……21 日，英军攻城。此次行动主要由英陆军承担，共 4 个旅 6905 人，此外还有数百名海军人员。就兵力而言，英军处于绝对优势。与驻守城外的齐慎的怯懦相反，海龄率领的镇江城内 1600 名八旗兵的顽强抵抗，就连敌手也无不称道。英军第二旅于城东北登陆后，便遭到守军的炮击，用云梯攻城时，清兵与之激战，直至城北的城墙被轰塌一大段，手持劣势兵器的清方勇士们仍利用各种有利地形节节抵抗。……尽管英军最后从城北、城西、城南三个方向突入城内，但守城的八旗兵仍未溃逃，而是坚持巷战，许多人流至最后一滴血。入夜了，而镇江城内仍火光不息，枪声不断。……”

中国人对镇江和镇江之战的特殊感情，还缘于恩格斯的一篇文章。1857 年，恩格斯在一篇文章中高度赞扬了镇江守军，他说：“如果英军在各地都遭到（镇江）同样的抵抗，他们就绝对到不了南京。”在近代史上，海龄和镇江之战从此成为中国人抗击侵略中表现英勇气概的一个符号。

真相迷离：“殉国者”的尴尬

海龄身后，极尽殊荣。《清史稿》记载：“谥昭节，入祀昭忠祠，并建祠镇江，妻及次孙附祀。”对死者建专祠祭祀，这是传统社会一个王朝给予的最高礼遇了。但后面又接着说：“当城破时，海龄禁居民不得出，常镇道周顼弃城走，事后讦海龄妄杀良民，为众所戕，言官亦论奏，下疆吏究勘得白，诏以阖门死难，大节无亏，仍照都统例赐恤，治顼罪如律。”这段话的意思是：英军兵临城下时，海龄禁止镇江居民外逃，其同僚周顼弃城走，事后攻讦海龄并非尽忠成仁，而是因妄杀良民被激愤的百姓杀死的。最后经过封疆大吏调查，海龄全家确是殉难，其本人大节无亏，诬告的周顼被治罪。

《清史稿》寥寥数字的背后，却是惊天的宦海波澜。

道光皇帝于道光二十二年（1842）六月发布了一条上谕，称赞海龄“为国捐躯，忠义可嘉”，并要求查明海龄还有多少后人，责令地方官将其后人“带领引见，候朕施恩”。但仅仅一月，又发布了

第二条上谕，其中说："兹有人奏'海龄查拿汉奸，误杀良民不计其数，以致人心不服，将该副都统围住，海龄因纵兵开炮轰击。夷闻内变，乘势直入府城。海龄之死，闻系被民戕害'等语。"显然，针对第一条嘉奖的上谕，有言官提出了不同意见。海龄到底是殉国的忠臣还是激成民变的罪人，皇帝也糊涂了。虽然对他及其王朝来说，在战争一败涂地的时候，亟须海龄和镇江之战这样的典型来激励人心，但他还是毫不含糊地亮明了彻查态度，"查拿汉奸，本系守城要务，若因此多杀无辜，激成内变，则其死殊不足惜；惟乱民乘乱泄忿，戕官纵贼，实属罪大恶极，纵不能悉数诛夷，必应将为首数人，立伸国法。着将原折抄给苏抚阅看，毕竟镇江如何失守，海龄如何被戕，确切查明，据实具奏。不得因海龄已死，代为弥缝，亦不可因乱民较多，意图消弭"。经过两个月的核查，同年九月，皇帝发布了第三条上谕："海龄于镇江城陷时自缢殉难，前据耆英等询取旗员确供，并阖营押结，复据该城绅士等众口一词，其为临难捐躯，已无疑议。……且搜获汉奸，亦止处斩十三人，其余讯系平民，均经释放，是周顼原禀各款系属得自传闻，而海龄见危授命，大节无亏，允宜特为宣布，以息浮言。……常镇道周顼所禀失实，着与该处城陷后未经殉难之文武各员一并查明，再行严参。"

皇帝最后的谕旨当然是盖棺定论。但"大节无亏"这样的用词还是留下了想象的空间，何况谕旨中也承认海龄曾经"搜获汉奸""处斩十三人"。而对海龄不利的私家日记、笔记更非罕见，前引黎吉云的日记中记录下了他从前线听来的传闻，"尔时英夷无意入镇城，意欲直入大江，而镇江副都统海龄，日杀无辜，民不聊生，往夷船请之入城”。传为当时镇江人所作的《草间日记》则记载：“都统令旗兵满城捉汉奸，旗兵遇他县人在城者，及居人只行，或夜出者，见即追而杀之。至是捕城内居民百七十余人，于小校场行刑，并及妇人孺子，呼冤之声不绝，郡守惟流泪而已。”另一部《出围城记》则记录了海龄禁止百姓出城觅食、逃难的情况：“城中炊烟寥寥，盖城闭市亦闭，饥民无处市米，亦无处市饽饽，人疑副都统欲尽汉人而后止。……郡守转请副都统，仍不开城。谓开城吾辈命即休，不能顾百姓，百姓有违言，即是汉奸，吾兵足以杀之。”流传下来的几首镇江人的竹枝词也有相似的记载，记海龄闭城曰：“夷人一自入圌山，直向长江左右环。城中人民忙欲走，谁知初八四门关。”记海龄搜杀“汉奸”则曰：“都统差人捉汉奸，各家闭门胆俱寒。误投罗网冤难解，小校场中血未干。”

隔代论史的《剑桥中国晚清史》提到海龄时，下了这样一个结论，“最糟糕的是镇江的一位将军，他确信，在英国人从前面进攻时，该城的汉奸一定会从后面袭击满洲人。于是他命令一看见形迹可疑的人就抓起来，此后居民一看到满洲士兵走近时就惊恐地逃走。显然有些士兵一见有逃跑者就把他们杀死，用他们的尸体去领赏。这样的恐怖笼罩各地。如在上海，英国人的炮声就被一些居民误认为是中国当局在下令屠城”。

海龄到底是个什么样的人物？因为史料和立场的歧异，史学家见仁见智。现在看来，基本事实是清楚的。海龄在侵略者面前竭力抵抗，城破自杀，在当时的将领中难能可贵。但海龄又有举措乖张的地方，比如禁止平民外出逃难，闭门搜捕所谓“汉奸”，惹得民怨沸腾等等。

海龄在守城过程中对居民的暴戾行为，官方和民间对此都没有否认。所区别者只在于两点：被杀者数字，是十余人还是高达数百人之多？被杀者的身份，究竟是良民还是汉奸？第一个问题，因为是战乱，估计很难一一核实了。第二个问题则不难解决。在民族冲突中，因利益诱惑或受其他因素刺激，某些人为敌所用，这是哪个民族都有的现象。但在海龄时代，镇江一下冒出那么多“汉奸”几无可能，这不仅因为中西之间的接触才刚刚开始，更因为镇江本来是一座困守的孤城，与外界隔绝中的居民，怎么可能突然想到要去做汉奸？可以认定，即使海龄只杀了十余人，其中的多数也应该属于冤杀。

杀了无辜百姓，自己又在反侵略中不屈而死的海龄让人为难。这自然是一个“殉国者”的尴尬，但从根本上说，这种尴尬更是清政府这个政权的尴尬。

清王朝属于少数民族政权，这使得它在应对“外夷”的威胁时，还有一种不可宣扬的隐秘心理，即绝对不能因“外夷”而放松对汉人的防范。海龄实际上是在忠实执行清王朝最高统治者的既定方略。一个对人民充满疑忌的政权，也许主观上不想对外妥协，但势必会分散力量，而最终显得软弱无能。这样的一幕，我们在后来的晚清乃至民国历史上还会不断地看到。

中断的幼童留美，压抑的少年青春

清同治十一年七月九日（1872 年 8 月 12 日），上海港。一艘轮船起锚了。船上 30 名统一着装的中国幼童向码头上送行的亲人挥手惜别，分外惹人注意。他们中很多人连县城都没去过，但现在即将远行，目的地是传说中的美国。

被曾国藩称为“中华创始之举，古来未有之事”的官派学生留洋活动，至此拉开了序幕。对这个有着悠久文明，向来把异国蔑视为“夷”的国家来说，迈出这一步并不容易。

幼童与美国的相遇

清政府送学生留洋，何以选择美国？

首先不能不说，在对华交往中，美国是当时西方列强里不良记录最少的国家，清廷对美国有一种信任感。

其次要谈到《蒲安臣条约》。蒲安臣于 1861 年至 1867 年担任美国驻华公使，任内因主张对中国采取合作政策，并调停了中外多起外交纷争，成为第一个对清政府具有重大影响的外国公使，离任后还被清政府聘为出使大臣，委托他代表中国政府访问欧美。1868 年 7 月 28 日，在赴美访问中，蒲安臣与美国国务卿签订了《中美天津条约续增条约》，世称《蒲安臣条约》。条约规定，两国公民有居住、入学互惠权利。中国派遣留学生赴美学习即奠基于此。

最后应该归功于“毕业于美国第一等之大学校”的第一个中国人容闳（容闳的事迹下文还要详述）。因其毕业于耶鲁大学，熟悉美国情形，又是幼童留美事业的主要促成者之一，清政府把官派学生留洋的地点定在美国，也便在情理之中。

容闳在第一批学生出发前，先行赴美安排一切。他特访了母校耶鲁大学的校长波特，波特建议，将 30 名幼童每两三人分成一组，寄居于美国家庭之中，所有提供膳宿的家庭，一切费用均由中国政府按期照值给付，这样可使幼童学习英文的效率大大提高。容闳欣然接受了这一提议。后来的事实证明，这是一个影响到幼童及整个幼童留美事业命运的建议。当听说中国幼童将寄居于美国家庭时，在任的美国驻华公使十分兴奋，打电报给国务卿说：“如果我们人民能够给予慷慨及友善的接待，则我们在中国的利益将有更大的实惠，远比增派我们的军舰来此为佳！”

美国人民没有让他们的驻华公使失望。据美国人勒法吉所著的《中国幼童留美史》记载，“有 120 个美国家庭愿意接待两名幼童，合计可接待 240 名，可是年抵达的幼童仅 30 名”，“而所有热烈响应的，全是背景优良的家庭”。政客着眼于“更大的实惠”，普通百姓不可能如此深谋远虑。美国人民发自内心的热忱，从当地教育局长给那些接待中国幼童家庭的一封信中可见端倪。在信中，局长提醒家庭教师们，“当于慈爱之中，仍寓严整之意”，“应于每日酌留四刻，以便幼童专心温心中国文字”，“华生尤须令知保身之道，须令其时常浴沐。遇有天变，务必躲避风寒”……可谓关切备至。

幼童抵达康州哈德福城时，容闳亲自迎接他们。不久，幼童就被分配到康州河谷两岸的美国家庭中。幼童与美国的相遇留下了许多趣事。一位幼童后来撰文回忆：

“我很幸运地被分配到一位慈祥的太太家，她赶着马车来接我们。当我被介绍给她时，她拥抱我并吻我。她的动作使其他同学均大笑，更使我脸红。当然，我没说出我的尴尬。可能自襁褓以后，这是我首次被人亲吻。”

当第一个星期天来临时，主人要他们去“主日学校”，幼童们只听懂“学校”二字，便立刻收拾书包，以为上学的日子正式来临了，但到了之后才发现，“主日学校”就是教堂。两位幼童立刻由教堂夺门而出，直跑回住处，把自己关在房间中再不肯出来。

中国幼童与美国、美国文明相遇了。磨合才刚刚开始。

三个关键人物：容闳、曾国藩、李鸿章

从1840年第一次鸦片战争前，林则徐开始“睁眼看世界”，到1872年派出幼童留学，这是一个了不起的进步，表明中国对西方的认识在逐步加深，尽管为此也付出了惊人的代价。

赞扬这一进步必须记住三个关键人物：容闳、曾国藩、李鸿章。

容闳，号纯甫，1828年生于广东香山县南屏乡，他的家与澳门

仅相距四英里。澳门是西方人最早在中国办学的地方。容闳七岁时随父亲到澳门，进入外国人办的学校读书。1847 年，在经过一番波折后赴美，在别人的资助下于 1854 年从耶鲁大学毕业。他在回忆录《我在美国和在中国生活的追忆》（旧译《西学东渐记》）中说："整个大学阶段，尤其是最后一年，中国的可悲境况经常出现在我的脑海，令人感到心情沉重。……在大学的最后一年即将结束以前，我心里已经计划好了将来所要做的事情。我决定使中国的下一辈人享受与我同样的教育。如此，通过西方教育，中国将得以复兴，变成一个开明、富强的国家。"怀揣这一目标，容闳于 1855 年回到了正处于"洪杨之乱"中的故国。他在广州目睹了清廷官员一次大屠杀，震惊之余转而在感情上倾向于打着宗教旗号的太平军，不久即到太平军的占领区进行考察。考察的结果使他断定，太平军不可能给苦难中国带来新的东西。

容闳改造中国政治的梦想破灭，但改造中国教育的梦想却开始显露曙光。因为他遇上了时任两江总督的曾国藩。他先后向曾国藩建议：建一座西洋式的机器厂；选派青年出洋留学。

第一个建议实施很快，结出的硕果就是著名的江南制造局；第二个建议则颇让人踌躇。晚清时代的中国人在吃过苦头后，可以向西方借鉴技术以为我用，但要其承认西方文化也有值得学习的地方则至难。1870 年爆发的"天津教案"产生了意外的作用，它使有眼光的大臣意识到，中西隔膜太深将导致巨大的灾难。一手办理天津教案的曾国藩和其他大臣一起，联名向总理衙门上奏，呈报了容闳关于选派学生留洋的建议。

曾国藩是容闳最为景仰的中国人。在后者眼中，前者“作为一位政治家和爱国者，他的人品远远超过他的同僚”，其伟大“在于他的伟大品德——纯真而不自私的爱国主义精神，具有深思远虑的政治头脑和为官清正”。而与曾相比，公认继承曾氏衣钵的李鸿章就显得逊色多了。容闳认为，李鸿章“作为一个管理国家的官员，其才能远不及曾国藩；作为一个爱国者和政治家而论，他的品德更是经不起公正无私的历史的检验”。

论个人品格的纯正，李不如曾，这个评价大致不错。但必须指出，李鸿章仍然是促成幼童留美的关键人物之一。李鸿章的为官之道比曾国藩玲珑，容闳对中国特有的官场艺术不熟悉，极易误解，后来留美幼童被撤回，容闳在其回忆录中指责李鸿章，这也是原因之一。

从现有资料可以看出，李鸿章对幼童出洋一事极为热心。1871年5月，他在给曾国藩的信中写道：“威使（英国驻华公使威妥玛）询及派幼童出洋，甚以为然。谓须选二十岁内外，通习中国文义者，到洋后专习洋学，乃易会通，十年可成。若华洋书兼肄，恐致两误。渠颇通华学，此语似有阅历。”当时，提议官派学生留学的大臣们，知道守旧势力的强大，为了避免阻力，要求出洋之幼童兼习中西文字，英国公使一下子就看出了不妥，认为既出洋，就该“专习洋学，乃易会通”，若中西兼修，“恐致两误”。李鸿章也深以为然，但他只能于私信中表露，而在给朝廷的奏折中，却不得不说，对幼童需“随时课以中国文艺，俾识立身大节，可冀成有用之才”。这就是做官的艺术，没有官场历练的容闳哪里知道呢？

哪怕政府出钱，也没人愿去美国

按照清廷计划，在美国成立“幼童出洋肄业局”，在上海成立“幼童出洋肄业沪局”，后者负责在国内甄选12岁至15岁的幼童，进“预备学校”学习，训练合格后再派赴美国。计划派遣四批，总计预算银120万两。

没想到，计划刚一开始就在幼童招选这一环节上遇到了很大困难。当时风气未开，学习西学为人鄙视，到国外读书更是前所未闻，虽然所有费用由政府支付，但愿意送儿子出洋的家长也寥寥无几。

另外，在“天津教案”这场由“谣言揭开的文明冲突的序幕”之后，普通百姓对外国人仍有强烈的猜疑，一些耸人听闻的传闻依然在相对闭塞的地方流传，使中国的家长们莫名惊惧。一位留美幼童后来回忆说：

“当我是一个小孩子的时候，有一天，一位官员来到村里，拜访各住户，看哪一家父母愿意把自己的儿子送到国外接受西方教育，由政府负责一切费用。有的人申请了，可是后来当地人散布流言，说西方野蛮人，会把他们的儿子活活地剥皮，再把狗皮接种到他们身上，当怪物展览赚钱，因此报名的人又撤销。”

由于第一批留学生未能满额，容闳又不辞劳苦，亲自到香港，由英国政府设立的学校中挑选了几个比较优秀的学生补充。总算凑足了第一批30人。

自1872年（同治十一年）起，至1875年止，中国共派出四批幼童计120名，最幼者10岁，最长者16岁，平均年龄12岁。以籍贯论，广东 84 名，江苏 20 名，浙江 9 名，福建 4 名，安徽 2 名，山东 1 名（此据台湾学者高宗鲁之统计）。但无一皇室贵胄的幼童应募，这暴露了满洲贵族们的颟顸，一个政权欲倡导的事情，权贵们却不响应，会给其他社会阶层何种联想？

从这个籍贯的分布，也可以看出当时中国各地不同的开放程度。敢于“吃螃蟹”，送儿子到异邦求学者，多为广东、江浙这些沿海城市的家庭，他们或有家人、亲友与洋人共事，或与西人有过较多接触。如当时上海有名的买办商人唐廷枢，就乐于送自己儿子出洋留学。后来在中国非常著名的铁路工程师、广东南海人詹天佑，他的留学则缘于一位在香港做事的邻居的大力鼓动。詹父本希望儿子将来走科举正途，犹豫不决，这位见过世面的邻居再三劝说，并以将女儿许嫁作为保证，詹父才下定决心。

家长送幼童出洋，都必须亲笔“具结”，并画押，即向政府作出一种免责的法律保证。詹天佑的传记中收录了这份“保证书”：

“兹有子天佑，情愿送赴宪局（幼童出洋肄业局）带往花旗国（晚清时对美国的称呼）肄业学习机艺，回来之日，听从差遣，不得在外国逗留生理。倘有疾病，生死各安天命。……童男詹天佑，年十二岁，身中，面圆白。……”

后面还要开列祖宗三代本名，俨然是一纸卖身文书。

第一批招选到的幼童首先在上海预备学校集中，经过半年的培训后，于 1872 年 8 月由上海登船赴美。于是出现了本文开头的那一幕。

当 1872 年首批幼童赴美之际，中美外交关系尚未正常化，美国在中国派有公使，常驻北京，而中国在外却无使节。以幼童出洋肄业局正、副委员名义，常驻美国康州哈德福城，负责管理幼童事宜的分别是刑部候补主事陈兰彬和容闳。1874 年，李鸿章拨款美金四万三千元，授权容闳在哈德福城建造宽敞的三层楼房一座，可同时容纳幼童出洋肄业局的所有职员、教师和 75 名学生，餐厅、厨房、宿舍及浴室俱备，作为幼童肄业局永久性的驻美总部，这是中国历史上第一个驻外常设机构。

让陈兰彬、容闳出任肄业局的正、副委员，出于曾国藩、李鸿章这两位重臣的举荐。陈氏虽仕途不顺，却是科举的优胜者，曾点过翰林，他和容闳搭档又压后者一头，有一点“中西合璧”、以中为主的味道，这可以少给保守派以攻击的口实。李鸿章在致总署的信中说：“盖以纯甫（容闳字‘纯甫’）熟谙西事，才干较优；荔秋（陈兰彬字‘荔秋’）老成端谨，中学较深，欲使相济为用也。”

“相济为用”四字颇能透露曾、李之苦心，然而事实之发展竟大谬不然。

“他生来只习惯于看到压抑的青春”

青少年接受新事物、融入新环境是最快的。

关于留美幼童的学习和生活，后来成为卓越工程师的幼童温秉忠 1923 年曾在一篇演讲词中回忆：“第二天，容闳先生分配他们给来自各地的美国老师。老师带他们回去。在以后留美的岁月中，这些美国老师负起教养监护的责任。每一个美国老师家庭负责两个或四个幼童。英文合格的幼童直接送入美国学校，不合格的在老师家接受个别补习，做入学的准备。最初，幼童均穿长袍马褂，并且结着辫子，使美国人当他们是女孩。……为了减少困扰，数月以后，幼童向'出洋肄业局'委员呈准改穿美式服装。当时幼童平均不及十五岁，对新生活适应很快，迅速接受了美国的观念及理想。……中国幼童们与一同食宿的美国家庭及中学、大学同学们，均建立了深厚之友谊。……美国老师及监护人那种家长式的爱护，使幼童们久久铭感不忘。"

幼童"美国化"的速度惊人，不仅要求改装，有的甚至希望剪掉被清廷视为忠君爱国象征的辫子，有的还加入了基督教。怎样应对这种趋势，肄业局委员陈兰彬和后任委员吴嘉善，与副委员容闳针锋相对：容闳理解、同情幼童，陈、吴则斥之为数典忘祖。

双方之分歧，容闳有详尽回忆：

"我力争为留学生作一些一劳永逸的安排，和解决一些必要的问题，例如学生的学费和个人费用；他们在假期中的费用；学生服的更换；参加寄宿家庭的祈祷；参加主日学校或去教堂；户外运动和体育锻炼等。……陈兰彬和学生之间经常发生矛盾，我只能充当和事佬儿，为他们从中调解，同时我也总是为学生们的一切合理要求辩护。在这种情况下，我即使不引起陈对我的痛恨，至少也使他非常不快。他有生以来，直到这次赴美国之前，从未离开国门一步。他完全按照他的中国标准来衡量一切事物和人，尤其是对这些学生……

像陈兰彬这样一个人，他生来只习惯于看到被压抑的青春，不能发挥的活力和独立精神，以及不能把真诚坦率形之于外的举止。因此他对目前这些留学生的行为不能不感到奇怪，而且认为都是大逆不道的行径。这些学生到新英格兰以后，一旦解除了他们心灵上的沉重压抑和约束，当然会因为得到自由而欣喜若狂。”

“生来只习惯于看到压抑的青春”的人，还不止陈兰彬一人。

继任肄业局委员的吴嘉善，这位同样出身翰林的老爷，视留美幼童与国内私塾的学生无异，不料幼童们在其接见时，均不行跪拜礼，顿时大怒：小小年纪便目无尊长，这还了得？且不说现在还没有成材，即使学业有成也不能为中国所用！立即上奏要求将幼童撤回。

国内攻击幼童事业的声音也一直没有消歇过。光绪六年（1880）十一月，一位叫李文彬的御史上了一个折子，弹劾留美幼童，“多入耶稣教门，其寄回家信有‘入教恨晚死不易志’等语。……或习为游戏，或流入异教，非徒无益，反致有损，关系实非浅鲜”。

总理衙门接连听到对留美幼童事业不利的声音，开始征求重臣及相关人士之意见，有的主张全撤，有的主张半撤半留，有的主张整顿。而主张全撤者占据主流，尤其是借助幼童留美事业摆脱仕途不顺，登上驻华盛顿全权公使高位的陈兰彬，给了这项事业最后一击。他在奏折中说：“外洋风俗，流弊多端，各学生腹少儒书，德性未坚，尚未究彼技能，先已沾其恶习，即便竭力整顿，亦觉防范难周，亟应将该局裁撤。”总理衙门即据陈兰彬之奏，做出了“将出洋学生一律调回”的决定。

这一决定让所有关心中国现代化进程的人深为失望。由耶鲁大学校长波特执笔，美国多位文化名人联名给总理衙门写了一封信，力请中国政府收回成命。当时因华人劳工问题，美国国内兴起排华浪潮，这些名人盛赞幼童的行为，“使许多无知者和不怀好意的人对中国的偏见逐渐消失，而代之以称赞”。包括美国前总统格兰特也积极游说，但均未能让清廷改变决定。光绪七年（1881）七月，中国幼童奉命辍学撤退回国。当幼童由美国撤回时，全体幼童中，只有詹天佑等两人大学毕业。诚如温秉忠所言：“大多数再过一两年即可毕业，中途荒废学业，令人悲愤异常。”

好不容易迈出一步的脚又收了回来，谁该为此负责？

按照容闳的意见，首当其冲者是陈兰彬和吴嘉善。他在回忆录中愤怒地指责陈兰彬是“对任何事都不敢负责任的胆小怕事的懦夫”，而吴嘉善则应该“送进疯人院或低能者教养所”。其次则是在朝中位高权重、又是幼童留美事业主持人的李鸿章。容闳批评李鸿章“不曾挺身而出为学生说话，反而站到保守派一方，同意招回留学生”。

后来的研究者基本都沿袭了容闳的观点，无论是撰《剑桥中国晚清史》的西方汉学家还是大陆学者，在他们笔下，陈兰彬、吴嘉善卑鄙而自私，而李鸿章则首鼠两端。细按史料，这种说法颇值商榷。陈兰彬、吴嘉善并非顽固不化的人物，像吴嘉善还是个“精研数理”、撰有《算数二十一种》的数学家，从史料中也没有发现他们在道德上有多么严重的污点。而李鸿章在风波中的言行，置身异域的容闳哪能了解得十分真切呢？

以李鸿章的认识水平，他内心并不赞同将幼童全部撤回。光绪七年（1881）正月，李鸿章还曾特地电告吴嘉善勿急于带幼童回国。同年二月，朝中撤回幼童的呼声甚高，他又函告总理衙门，说幼童“早岁出洋，其沾染洋习或所难免；子登（吴嘉善字“子登”）绳之过严，致滋凿枘，遂以为悉数可撤，未免近于固执”，认为“十年以来，用费已数十万，一旦付之东流，亦非政体”，并谓美前总统和驻华公使均函告留美学生颇有长进，“半途中辍殊属可惜”，建议幼童“已入大书院（大学）者可留美卒业，聪颖可成材者酌留若干，此外逐渐撤回”。我们只能说李鸿章面对保守派的巨大压力，不够坚决，硬要说他见风使舵无疑并不公正。

容闳先生不愧为一位伟大的爱国者，但与他对立的一面，如陈兰彬、吴嘉善，也并非就是卑污小人，双方的对立主要还是缘于思想观念的歧异。要而言之，在怎样改造中国使之尽快现代化的问题上，容闳主张“全盘西化”的路径，而在当时这纯属异端。其实，不仅是容闳不满的陈兰彬、吴嘉善、李鸿章，就是容闳景仰的曾国藩，在这个问题上恐怕也不会站在他的一边。

幼童归国后的命运

赴美 120 名幼童中，于 1882 年返华者计 94 名。其余或因犯规，或因品学欠佳，或因剪辫入教早已遣返，也有几位违令不归，而长居美国。

回到仿佛已经陌生的祖国，幼童们有点迷茫，也满怀期待，但很快就陷入了沮丧。

后来服务于中国外交界的幼童黄开甲，把他回国之初的遭遇，透露给了他在美国寄住的一位女士。信中说：

“人潮环绕，但却不见一个亲友。没有欢迎的微笑来接待我们这失望的一群。……到中国‘海关监督’办事处，却雇用独轮车来装载我们，行动真迟缓。我们还被暴露在惊奇、嘲笑的人群中，令人难堪。……为防我们逃脱，特由一队中国水兵押送我们去上海道台衙门后面的‘格致书院’。……这所书院关闭已经十年，当你踏进门槛，立刻霉气扑鼻，夜间，潮气由地上砖缝中冉冉升起，使我们衣衫尽湿。”

清廷关于是否撤回幼童曾经开展讨论，但对于撤回的幼童，怎样助其完成学业，及分配工作等事宜，却没有拟定任何办法。作为直隶总督，又在大兴实业急需人才的李鸿章，努力不让幼童埋没于官场，94 名幼童中，头批 21 名送电信局学传电报，二三批学生中由船政局、上海机器局留用 23 名，其余 50 名安插于水师的机器鱼雷、水雷、电报各处。但正如黄开甲所抱怨，这种“完全不按个人志趣及在美所学”的办法，伤了幼童们的心，他愤怒地质问：“这就是东西双方影响下，中国政府的‘进步政策’吗？”并强烈质疑清王朝统治的合法性，认为其必须彻底改革，“才适合治理它的万千子民”。这里，“美国化”的影子显示出来了。

尽管有种种不如意，回国的幼童们还是绽放了他们的才华。在全体返国幼童中，日后诞生了国务总理 1 人，铁路局长 3 人，外交部长 2 人，铁路官员 5 人，公使 2 人，铁路专家 6 人，外交官 12 人，矿冶专家 9 人，海军元帅 2 人，海军军官 14 人……其中如开国人自建铁路之先河的工程师詹天佑，一度出任民国总理的唐绍仪，促成美国退回部分庚子赔款的外交官梁诚，北洋大学校长蔡绍基等，都是赫赫有名的人物。

还有幼童为国家献出了生命。中日、中法两次海战中，7 名服务于军中的幼童表现英勇，慷慨捐躯。美国驻华公使特地于 1884 年中法海战后，照会总理衙门，说“中法闽省之战，中国官兵均甚出力，其中尤为出力者，则系扬武船内由美国撤回之学生。……想该学生等出洋习业，曾有谓其惟务洋学，恐与中国事理，诸多未谙，难为有用之才。兹阅前因，足见深明大义，均能以死力报效，实为不负所学”。最后建议，“尚望贵国于幼童出洋一事，嗣后仍按时举办，将见人才辈出，贵国兴盛之基，自必蒸蒸日上矣”。但这时慈禧已借中法海战撤换全部军机大臣，政局的动荡，加上主持中枢者的缺乏眼光，留美计划终未恢复。

李鸿章在马关

马关，日本的一个小镇，日人又称为“下关”。清光绪廿一年二月廿八日（1895 年 3 月 24 日），这个过去默默无闻的小镇突然吸引了全世界的目光。

这一天，因甲午战败，奉清政府之命前来马关议和的头等全权大臣李鸿章，在下榻的旅馆门口遇到了狙击手。当时弹伤颊骨，血流满面。立即成为全球特大新闻。

这一枪对时年 73 岁的李鸿章来说，有点像无妄之灾，因为在他之前，清廷已经另外委任了议和大臣。但是当清廷派出的谈判人选被日本拒绝后，他却像过去这个衰朽的王朝多次发生过的事情那样，再一次被推到了风口浪尖。

为什么日本人拒绝另外的谈判对手？为什么李鸿章必须到马关？狙击手是谁？他为何要行刺李鸿章？凶手是否为日本政要所指使？除了这起轰动一时的行刺案，当年在马关还发生了什么？马关议和给李鸿章、日本人乃至晚清政局和社会又带来了什么？……

在李鸿章赴日前两个月，受命前往马关议和的是户部左侍郎张荫桓与代理湖南巡抚邵友濂。两位相当于今日之省部级的官员，却被日本谈判代表——日本首相伊藤博文和外务大臣陆奥宗光挡了回来，通常都说日本人嫌这两位名望不彰，非清王朝中重量级人物，也许日本人的确有这个小九九，但摆在台面上的理由却极其正当：事关战争与和平的谈判，中国的代表未得到皇帝授予的充分权力，不合国际公法。陆奥宗光后来在口述回忆录《蹇蹇录》中甚至说，他和伊藤博文对此早有准备，因为“清国予其使臣之所谓全权，往往有不符国际公权上之例规”，他和伊藤博文决定，“首先审察彼等所携全权委任状形式如何，如缺国际公法普遍之例规，未进入正式媾和谈判之前，立刻拒绝与其继续谈判”，后来“果如吾侪所意料，发现清国使臣未带国际公法上普通之全权委任状。彼等首先提出其所谓国书，此只为一种信任状，决非全权委任状”。作为新兴强国的日本，处处搬弄所谓国际惯例，有些让中国人恼恨，但也因此保证了其看似无礼，却并未在外交上失分。

伊藤博文一方面把张、邵二代表拒之门外，另一方面又在私下里请中国代表的随员“转致我对李中堂最诚实之口信”，希望中国“任命有正当资格之全权使臣”，显示日本人愿意以时为直隶总督、北洋大臣，在清廷位高权重且有国际声望的李鸿章作为谈判对手。

李鸿章之所以不得不来马关，除了日本人的“器重”，当然还因为他在清廷眼里，应该为甲午之战的失败负起责任。甲午之战前，李鸿章因平太平军、剿捻等军功和兴办洋务的实业，被西方观察家认为是足以和德国“铁血宰相”俾斯麦比美的东方伟人。如果没有日本，有理由相信，李鸿章会戴着这顶帽子进入历史。也许他该感叹一句：日本啊日本……

李鸿章与日本

晚清的人们震惊于欧风美雨，日本之崛起实未进入国人视线，一句“蕞尔岛国”将轻慢之情显露无遗。平心而论，李鸿章倒是“睁眼看日本”的先驱，他最早意识到，崛起的日本是中国的一大隐患，不能等闲视之。

清同治十一年（1872），时年50岁，已经接替曾国藩升为直隶总督这一地方官员之首的李鸿章，为中日订立商约，和日本人刚刚打过交道，即在给朋友的私信中，一方面对日本表示不满，指责“日本议约甫定，忽又派人来津商改，狡黠可恶”。另一方面，对其维新图强又与中国比邻深以为忧，认为“该国上下一心，皈依西土，机器、枪炮、战舰、铁路，事事取法英美，后必为中国肘腋之患。积弱至此，而强邻日逼，我将何术以处之”？

光绪八年（1882），肩负北洋海军建设重任的北洋大臣李鸿章向朝廷奏报：“日本步趋西法，虽仅得形似，而所有船炮略足与我相敌，若必跨海数千里与角胜负，制其死命，臣未敢谓确有把握。”

光绪十一年（1885），因上一年朝鲜内乱，与朝鲜关系特殊的中日两国在天津商讨解决办法，中方代表是李鸿章，日方代表即伊藤博文，会议的成果是签订了《中日天津条约》，条约规定：“朝鲜若有重大变乱事件，彼此出兵先行文知照，事定即撤回。”此款无异于承认中日共同保护朝鲜，均有出兵之权利，种下甲午之战的祸根。本次谈判让李鸿章对日本和伊藤博文有了更切近的认识，签约次日，他在给出使日本大臣徐承祖的书信中通报谈判情况时说：“伊藤大使在津两旬，会议七次，始将条约订妥画押。……伊欲鄙人奉特派赴日，便可相让，法事未了，碍难分身。伊藤治国才猷精敏，如银行铁路章程，望时与探讨，详示为盼！”同时又向总理衙门密奏，称许伊藤博文是治国之大才，认定“十年内外日本富强必有可观，此中国之远患，祈当轴诸公及早留意”。

光绪十九年（1893），这是甲午之战的前一年，李鸿章在给出使日本大臣汪凤藻的信中，表示日本海军的实力实在我军之上，他说：“东洋蕞尔小邦而能岁增铁舰，闻所制造专与华局比较，我铁舰行十五海里，彼则行十六海里，……盖以全国之力专注于海军，故能如此，其国未可量也。”“以全国之力专注于海军”，李鸿章认为这就是日本海军发展迅速的根本原因。而我们呢？则正以全国之力筹备慈禧太后的万寿庆典。李鸿章在给同僚的信中当然不敢发牢骚，不但不敢，在挪用海军军费以娱太后的问题上，他还表现得很会来事儿，颇受后人斥责。然而不这样，他如何保住北洋大臣的官位？即使李鸿章不惜乌纱，换一个北洋大臣，还能打下去吗？

中日甲午之战，北洋水师全军覆没，也几乎葬送了李鸿章大半生辛苦积攒的声名。甲午一败，李鸿章该不该负责，究竟该负多大的责任？围绕这一问题，历来史家众说纷纭。笔者的粗浅看法是，对此不能混一而谈，首先应该分清哪些问题“李鸿章无法负责”，哪些问题又是“李鸿章理应负责”的。

有些东西，李鸿章的确没法负责。他和伊藤博文一样，人称“相国”，但伊藤是君主立宪政体下的“相国”，事事按章法施行则可，而李鸿章却连海军的军费都无法保证；后人不知历史，常常夸大李鸿章在清王朝中的能量，实则因朝中派系林立，即如李鸿章，也受到多重牵制，稍有不慎就会被人参上一本。他因此多次对部下感叹："疆臣竭力以为其难，文吏持刀笔而议其后，任事不易，思之慨然。"清人日记记载，李鸿章进京公干，凡来拜会的京官，不论大小，均有今日之"红包"相送。以李之声势，为什么对品阶很低的一些京官也要敷衍？就是为了消除对他任何不利的隐患。当然，这一目的既可以用于"公"，也可以用于"私"。在那个时代，近代民族国家的概念在中国人的心目中还相当稀薄，一场国家对国家的战争，不少人竟视其为日本和李鸿章之私事！所以，梁启超在《李鸿章传》中说："西报有论者曰：日本非与中国战，实与李鸿章一人战耳！其言虽稍过，然亦近之。不见乎各省大吏，徒知画疆自守，视此事若为直隶、满洲之私事者然，其有筹一饷，出一旅以相急难者乎？即有之，亦空言而已。……以一人而战一国，合肥，合肥，虽败亦豪哉！"

对当时的众人之毁，李鸿章自己肯定是不服气的。当打了败仗的坏消息刚刚传到北京时，原来一心想借战争立威的光绪皇帝派自己的师傅、管理财政的户部尚书翁同龢到天津，质询李鸿章。胡思敬《国闻备乘》对二人的见面描写得甚为生动：

"同龢见鸿章，即询北洋兵舰，鸿章怒目而视，半晌无一语，徐掉头曰：'师傅总理度支，平时请款辄驳诘，临事而问兵舰，兵舰果可恃乎？'同龢曰：'计臣（指管理财政的大臣）以撙节为尽职，事诚急，何不复请？'鸿章曰：'政府疑我跋扈，台谏（指御史言官）参我贪婪，我再哓哓不已，今日尚有李鸿章乎？'"

李鸿章在打败仗之后还如此气势逼人，或许夸张了点，但多少代表了他真实的想法。战后他在给新疆巡抚陶模的信中谈甲午战争："十年以来，文娱武嬉，酿成此变。平日讲求武备，辄以铺张靡费为疑，至以购械、购船，悬为厉禁。一旦有事，明知兵力不敌而淆于群哄，轻于一掷，遂至一发不可复收。"

李鸿章自认为不该对甲午之战负责，这只是其私言。究其实，他也自有不可推卸之责任，因为他犯下了一系列错误，这些错误，又可分为"战略层面"和"战术层面"两部分。

先说战略失误。缺乏战争意志。在和日本决裂前，深知北洋水师真实实力的李鸿章一直努力回避战争，并寄希望于其他强国的调停和干涉，所以当俄国人对他表示不会坐视日本的行动时，他竟信以为真。光绪帝、翁同龢等人倒是有强烈的战争意志，可惜只是表现于临战之前，这种意志缺乏长期的艰苦准备做支撑，就只是一种情绪而已。反观日本则大不然，他们早就有对中国作战的准备和决心，并对清王朝对外惯用的虚张声势知之甚悉。日本参谋本部第二局长小川又次大佐参加了 1894 年的甲午之战，此人于 1879 年到中国大陆进行谍报侦察，归国后撰写了《征讨清国策案》上奏天皇，其中写道："欲维持我帝国之独立，伸张国威，进而巍然立于万国之间，以保持安宁，则不可不攻击支那，将现今之清国分割为若干小邦。何以由之，彼我形势是也。……彼之清国虽已衰老腐朽，但亦为世界之大国，以自尊自大为风，自称中国。是以发生一事，则内心实为畏惧，但表面却装作傲慢不挠之状。故而，其惯用之外交政策，常以虚喝之手段。此乃其屡次与外国酿成纠葛，又屡次得以败辱之因也。"

至于战术层面的失误，李鸿章犯的就更多了：用人不当。淮军是李鸿章起家的嫡系，本不习海战，北洋水师中的技术精英则多为留洋归来的福建人，李鸿章必须起用这些技术骨干任指挥官，但在其上又由淮军将领丁汝昌统领，乃酿就了将帅不和的苦果。这种用人不当反映了李鸿章的私心，但归根结底也是一种“政治病”。政治如果正常，一个为国家做事的人并不需要培育自己的私人势力。战前的 1890 年，因北洋水师内部的一次“升旗之争”，李鸿章没给海军聘请的英国顾问琅威理面子，使其负气辞职，琅威理一走，海军纪律大不如前，并影响到中英两国海军之合作。北洋水师无法向当时世界第一的英国海军求助，转聘德国人为顾问，而众所周知，德国以陆军为擅长。果然，德国顾问在甲午海战中的调度实在欠佳。甲午年的四月，李鸿章曾经校阅海军，当时各舰缺少炮弹，定远及镇远六十寸口径炮仅存巨弹三枚，小弹亦缺。而李鸿章失察，未查询存弹数量。六月中日海战爆发，想添置却已不及。著名史学家张荫麟认为这是黄海大败之一重要原因……

在李鸿章究竟该为甲午之战负多少责任的问题上，不论李鸿章自己和旁观者意见如何，现实是还得由他来收拾这个烂摊子，只是谁都没想到，迎接他的除了他的“老朋友”伊藤博文，还有一名年仅 21 岁的刺客小山六之助。

暴徒代表了日本民间的情绪

小山六之助之行刺李鸿章，并非仇视李鸿章个人，而是对中日正在进行中的媾和谈判不满。他认为日胜中败，媾和谈判只有利于中国。这种不满在当时的日本，并不乏民意基础。

日本经由明治维新，进步极速。大凡一个曾被人轻视的小国，在卧薪尝胆，渐趋强盛之后，民众中间极易兴起敏感、自大的民族狂热，非常渴望向外展示自己的强大。日本正是这样。中国是其“文化母国”，面积、人口、综合国力均在其之上，甲午战争之前，中国在国际上的地位也超过日本。对这样一个近邻，很多日本人充满了嫉恨，他们认为，同在亚洲，一山不容二虎，自己要称霸非压倒中国不可。甲午战前几年，丁汝昌曾率中国从西方购置的巨舰访问日本，日本国民饱受刺激，立即兴起了海军热，个人捐资购舰极为踊跃。这样一种民族性格有利于国家的自强，但也是一把双刃剑，因为在集体的不理性之下，容易牵引民族走向歧路。甲午一战，北洋水师现出了“纸老虎”的原形，列强对日本赞不绝口，日本人的民族狂热顿时飙升至沸点。“打到北京，活捉清帝”几乎成为民众的口头禅。

还是引日本人自己的说法作为例证。陆奥宗光，这位“积极促成”中日大战的日本外务大臣，后来回忆说：“在平壤、黄海战胜以前，心中焦虑最后胜利之国民，现今深信胜利必归我国，问题只为我旭日军旗何时能进入北京城门。至此，一般气象壮心快意狂跃，流于骄肆高慢，国民到处凯歌有如乱醉，对将来之欲望日增。……在此期间如有深谋远虑之士倡妥当中庸之说，必被目为怯懦毫无爱国心之徒，几为社会所不齿。”

在这种情绪的包围中，年轻的“爱国主义者”小山六之助认定，整个中日媾和谈判就是中国旨在摆脱战败困境的阴谋，认定李鸿章跑到马关就是专门来忽悠自己国家，乃至愤而拔枪，岂非顺理成章？

日本人因民族狂热情绪发作而对外宾行凶，这并非第一例。

光绪十七年（1891），俄国皇太子先到中国，后至日本访问。在与中日相邻的国家中，自以俄国实力最强，而日本还在崛起中，日本君臣自然不肯放过这个讨好的机会。不料，政府官员在俄国太子面前的过度热情，在部分日本人眼里成了有失尊严的“献媚”，结果导致一个狂热分子开枪打伤了俄太子。枪案发生后，日本朝野十分恐慌，日本天皇和各部大臣连夜前往探视，总算没有闹出大的事端。

行刺俄太子和李鸿章的两个凶手，后均被判处无期徒刑。

有意思的是，当年俄太子被刺后，关注亚洲局势变化的李鸿章还专门谈到了此事，他在给一位总督的信中说：“倭人狙击之祸，闻即因奉之太过，靡费之太多，激而生变。彼君臣方倾身结纳，反以此致意外之虞，两国交际不能不少有芥蒂。……倭乱党极众，大臣屡被击刺，今乃及于远客，既得仍可不死，难乎其为上矣！”

李鸿章慨叹日本“乱党极众”，同时对这些暴徒行刺“远客”后“仍可不死”表示不满，当时的他哪会想到，自己也会去日本做一回不被欢迎的“远客”，成为狙击的对象呢？

李鸿章遇刺后，日本朝野大为震惊。天皇遣御医军医前来为李鸿章诊治，皇后特派护士两名，还送上了据说由皇后亲制的绷带。日本国民中特地到李鸿章下榻旅馆探视，用电报、书信等形式表达慰问的，也络绎不绝。

日本人如此动作，无非害怕这一凶案授予列强干涉的口实。中国当时犹如一个让人垂涎的蛋糕，日本如果借助战争的胜利，在这块蛋糕上切割过多，势必成为众矢之的。这其中又以强邻俄国的态度最为莫测，让日本如芒刺在背。陆奥宗光后来坦承："如李鸿章托其负伤使事半途归国，大事责难日本国民之行为，巧诱欧美各国再次要求其居间调停，则不难获得至少欧洲二三国之同情。而若招欧洲强国一次干涉，我对清国之要求或将不得不大为让步。"

但日本人对李鸿章先倨后恭，表现得过火，连他们的外务大臣也看不下去了，陆奥宗光回忆录中说，日本人"急于徒饰表面，其言行或不无虚伪失中庸者。事实上清日开战以后，我国各报，人人集于公私会夸张大言骂詈诽谤清国官民之缺点，甚而对李鸿章个人作不堪听闻之人身攻击者，今日忽然对李之遇难痛惜，往往出于谀辞之溢美言语，甚而列举李已往之功业，谓东方将来之安危系于李之生死。与其谓全国处处叹惜李之遭难，毋宁谓畏惧因此生外来之非难"。

在自己家门口险些让前来议和的外宾丧命，慰问等表面功夫当然不可少，但怎样才能给世界一个还算过得去的交代呢？

李鸿章来马关后，在春帆楼已和伊藤博文、陆奥宗光会谈三次，会谈中，李鸿章提出应先休战，再谈议和条款。这一年，伊藤博文55岁，陆奥宗光52岁，无论资历还是声望，均属李鸿章的晚辈，但晚辈却一点儿也没给前辈面子。李鸿章的休战请求被强硬拒绝。现在发生了凶案，日本人立即想到可用同意休战来笼络病床上的李鸿章。

当陆奥宗光到李鸿章病榻前宣布天皇的暂时休战决定时，"李鸿章之半脸绑绷带，以其绷带外之一眼呈十分欢喜之意。……并对我谓：其负伤尚未痊愈，虽不能赴会议所商议，但在其病床前谈判则无妨"。

暂时休战，于日本人并无实际损失，但到底能使战火中煎熬的中国人少受一点摧残，李鸿章的“十分欢喜之意”便也在情理之中了吧。

辞锐气竭的窘境

小山六之助射出的子弹入骨两寸有余，所幸非要害部位，无性命之忧。日本医生均认为，要免除后患，最好将子弹取出，但须患者静养多日。李鸿章以谈判刻不容缓，拒绝了这一治疗方案。至三月十六日（公历 4 月 10 日），仅调养了半个月的李鸿章基本痊愈，再度走上谈判桌。与伊藤博文展开了第四次、第五次会谈。

会谈的结果是众所周知的。三月廿三日（公历 4 月 17 日），《马关条约》画押。《条约》要旨为：中国承认朝鲜独立；割让奉天南部（自鸭绿江安平河口至凤凰城、海城、营口以南）及台湾澎湖；赔偿军费 2 亿两白银，于三年内分八次交清；另订商约，依中国与欧美各国现在约章为本，并开苏州、杭州、沙市、重庆为口岸，日船得航行长江、运河、吴淞江，日人得在各口岸从事工艺制造，机器进口只纳进口税，日人制造货物豁免内地税、钞课、杂派；日军暂占威海卫，俟赔款付清，商约批准互换，方行撤回（中国每年付占领军费五十万两）。

这一条约对中国的严重损害不言自明，日本则借此一夜之间成为暴发户。当年日本全国财政收入为 1 亿日元，而《马关条约》的赔款就合 3 亿日元，还不包括所谓“驻军费”。日本通过《马关条约》

获得巨额资金，工业和军事的现代化进一步加速。现在马关的春帆楼前还立着一块石碑，上面赫然刻着“今之国威之隆，实滥觞于甲午之役”几个大字，伊藤博文和陆奥宗光也成为日本人的民族英雄，春帆楼谈判会所外的小院里，至今立着这两人的半身铜像。

与伊藤相比，来签城下之盟的李鸿章就尴尬多了。后世所加的“汉奸”“卖国贼”之名自不必说，即在当日，国内一批士大夫就开始痛骂他了。

战争还没结束时，一个叫安维峻的御史因大胆抨击慈禧太后、大太监李莲英、李鸿章这三个最显赫的人物，一时成为知识分子中的英雄。他说太后“遇事牵制”，李莲英“干预政事”，而李鸿章则简直该死，因为他“通日主和，跋扈不臣”，而其之所以不愿与日本作战的原因，是由于担心自己“寄顿倭国之私财付之东流”。李鸿章之子李经方在驻日公使任上，曾纳日女田中桂子为妾，这位安御史在奏疏中乃径书一笔，“李经方乃倭贼之婿”！最后他献上了破日的秘计：如果宣布李鸿章之罪，明正典刑，布告天下，“倭贼有不破灭”，皇上您直接砍我的头就是！

以市井传闻，强加于正负责对外军事的大臣之身，如此不经之谈，居然成为知识分子传诵的雄文，士林浮嚣之习可见一斑。

李鸿章议和谈判中的重要事项，均曾请旨。朝中大佬们面对日本人的咄咄逼人，毫无办法，却把气撒在正和人艰难谈判的李鸿章身上。光绪帝师傅、人称“状元宰相”的翁同龢在日记中曾写道：“数日无封奏，而电亦稀，惟李相频来电，皆议和要挟之款，不欲记，不忍记也。”翁师傅这里似乎弄错了，议和要挟的是日本人而非李鸿章。他在国内当然可以“不欲记，不忍记”，但在外面谈判的人，能不能“不欲谈，不忍谈”呢？

败军之将不言勇，城下之盟不好签。伊藤博文赤裸裸地威胁，如果谈判破裂，“我命令一下则北京之安危，有不忍言者，中国全权大使一去此地，能否再安然入北京城门，亦属不能保证”。胜利者的骄横和战败者的窘困，跃然纸上！尽管如此，整个谈判过程中，李鸿章还是竭力发挥了其滔滔雄辩之才。

马关谈判正式开始，李鸿章首谓中日“总以永好为是，如寻仇不已，则有害于华者，未必于东（日本）有益”，彼此“应力维亚洲大局，永结和好，庶我亚洲黄种之民，不为欧洲白种之民所侵蚀”，接着对日本的进步和谈判对手伊藤博文的功绩大表赞赏，又论东西洋形势，以“兄弟阋墙”相戒。二次谈判，日本提出苛刻的停战条件，李鸿章再度解说：“中日系切近邻邦，岂能长此相争？久后必须和好。但欲我好，须为中国预留体面地步，否则，我国上下伤心，即和亦难持久。”三次谈判，他劝日本“回头”，“少走几步，不亦可乎”？

正式和约谈判中，日本提出割地、赔款、重订商约等要求，李鸿章在答复的说帖中，谓“如勒令中国照办，不但不能杜绝争端，且必令日后两国争端纷纷而起，子孙永成仇敌”，“为彼此臣民深谋远虑，自应立一永远和好互相援助之约”，“屹然为亚洲东方筑一长城，不受欧洲各国之狎侮。日本如不此之图，徒将一时兵力，任情需索，则中国臣民势必尝胆卧薪，力筹报复，东方两国，同室操戈，不相援助，适来外人之攘夺耳”。并提出忠告：“极盼约章一切妥善，毫无流弊，……两国民生后来数世之造化命运，皆在两国全权大臣掌握之中。……今日赔费数目或多或少，今日思得兵力所到之地，以增幅员，或广或狭，皆属无关紧要。至于中日两国官民，日后或永远和好，或永远相仇，则有关于日本之国计民生者甚大。”他希望使“将来嫌隙无从而生，衅端无从而起”，两国百姓“永远和睦，彼此相安，福泽绵长”。

不能不说，中日必须和好的道理，李鸿章阐述得甚为透彻，可惜打了胜仗器小易盈的日本人哪里听得进去？陆奥宗光后来就不屑地说，这不过是“家常茶饭之谈”！

为了争得条款的些小让步，李鸿章堪称付出了最大努力，但因底气不足，不免辞锐而气竭。陆奥宗光回忆：“起初就偿金二亿两，他要求减少五千万两，视不能达此目的，他则乞减少二千万两，最后他竟对伊藤全权哀求以此些少减额为其归途之饯别。此等举动以李之地位而言实有失其体面。”

顺便说一句，日本在捞取巨大利益后，同意签订和约，而没有像当初叫嚣的那样“打下北京，活捉清帝”，并非出于善心，实由于列强环伺，而且力有未逮。参加了甲午海战的日本海军大尉木村浩吉于战后撰文，就曾这样“忠告”国民：“若是相信攻陷帝都，必是其屈服之时者，恐怕忘了清国之庞大。此外，以为彼将因不堪我之蹂躏而屈服者，均是忘了其乃大国之人。今试观清国全图，将实际可蹂躏之部分涂以墨汁，然后挂于墙上，离开一点仔细看看，是否果真有降服该国之能力？”

三月二十六日（公历 4 月 20 日），李鸿章离日抵天津，奏报和约已成，哀述“既不免毁伤残年之遗体，复不能稍戢强敌之贪心”。船到大沽，他派随员前往北京，将约本送达总理衙门，本人则称病留津。他知道一场风暴正等着他。

马关归来后的李鸿章

《马关条约》签订后，中国朝野愤慨。朝中拒绝批准和约、抨击李鸿章的奏疏如雪花般飞至最高统治者案头。平心而论，这些奏疏虽然文采斐然，辞气慷慨，但多为空言。梁启超一句话问得甚好：把这些高谈阔论的人放在李鸿章的位置上，“结局又将如何”？民间知识分子也俨然以骂李鸿章为时髦，“刘三已死无昆丑，李二先生是汉奸”的“脱口秀”一时传诵。

朝廷的态度呢？

七月九日（公历 8 月 28 日），光绪皇帝召见李鸿章，指责他赔款太多，割让台湾则大失民心。皇帝似乎忘了，这些条款均非李鸿章自作主张。68 名官员更联名呈奏，强烈反对交卸了议和差使的李鸿章回到他原来直隶总督这个“疆臣之首”的位置上去。皇帝下令，李鸿章“入阁办事”，即到中央任军机大臣。军机大臣有宰相之名，但只有对口负责一个部，才有实权，否则就是一荣誉衔。军机大臣李鸿章不管部务，实等于赋闲状态。这是光绪二十一年（1895）的事。

光绪二十二年（1896），朝廷要派人到德法英美各国访问，方记起了这个外交老手。74 岁的李鸿章请求精通外文的儿子李经方随侍，言官们想起李经方所纳外妇系“倭主睦仁之甥女”的传闻，坚决反对，说李鸿章之有李经方，相当于明朝的大奸相严嵩之有严世蕃！李鸿章好歹带上儿子到海外周游了一圈，行装甫卸，又惹上了一个麻烦：因为擅入圆明园游览，被罚俸一年。

海外学者吴相湘《晚清宫廷与人物》中说："鸿章擅入圆明园，盖为便道往游，以为凭吊废园遗址，当无关重要。殊不知当时太后正积极主持第二次重修圆明园工作，每隔数日辄往亲临督视，光绪帝亦然。故此时已成禁地而非废园了。鸿章远道归来，未暇详询，贸然入游，法无可恕，情有可原，吏议革职，谕旨改为罚俸一年，主旨即在于此。"其实这里未尝没有羞辱的意味。不久，慈禧太后寿辰，特赐王公大臣 58 人听戏。按翁同龢日记中的位次，汉大臣第一人为翁同龢，李鸿章排在李鸿藻、钱应溥之后，这位昔日的勋臣，圣眷已衰是铁定的事实。

《马关条约》于李鸿章个人的意义不值得多费笔墨。更重要的是，它深刻影响了晚清政治、社会、外交的走向。羊毛出在羊身上，巨额赔款让中国百姓的苦难更加深重；因反对《马关条约》，痛心国耻，知识分子议政热情高涨，康有为、梁启超等人走上政治前台，拉开了维新变法的序幕；日本的强横逼使清廷在外交上与俄国接近，俄国巧妙设套，步步深入，又埋下了此后日俄两大强国在中国土地上大打出手的导火索……

附带值得一提的是，山东威海刘公岛上的甲午海战纪念馆，在介绍李鸿章于春帆楼和日人的谈判时，文字说明中用了一个词"据理力争"。我特意问了当地的朋友，据称是刚刚改换的……

1900 年，慈禧太后在难中

慈禧生于旗人官宦之家，虽非显贵，但此种出身还是限制了其对社会的了解和认识。我们读清代的野史笔记，当能发现，深宫之中的慈禧对外面的世界有着常人一样的浓厚兴趣，召对臣下，最喜询问世间百态，这固有掌权者察知下情的需要，而从人情人性上揣摩，未必全无普通人的合理欲望。

可惜清朝祖制极严，作为女性最高统治者的慈禧也不能全无拘束。平定太平军之后，清王朝一时颇具中兴气象，舆论也归美于太后的主持大计，不免惹动了慈禧巡游的心思。徐凌霄、徐一士兄弟所著的《凌霄一士随笔》记载，慈禧一次曾对掌握行政权力的恭亲王说："高宗（乾隆）六次南巡，传为盛事。予亦拟作江南之游，汝谓何如？""恭王对以兵燹之后，疮痍未复，视乾隆时之民康物阜，不啻天渊之别。后为之不怿者久之。"从此，恭王对"嫂子"的南巡之念非常警惕，一有南方官员进京陛见，就先要打"预防针"，提醒他们，太后若问及江南情形，"务以民困未苏、景物萧条为对"。

幸乎不幸乎，恭王于 1898 年殁后之第三年，慈禧终于还是到宫外走了一遭，只不过不是"南巡"而是"西巡"。光绪二十六年（1900），按照中国人传统的天干地支纪年，岁在庚子。这一年，慈禧企图借助义和拳灭洋人的威风，扫除自己废光绪的障碍，引来八国联军，不得不挟光绪仓皇出逃，史称“庚子事变”。

庚子事变于国家于慈禧个人都堪称奇耻大辱，但这一回太后降到“人间”，也让其加深了对国情民情乃至“夷情”的了解和认知，可以说，经此挫折，慈禧日渐成为一个相对成熟的统治者，当然，即使成熟，她也始终是一个旧式的统治者。

一个七品县令的风险与机遇

不同的事件，于不同的人往往象征着不同的机缘。皇帝太后出逃，举国震动，而河北的一个七品县令却迎来了平常梦想不到的机遇。

吴永，字渔川，浙江吴兴人，他娶的是曾国藩的孙女，即晚清著名外交家曾纪泽的女儿。庚子年中，吴永正在直隶省怀来（今河北怀来县）当知县，而慈禧出京，第一站就是怀来。作为地方官，在兵荒马乱、人心惶惶之际要做好迎驾工作，的确非常困难而且充满危险，因为当时的怀来也并不平静，吴永在迎驾之前，就曾为拳民所难，几遭不测。史书上说，这趟差办下来，吴永以“荒城僻邑”而“不误供应”“大为两宫所激赏”。“不误供应”四字，说起来轻松极了，其中之艰辛恐怕只有吴永自己才能体会得深刻。

入民国后吴永曾口述、由他人撰成一部《庚子西狩丛谈》，对其办差经过有既生动又平实的叙述，向来被推为“信史”。且看当日吴永前往接驾，于本县沿途所见之情景："途经村落数处，不见一人。道旁民舍，皆为溃兵游匪毁坏，门窗户壁，几无一家完整；甚有被宰鸡豕尚未烹食者，纵横地上，为鸦犬争食。荒凉惨淡，目不忍睹。"

吴永前往怀来边界迎驾，先遇到了打前站的军机大臣、刑部尚书赵舒翘，赵氏告吴永："两宫（指皇帝与太后）饥寒已两日夜，情状极困苦。"此时，怀来县与北京京郊延庆县交界的著名驿站榆林堡凄凉异常，"居民逃徙已尽，街市列屋尽闭，寂然无人烟。寻至站所，仅有管驿家丁董福一人尚留守未去"。既然知道了两宫已经连饿了两日夜，准备吃食自是当务之急。可是榆林堡只有骡马店三处，据管驿家丁禀报，其原已安排每店各煮绿豆小米粥一大锅，不料两个店的小米粥均为乱兵溃勇掠夺一空，另一个店还是他再三央告，"谓此系预备御用，始获保存"。吴永闻报后，乃自坐于店门石墩上，命马勇荷枪侍立，遂无人敢入店骚扰，总算为两宫保全了一锅小米粥。

"我已完全成一乡姥姥"

慈禧一行狼狈数日，终于在榆林堡的三个骡马店暂且安顿了下来。吴永随即被召见，他看到慈禧"布衣椎髻"，光绪则"身穿半旧元色细行湖绉绵袍，宽襟大袖，上无外褂，腰无束带，发长至逾寸，蓬首垢面，憔悴已极"。太后问了几句话，即忍不住放声大哭，曰："予与皇帝连日历行数百里，竟不见一百姓，官吏更绝迹无睹。今至尔怀来县，尔尚衣冠来此迎驾，可称我之忠臣。我不料大局坏到如此。我今见尔，犹不失地方官礼数，难道本朝江山尚获安全无恙耶？"慈禧哭罢，复自诉沿途苦况，谓：“连日奔走，又不得饮食，既冷且饿。途中口渴，命太监取水，有井矣而无汲器，或井内浮有人头，不得已，采秫秸秆与皇帝共嚼，略得浆汁，即以解渴。昨夜我与皇帝仅得一板凳，相与贴背共坐，仰望达旦。晓间寒气凛冽，森森入毛发，殊不可耐。尔试看我已完全成一乡姥姥，即皇帝亦甚辛苦。今至此已两日不得食，腹馁殊甚，此间曾否备有食物？”吴永回报只有一锅小米粥，但“恐粗粝不敢上进”。慈禧赶快接口：“有小米粥，甚好甚好，可速进。患难之中得此已足，宁复较量美恶？”

众所周知，慈禧极喜讲排场，现在从她嘴里蹦出“患难之中得此已足，宁复较量美恶”一语，真让人慨叹。更有意思的是，小米粥送入，一时居然找不到筷子。幸好吴永随身佩带小刀牙筷，遂拂拭呈进。至于其他人等，只好折秫秸梗充当筷子。吴永在屋外听到，“内中争饮豆粥，唼喋有声，似得之甚甘者”。

喝完粥，总管太监李莲英对吴永青眼有加，并传达谕旨，“尔甚好，老佛爷甚欢喜，尔用心伺候，必有好处”。高帽子戴完李莲英马上又出了一道难题，说老佛爷很想吃鸡蛋，能否取办？吴永四处寻觅，最后在一个人去屋空的店里“抽一橱屉，内竟有五卵，得之乃如拱璧”。没人煮蛋，这位七品官“于西厢自行吹火勺水，得一空釜煮之。继更觅得一粗碗，佐以食盐一撮，捧交内监呈进”。送完鸡蛋，李莲英复出，曰：“老佛爷很受用，适所进五卵，竟食其三，余二枚，赏与万岁爷，诸人皆不得沾及。此好消息也。但适间老佛爷甚想水烟，尚能觅纸吹否？”面对新的难题，吴永倒也有办法，“忽忆及身边尚藏有粗纸数贴，勉强可用，乃就西厢窗板上自行搓卷，辗转良久，止得完好纸吹五支，随以上供”。

喝了小米粥，吃了三枚鸡蛋，又有水烟可吸，慈禧从容多了。“不数分钟，太后已搴帘出廊下，手携水烟带，自点自吸；已得饱食后，神态似觉稍闲整。”

在洋人的枪炮声中踉跄出逃的慈禧，已不再具有神话般的“赫赫天威”，恢复了“人形”，这种从众星捧月位置突然跌落的心理刺激，并不比饥寒交迫的味道好受。而吴永以一个七品官的卑微身份，难中的表现就宛如雪中送炭，自然给了慈禧极大的心理安慰。正是这个原因，在她和吴永的交谈中，流露的多为真切的情感。

吴永书中记载：“太后喜闻外事，每召见陈奏公事毕，辄温言霁色，令随意说话。予每为陈述地方利弊、民间疾苦。每问一事，必根端竟委，娓娓忘倦，往往至一二钟之久，方始告退。”对官场体会不深的吴永，却不知道自己这种“太后红人”的地位，恰触他人之忌。一次在慈禧召见吴永，二人长谈之后，李莲英告诉吴永：“今日诸军机入见，均大碰钉子。老佛爷厉声诘责，谓外间种种情形，尔等平时何无一语奏闻，直是蒙蔽我母子耳目？诸军机相顾失色，咸不知所对，只有相率免冠碰头。”很快，几个军机大臣就联合向他发出了警告。以耳朵不大好使、圆滑著称的王文韶对吴永说：“渔川，我与尔系同乡，不能不向尔正告。尔今日召对，乃至二点一刻之久，致我等久候，究竟所说何词？以后在本等范围，自可简单明了，扼要陈奏。切勿东牵西曳，横生枝节。天泽之分，奏事有体，非儿戏也。”另外两位军机大臣荣禄、瞿鸿禨在一旁皆默然无言，显然也是一种示威。

也许正是由于不谙宦情，书生气尚在，吴永在怀来虽然迎来了千载难逢的机遇，慈禧本人也对他心存感激，此后吴永在仕途也得到了提升，但却远未达到飞黄腾达的地步。终清之世，吴永的最高官职不过是一个正四品的道员。

当日猜忌吴永，使其未能一举飞升的，除了几位军机大臣，另一个人所发挥的作用也十分重要。此君就是以“勤王者”面目出现的岑春煊。

都说“多难兴邦”，谁问“难从何来”？

岑春煊（1861—1933），字云阶，广西西林人，云贵总督岑毓英之第三子。光绪十一年中举，后以捐纳海军军费进入仕途（即所谓“捐纳出身”）。戊戌年间因在召对中力陈国势艰危，非发愤自强不能图存，退出后又特上一道慷慨激昂的奏疏，使锐意变法的光绪深受感动，不数日，而被任命为广东布政使。布政使在巡抚之下，管理一省之民政，这已经是从二品的高官了。

庚子年间，岑春煊在甘肃布政使任上，听闻京师危急，立即对陕甘总督魏光焘表示愿意率兵，“星夜勤王”。吴永《庚子西狩丛谈》中说，总督的态度是“知其人躁妄喜事，意不谓然，而以名义正大，不便阻遏”。这倒不是吴永的谰言，岑春煊本人的回忆录《乐斋漫笔》也说，魏氏“意不欲余行”，理由是“京师军备，除荣相（荣禄）所部武卫军外，尚有董福祥、宋庆、马玉昆诸人，步骑合并，实力甚厚”，言外之意，即使你率师赴京，济得甚事？魏光焘的分析自然不无道理，京师是否会沦陷，士卒的多寡并非决定因素。因此从效果上分析，岑春煊的勤王之举真是中看不中用，于大局关系甚微。可是正如吴永所述，在君父危难之际，勤王护驾的名义太正大了，加之岑春煊又表示自己之所以“亟亟前往者，实以大义所在，只求得一死所，无负家声而已。成败利钝，非所计也”。话说到这个份儿上，谁敢拦阻，那岂不是不许岑某做忠臣吗？

魏光焘拨步兵三营，每营 400 余人，骑兵三旗，每旗 200 余人，合计 2000 余人并饷银五万两，交给了岑春煊。因所调两旗一时未能齐集，岑春煊留其将领随后开拔，自己则先率卫队数十人，自兰州省城取道草地北上。岑氏到达北京时，京师尚未陷落，也受到了慈禧的召见。关于这次召见，吴永书中记载：“陛见时，太后问带兵若干，以如数对。太后觉事近儿戏，意殊不怿。问‘兵在何处’，曰‘尚在途中’。”岑春煊本人则说，“入觐之日，两宫奖掖备至”云云。这是一个很有意味的对比，只是孰真孰假已无从判断了。

京师陷落前夕，慈禧仓皇出逃，自然也不会顾及岑春煊的头上。倒是岑氏“忠义”之心不改，“亟率所部，奔走访求”，终于在京郊一个叫南口的地方赶上了逃难的两宫。《乐斋漫笔》记载岑氏与两宫见面之情形曰：“相对痛哭。敬叩起居，知两宫昨夜出都，至今尚未进膳。因出外觅食，而镇中人民逃亡殆尽，百方搜求，仅得民家所煮小米粥，以土碗盛进。太后见之，复哭，竟不能食，命以奉帝，帝强啜两口，亦难下咽。”此处所述，系慈禧一行尚未到达怀来之情形，但狼狈之状一如怀来，可以和吴永之书参看。

岑春煊的勤王，在旁人眼中自难免作秀之嫌，他带兵护驾，也会增加后勤供应的负担。吴永书中记载，刚毅、赵舒翘两位军机大臣即曾当着吴永之面发泄不满，抱怨：“山僻小县，焉得有如许闲饭，供此不急之人？”然而需知，这种作秀在战乱之中是有很大的风险的，从中也可看出，岑春煊虽为公子哥儿，但勇于任事，不避艰险，倒确是其风格。当岑春煊入京觐见之际，因京城士卒甚众，慈禧或许真瞧不上他那点儿“区区羸卒”，但到了亡命奔逃时，居然还有如此“忠义”的臣下，慈禧心中自然别有一番滋味。岑春煊后来于晚清政坛成长为可与袁世凯分庭抗礼之重臣，即奠基于此。

岑春煊既曾先受光绪赏拔，因此又生出一种传闻，如忠于光绪的王照在《方家园杂咏纪事》中称：“时岑幕中有张鸣歧者，年少锐敏，力劝奉皇上回京，收此大功。岑词穷而不语。”而《凌霄一士随笔》的作者则说，他听到的传闻与此相反，是岑春煊自己准备护卫光绪回京和洋人谈判，而张鸣歧“以利害之说动之，力劝弃危就安，厚结于后以自谋显达，岑始变计附后”。传闻异辞不足深怪，如果岑春煊真能拥帝回京重掌社稷，晚清情势定会因此大变，但以情理而言，即使岑有此心，恐怕也无此能量，因为当年护卫者并非仅有岑氏一军。

历史不容假设，岑氏回忆录中也当然不会给这种假设提供想象的任何空间。从他的回忆录中，我们可以看到一幅真切的帝王逃难图，这是其特殊之价值，而这又非吴永书中所记的慈禧本人口述可比了。

岑春煊记：“太后御蓝布衫，以红棉带束发。帝御旧葛纱袍，当盛暑流汗，胸背黏腻，蝇蚋群集，手自挥斥。从行宫监，皆徒走奔走，踵穿履破，血流沾洒。窃叹前史所述，人君出亡苦况，千载相同，不谓平日见于记载者，今乃身亲睹之。”的确，当年唐玄宗被叛军逼得从长安逃往四川，也要比这次的情形好得多了。而乱兵溃勇不遵约束，不仅让供应为难，也潜伏着隐患，岑春煊受命整饬军纪，跟随慈禧乘舆左右，“途中溃兵益夥，有持枪追逐太后舆前者，叱之不止，反举枪对余开放。乘其一击不中，急拔刀斩于御前，宣示有众，不遵约束者，以此为例。众始肃然知畏，由是沿途安靖，无敢放肆者”。

溃兵在慈禧轿前拿刀动枪，其胆大妄为诚然堪惊。但试想一下，社会秩序崩坏到如此地步，民众之命运又会如何？岑春煊不断喟叹“多难兴邦，殷忧启圣”，这是中国人熟悉的滥调，几乎逢灾难必引，为什么就少有人追问“难从何来”？

接受四方贡献的太后还是中心

岑春煊有没有动拥帝的念头无法证实，但客观地讲，就光绪而言，庚子事变的确是他东山再起的一个机会。首先，拿光绪和慈禧比，能够接受新思想的前者当然更让列强欢迎。而庚子事变之发生，就是因为列强对慈禧废黜光绪的图谋非常警惕，并施加了强大的压力，使慈禧恼羞成怒的结果。事实证明，反对与列强开战的光绪是对的，这无疑会极大削弱慈禧的权威。据说慈禧在西安时，常常喃喃自语：“不意乃为帝所笑。”她当然明白自己权威受损的风险。

在两宫出逃之后，中国发生了一件大事，即“东南互保”。先是清廷与洋人开战诏书下达后，时任两广总督的李鸿章斥之为“乱命”，表示“粤不奉诏”，此后在两江总督刘坤一倡议下，经过盛宣怀、张謇等著名绅商奔走联络，由湖广总督张之洞、山东巡抚袁世凯等南方疆吏与列强订约，南方的地方政府保证在华外国人的安全及列强利益，列强也不得在南方发起军事行动。长期以来，策划“东南互保”的人物都被指为出卖民族利益的投降分子，所幸这一调子今天已得到了扭转，诚如台湾学者王尔敏所言，“东南互保”使南方各省“避免了兵祸，保全了民命”，尤其是让全国第一的东南“财赋”之区免受大的破坏，对国家保存元气至为重要。

然而，“东南互保”对清廷来说，的确是一起异常严峻的事件。它标志着高度中央集权的体制被突然打破了一个缺口。如果其他地方纷纷效仿，实力派人物都来这一手，则各省之纷然独立将不会迟至辛亥年。

但是，对清廷来说这一可怕的事情终究没有发生，其故安在？海外史学家吴天任先生曾为岭南著名诗人梁鼎芬编撰了一册年谱，因为梁氏当时首先倡议各省向西安行在（行在，即所谓天子巡幸之地）贡献物品，随后西运贡物，络绎不绝，吴天任据而论定，“此举关系大局，不下于东南互保”。这一观点似乎夸张，实则深具卓识。专制时代，各省向皇室贡献点土特产无甚稀奇，但若在天子播迁之际，其意义已迥异寻常，它传递的信号是：尽管京城失陷，但天子仍为四方拱卫之中心。逃到西安的清王朝中央政府，其中心当然只可能是慈禧太后。

惹出天大的乱子，慈禧居然还是牢牢占据中心的位置，我们只能说慈禧的根基过于深厚，即使是在其权威遭受庚子事变这样严重打击的情况下，光绪仍然无法和她抗衡。如果回溯一下，当初康有为意欲撇开慈禧，巴望光绪乾纲独断，岂非太自不量力？

光绪最后的抗争

已经过一次重大挫折的光绪在庚子事变后曾试图再做抗争，实际上，这也是他最后一次抗争的机会了。《方家园杂咏纪事》中说，当两宫驻跸太原，尚未入陕之时，光绪曾乞“独归议和”，而“太后及诸臣坚持不放”。王照并认为，“其实是时早归，赔款之数可少”，其他苛刻条件，也有回旋余地，“而诸人因识见腐陋，不知此者十之九。明知而佯为不知者十之一”。这个比例恐怕要倒过来才较近真实，慈禧和王公大臣们几人会不知此理？但他们更知道，光绪如果单独回京，则势成出柙之虎矣！猛虎又岂可任其归山？

可以认为，虽然慈禧的权威被列强的枪炮挫折了一下，但光绪处境较之庚子之前，并无改善，毋宁说，慈禧反倒更加疑忌他了。试看吴永笔下的光绪：“宫监对于皇上，殊不甚为意，虽称之为万岁爷，实际不啻为彼辈播弄傀儡。德宗亦萎靡无仪表，暇中每与诸监坐地作玩耍，尤好于纸上画成大头长身各式鬼形无数，仍拉杂扯碎之；有时或画成一龟，于背上填写‘项城’姓名。粘之壁间，以小竹弓向之射击，既复取下剪碎之，令片片作蝴蝶飞，盖其蓄恨于项城至深，几以此为常课。”

光绪深恨戊戌中为袁世凯所卖，意兴索然之中只有以儿童似的把戏聊以泄愤，真是可笑复又可怜。

吴永又记两宫召见臣下之情形曰：“（光绪）见臣下尤不能发语，每次宴见，必与太后同坐一炕。炕多靠南窗下，太后在左，皇上在右，即向中间跪起。先相对数分钟，均不发一言。太后徐徐开口曰：‘皇帝，你可问话。’乃始问：‘外间安静否？年岁丰熟否？’凡历数百次，只此两语，即一日数见亦如之。二语以外，更不加一字。其声极轻细，几如蝇蚊，非久习殆不可闻。皇上问罢，太后乃滔滔不绝，大放厥词，尤好拈用四字两字名词，古文成语，脱口而出；然人情世故，颇甚明澈，数语后即洞悉来意。故诸大臣颇畏惮之。太后如此聪强，而德宗如此懦弱，宜其贴耳受制，不能有所舒展也。或言德宗养晦为之，则非小臣之所敢知矣。”

看上去如此平庸的光绪到底是弱智还是装傻？晚清笔记各持一端。吴永说非他所敢知，今之读者更只能猜测一通了。光绪如果是装傻，而且一装就是半辈子，至死方休，那是一种怎样的人生？

苦难的刺激只有一时之效

刚刚踏上逃难之路的慈禧，惊惧是必然的，或许还会深自痛悔，尽管向来强项的她不一定将这种心情张扬于臣下面前，对宗庙的责任感呢，也不能说完全没有，观其屡屡向岑春煊等人征询“雪耻”之策可知。

川人胡延庚子年间在山西当知县，护驾至陕西，以此有功被擢升为西安知府。他撰有《长安宫词》百首，于西安行在的琐闻逸事，记载极详。其中关于他升官的一首诗是这样的：

减税蠲租恤叹灾，兴元重下诏书哀。二千石要知民隐，取汝曾为县尹来。

诗下自注："两圣深以秦中灾荒为念，问延官山西时，曾否从事赈抚？……谕延到任后，务以赈事为重。且云：汝历官数县，必能周知民隐，所以特简首郡者，正以此耳。"

希望官员们能知民间疾苦，提拔官员重其基层之阅历，于最高统治者来说当然是不错的用意。然而，官僚体系运转往往带有一种惯性，导致刷新政治实非易事，即使是帝王专制时代，即使最高统治者下了很大的决心，也很难改观。

慈禧一行刚出北京城时的狼狈已具见于前文，但一过山西，局势渐渐稳定，洋人虚张声势地追了一阵停止了进兵，地方官的供应接待条件也越来越好，不久前犹如丧家之犬的逃难者又神气了起来。

吴永的书中说："山西境后，威仪日盛，地方承应，宫门上已不免有需索使费之事。"奉命整饬纪律的岑春煊笔下有相近的记载："随从太监辈，狃于积习，渐复骄横，遂有需索贿赂，擅取进御物品，殴打差役等事，为太后所闻，立命捕获不法内监，交余询明罪状，斩首示众。又有旗兵抢夺民食，枪伤食主，余亦据实劾奏，奉旨枭示。"这是太监和士卒辈，王公大臣们又如何呢？从吴永直言进谏被军机大臣们训斥、排挤的经历中，不是可以看得清清楚楚吗？

慈禧本人固然有振作的念头，其人也甚为精明，但毕竟是一个见闻知识都很有限的旧式统治者，希望她像现代国家的领导人那样，于国家大耻之后带领人民走出一条新路，也是不现实的。在满足了列强的赔款、惩办“祸首”等条件，中外签订《辛丑条约》之后，慈禧居然下旨大赏臣下。主持议和的李鸿章、庆亲王奕劻，军机大臣中的荣禄、王文韶、瞿鸿禨、鹿传霖，疆吏中的刘坤一、张之洞等，或多赐俸禄，或赏加太子太保、太子少保等荣誉衔。不禁让中外人士瞠目结舌：这不仍是典型的“丧事当喜事办”的旧习吗？幸亏瞿鸿禨尚识大体，他上了一道折子，其中说：“臣顷蒙恩典，实万分不安。现当时局艰难，诸事都宜核实。恩旨一出，中外瞩目。若有幸滥，何以示天下？……臣以为此次加恩，如奕劻、李鸿章转危为安，有功社稷，固宜膺特赏，如刘坤一、张之洞等保护东南，枢廷则荣禄、王文韶同支危局，扈驾辛苦，赏亦宜之；……臣到行在尚在今年，更无劳可言，务请收回成命。”瞿氏说“若有幸滥，何以示天下”，意思是请老佛爷三思：在这个当口庆功赐赏，向天下传递的会是个什么信号？可是习惯是很难改变的，乐得封赏的大臣们是这样，慈禧也是这样，瞿氏的进言只不过使其个人退出了封赏的盛宴而已。

离京是逃难，回宫如巡游

光绪二十七年（1901）八月二十四日，两宫自西安行宫起驾回銮，同年十一月二十八日抵京。这一去一回，声势迥异。《凌霄一士随笔》说：“当其仓皇离京，固狼狈不堪，比回銮，则兴高采烈，大事铺张，供张之盛，似于乾隆南巡。”

“兴高采烈”“大事铺张”，这八字断语一点儿也不过分。

先说回銮时太监之横。《凌霄一士随笔》卷四记载了两条史料。

一条说圣驾过陕西临潼时，太监向县令夏良材索银三千两，因县令未应，一群太监竟将行宫所备之物砸毁，连水缸亦击破，夏知县仓皇而逃。然后太监报告说临潼办差，“一物未备，县令亦未在此伺候”。后来陕西巡抚升允带着夏知县前来谢罪并说明情况，夏知县才未获重咎，只得了个罢职的处分。又一条说，“过洛阳小驻时，值天寒，传命备木炭。县令亟选购进呈。阉人斥曰：‘此何等物，可供上用耶！’令曰：‘此即为本处最上之炭，无更佳于此者。’阉曰：‘宫中用炭，例有一定尺寸形式，须完全一律。其速更易送来，勿误要差！’令无奈，浼人疏通，并致赂，始获原物送进”。

再看慈禧之派头。吴永记十一月初四从河南开封行宫启銮，“各省大员多半趋集”，“故人数益多，羽林仪仗，益觉整齐鲜耀”，“沿途旌盖飞扬，衣冠肃穆，但闻马蹄车齿，平沙杂沓声，互相应和，……文武官员、绅民父老，一体于河岸俯伏跪送。予与粮台诸员共为一起，均随升中丞（即陕西巡抚升允）跪伏道左，仰见太后面有喜色。……夹道军民，欢呼踊跃”。吴永看见太后“面有喜色”，闯下滔天大祸的人毫发不损，权柄犹在，万民还如此拥戴，哪有不喜的道理？

相比之下，回銮中的光绪就惨淡多了。十一月底到达河北保定，已是隆冬季节。王照《方家园杂咏纪事》记：“太后寝殿铺陈华美，供给周备。李莲英室次之，皇上寝殿极冷落。……李莲英伺太后已睡，潜至皇上寝宫。小阉无一在者，上一人对灯兀坐。莲英跪安毕，问曰：主子为何这里还不睡？上曰：你看看这屋里，教我怎么睡？莲英环视之，时正隆冬，宫中除硬胎之坐褥椅垫靠枕外，无他物。莲英跪抱皇上之腿痛哭曰：奴才们罪该万死也。莲英出，旋抱衾枕至。曰：

今夜已深，不能再传他们，这是他们为奴才所设被褥，请主子将就用之。奴才罪上加罪，已无法也。……上还京后，每追念西巡之苦曰：若无李俺答，我活不到今。俺答满语如汉语之奶妈也。自戊戌后，太后宫中，即二总管崔玉贵独揽大权。因莲英出言谨慎，不敢附和逆谋，故太后疑忌之，以资格仍居大总管之名。”

回銮途中，除却耍排场之外，倒也有两件大事值得一表。一是九月二十七日，京师来电，在京与列强周旋议和的李鸿章辞世。吴永回忆：“两宫并震悼失次，随扈人员，乃至宫监卫士，无不相顾错愕，如梁倾栋折，骤失倚恃者。至此等关键，乃始知大臣元老为国家安危之分量。”二是在继以光绪名义下诏罪己之后，又以太后的名义发布变法文告，“予与皇帝为宗庙计，为臣民计，舍此更无他策”。怎么掩饰自己一手扼杀康梁变法之事实呢？文告之措辞极为巧妙，说“康逆之谈新法，乃乱法也，非变法也”。“慈禧新政”由此起步。文过饰非固然让人齿冷，但客观评价，慈禧新政堪称中国有史以来最接近于近代化的一次社会变革。

且说慈禧回到紫禁城之后，痛定思痛，“洋人万万惹不得”大概是其总结出的教训之一，因为过去她是很喜欢向洋人示强的，而现在则纯以弱者面目出现了。《泰晤士报》驻华记者莫理循向同事透露，一次他亲见回宫不久的慈禧拉着美国公使夫人的手，哭哭啼啼。女人们果然被打动了，都安慰说庚子之祸实在是手下人蒙蔽了太后的缘故。这也许是一种外交辞令吧，庚子事变的真正祸首，谁会不知道呢？

“国运尽矣”：“纯臣”张之洞的哀叹

英雄史观的政治不正确众人皆知，但史观归史观，人们的心理定式还是很难扭转。中国人读史，又有几人不把目光专注于英雄呢？

晚清政坛，自李鸿章签订《辛丑和约》忧愤而死后，声望、地位、权力相颉颃，为朝野及列强所瞩目，举手投足均足影响大局的“英雄”，当推张之洞和袁世凯。斯时《申报》刊文即认为，“庚子以后，中国政治界上最有关系之人物，应推项城（袁）、南皮（张）”。

虽然论者将此二人相提并论，实则堪区别处甚多。一是张氏资历非袁可比，在张氏面前，袁世凯只是后进；二是张氏系正途出身，科考中被点过“探花”，而袁世凯却是学书不成转而学剑；三是袁世凯虽属后辈，但在政坛上进步甚速，当其二人同入军机时，袁之声势已超过张氏；四是以性格论，张氏好书生大言，而袁深沉阴鸷。尤重要者，用中国传统政治的“术语”，袁世凯可称为“能臣”，而张之洞则足当“纯臣”之誉。纯臣尽忠，而能臣有才有术，只是这“才”与“术”往哪个方向发展，端看如何驾驭。

末世常常呈现这样一幅景观：因为对能臣驾驭不善，纯臣尽忠也成了一种枉然。大清王朝的纯臣张之洞就陷入了这样一种宿命。

“八表经营”的笑话

张之洞（1837—1909），字孝达，号香涛，直隶南皮（今河北南皮）人。1863年（同治二年），张之洞二十六岁时，中殿试第三名（即在状元、榜眼之后，人称“探花”）。这本来是旧时代知识分子的一条老路，值得一提的是，张的殿试对策是慈禧太后亲自选中的，这对其一生之政治态度有重大影响。

张之洞一生大致可分“两截”。前半，入翰林院，是所谓“言官”之一，月旦人物批评时政，往往词锋凌厉，博得“清流”的名声，但也时蒙“书生好大言”之讥；后半，出京任封疆大吏，一变而为洋务派首脑。过去看人挑担不觉沉，现在自己挑担，虽然不好意思再弹过去在“言官”岗位上的一些高调，但究竟个性难改，其经营实业也喜欢在场面上做文章，即不惜钱、务宏大。

张之洞之好为壮语，颇多逸事。一曰“地小不足回旋”。1881年，张氏被授山西巡抚，这是其担任封疆大吏之始，不料他在给朋友的书信中却发牢骚说：“地小不足回旋，及督湖广，督两江，磐磐大才，方能开展。”后来等到他真的“督湖广”，成为湖广总督，又在祝李鸿章的寿文中自抒怀抱云：“度德量力，地小不足以回旋。”终于引来言官弹劾。言官气愤地说：“夫以两湖幅员之广，毕力经营，犹恐不足，而顾嫌其地小，夷然不屑为耶？何其狂诞谬妄若是之甚也！”二曰“八表经营”。张之洞的堂兄张之万也是封疆大吏之一，曾佩带两只挂表，有人讶其多，张之万笑称：“吾仅二表，视吾弟八表犹少矣。”原来张之洞在两广总督任上时上谢恩折中有“名句”云：“身系一隅，敢忘八表经营。”“八表”者，八极、八荒之意也，相当于“天下”之代称，一般只有开国雄主才敢夸口“经营八表”。张之洞过于托大，难怪连其堂兄都要出言相讽了。

正因这种独特风格，张之洞在当时即是毁誉不一的人物。当年，一封专门纠弹他的奏疏曾经传诵一时，出面抨击他的不是别人，正是曾与他同在翰林院供职的徐致祥。徐氏欲抑先扬，先称赞“湖广总督张之洞，博学多闻，熟习经史，屡司文柄，衡鉴精当。臣昔年与之同任馆职，深佩其学问博雅，侪辈亦群相推重”。旋即宕开一笔，“方今中外诸臣，章奏之工，议论之侈，无有过于张之洞者；作事之乖，设心之巧，亦无有过于张之洞者。此人外不宜于封疆，内不宜于政地，惟衡文校艺，谈经征典，是其所长”。随后开列张之洞之劣迹，“司道大员，牌期谒见，有候至三五时，候至终日，而仍不见者，视为故常，毫无顾忌。至候补府州县以下，概不接见；属员之贤否，不问也；公事之勤惰，不察也。所喜者一人而兼十数差，不喜者终岁而不获一面。……起居无节，号令不时，即其幕友亦群苦之”。徐致祥最后定论，“统观该督生平，谋国似忠，任事似勇，秉性似刚，运筹似远，实则志大而言夸，力小而任重，色厉而内荏，有初而鲜终。徒博虚名，无裨实用，殆如晋之殷浩，而其坚僻自是，措置纷更，有如宋之王安石”。

“志大而言夸，力小而任重，色厉而内荏”，这种严厉的考语，哪怕是在弹劾的奏疏中，也不多见，何况用于张之洞这样在中外都享有盛誉的封疆大吏？台湾地区高阳先生在《翁同龢传》一书中认为，徐之用词虽刻薄，但正中张之洞要害。是否打中张之洞要害我们且不去管他，但有一点是清楚的，张之洞为人做事的风格，确实容易被他人抓住话柄。

就拿徐致祥所说的“起居无节，号令不时”来说吧，张之洞的这一习性几乎人尽皆知。

张之洞之族孙张达骧撰《张之洞生平述闻》，其中写道，之洞“每日下午二时始入睡，至晚十时乃起治事。幕府中人及僚属，有事请谒皆在深夜，甚至候至天明始获传见者。……藩臬两司于上午谒见，常时值其体倦，不即延入，在官厅中坐候，动至数小时之久。道府以下属官，有待至数日不获一见者。有时会客谈话未已，之洞忽然闭目假寐，甚至沉鼾，置客不理。客人不好惊动，只可退出。族兄张之万给弟弟的信中说：‘香涛饮食起居，无往不谬’”。而《凌霄一士随笔》更举了一个极端的实例，“某观察（即道员）者，体弱，值冬日传见，趋往，坐于官厅者竟夕，饥寒交迫，归而大病，几至不起。首府某太守者，每值辕召，必襆被备食而往，曰吾不蹈某观察之覆辙也”。等候上司召见，居然还要准备被子和食物，这成何体统？可是因为张之洞接见你的时间根本没一个准儿，舍此又有什么办法呢？

也许有人说张氏对客打鼾等是一种生活习惯，但张之洞后来进入军机，是要经常被皇帝太后召见的，《凌霄一士随笔》的作者为此反诘道：在太后、皇帝面前，“何未闻鼾声”？他的结论是，“之洞此习，正由总制兼圻（管理几省谓之兼圻），觉天高皇帝远，而故作偃蹇（骄横傲慢谓之偃蹇），以示惟我独尊之态，岂尽天性使然”？

廉洁与奢侈的奇特统一

张之洞死于1909年，这时光绪和慈禧均已逝去，柄国者为光绪之弟、摄政王载沣。当其病危之际，载沣亲临视疾，慰之曰："中堂公忠体国，有名望，好好保养。"之洞答谓："公忠体国，所不敢当，廉正无私，不敢不勉。"以"廉"自诩，张之洞有这一资格。张氏一生历任封疆，但却坚持"不殖生产"，其身后之萧条世所共见。

然而，在个人廉洁的同时，张之洞在公务开支上又极尽铺张之能事。早在两广总督任上，他即因摊子铺得过大，亏空甚多，不好销账，与管财政的户部尚书、光绪帝师傅翁同龢闹得不可开交。随后调任湖广总督，讲求西法举行新政更力，从而成为洋务派之首脑，获致的后世声誉也于此时为最高。平心而论，张之洞在湖北兴实业、办教育、练新军、修铁路，"大武汉"的雏形由此奠定，不少基础设施至今仍在发挥作用，诚为张之洞个人的光荣史，也是武汉这座城市的光荣史。然而，另一方面，张之洞所办实业，又往往因追求排场、不讲科学，长官意志盛行，忽视经济规律，而耗费了惊人的公帑，成本与效益之间未免太不成比例。

以汉阳铁厂为例，这是当年张之洞兴办实业最大的政绩。至今颂扬张之洞的人也会于此大做文章，"亚洲最大""亚洲最早"等冠冕纷至沓来。诚然，张之洞创办汉阳铁厂，其筚路蓝缕之功必须铭记，但在汉阳铁厂的历史命运中，又隐伏着许多值得人咀嚼的内容。比如，"亚洲最大"是指规模最大还是指效益最好？肯定不是后者。史料记载，汉阳铁厂从开办之日起，就一直处于巨亏之中。而追根溯源，其实汉阳这个地方本来是并不合适建铁厂的，因为汉阳不产煤，要运燃料冶炼路途遥远，人为加大了成本。当时的大“官商”盛宣怀即向张之洞建议，将铁厂“及早改归商办，就大冶江边设炉开炼，以就煤铁”，但张之洞充耳不闻。据说，张氏之所以坚持把铁厂设于汉阳，是希望坐在武昌的总督衙门里就能看到汉阳的烟囱里冒烟！结果汉阳铁厂空有东亚第一的规模，投产即巨亏，最后还是盛宣怀出面收拾了乱摊子。

徐致祥弹劾张之洞，也没有忘记汉阳铁厂，指责张之洞今日开煤矿，明日开铁矿，“此处耗五万，彼处耗十万”，“流掷正供，迄无成效”，而又“百计弥缝，多方搜索”。朝廷派人查办，查办之人知道张之洞与慈禧的关系，最后上奏说：“大凡草创之事，与立有成规者，难易本有不同，省费亦各有别。……今湖北督臣张之洞，开矿设厂，置炉炼铁，本系仿效西法，事属创始，工作既无熟谙，用款不无稍费。……似无浪掷情事。”回护颇巧，算是为张之洞遮掩过去。而张之洞这边，对批评者自然愤恨不平，张氏手下幕僚、恩施才子樊增祥借给他撰写七十寿序的机会，反驳批评张氏浪费的人说：“不谅其生财之难，而责其用财之易。”现在看来，这种辩解完全经不起推敲，张之洞本人怎么去“生财”呢？政府和官员都不是下金蛋的“母鸡”，若非所有成本最后都落在民众身上，张之洞又哪能不惜成本？

张之洞的官僚习气和派头大大限制了其所办实业的成果，但其最让人怀想之处在于，尽管其一生兴办实业无数，调度款项甚巨，却并未借机敛财富家。“终究不失为一读书人”，这也许是对他最平实最中肯的盖棺论定。

玩弄袁世凯，却让袁摸到了底牌

对张之洞的风格和癖好有了上述了解之后，肯定会对一个问题充满兴味：这个样子的张之洞和袁世凯相遇时，又会怎么样呢？

首先应该强调，袁世凯一度对张之洞相当尊敬，即使其地位已足以和张氏抗衡，仍然存有巴结之意。袁的重要幕僚张一麟几次考进士均未第，光绪二十九年（1903），清廷开经济特科，始名列第二，特科的总考官为张之洞，算是入了“张门”。据张一麟回忆，张之洞任湖广总督时，值七十寿辰，袁世凯特送寿屏十六幅，命张一麟为文，而使另一名属下张逊之书写。原来，袁世凯以南皮为文章泰斗，又好骂人，而二张均系之洞门生，若张之洞以为写作不佳，“则是自骂其门生也”。张一麟叹曰：“余恍然项城虽此等我际小事，尚钩心斗角，亦见其精力之过人也。”而从另一面观察，也正看出袁世凯对张之洞逢迎的苦心。

袁世凯对张之洞的这种态度在情理之中。需知，1881 年，当张之洞出任山西巡抚时，乡试失利的袁世凯还在为出路发愁，准备弃文投军试试运气呢。不仅此也，张之洞高中探花，文名极盛，这在传统社会中都是足以骄人的资本。袁世凯虽属豪杰，但究竟在习惯势力强大的社会中生活，对此存有敬畏又有什么奇怪？

可是，这种敬畏却被张之洞自己生生打破了。

以撰写谴责小说《官场现形记》出名的李宝嘉于《南亭笔记》中说：袁在直隶总督任上，以母丧请假回老家，经过南京，时值张之洞代理两江总督。两人相见纵谈甚欢，袁称：“天下英雄，惟使君与操耳。”这本来是曹操恭维刘备的话，张颇不以为然。于是戏剧性的一幕上演了。“袁方欲有言，张已隐几卧矣。袁出，张亦不送。袁大怒，径登兵轮，速令开船。”兵轮管驾答以未奉张总督之命，不敢开船。袁愈怒曰：“汝谓我北洋大臣不能杀南洋兵轮管驾乎！”不得已，遂启碇。等到张之洞闻炮声惊醒，已失袁之所在，追至江边，而船已离岸。袁在舵楼与张拱手曰：“他日再通函可也。”张嗒然而返。

李宝嘉所写，绘声绘色，其真实性让人生疑，尤其是“天下英雄”云云，哪里像心机深沉的袁世凯说的话呢。不过，若参以他书，其实就会发现，张之洞与袁世凯的确有过这么一次不愉快的相遇，所异者只是细节而已。如《凌霄一士随笔》记：张之洞在署理江督任上，“直督袁世凯往访，相传之洞有于座间熟睡之事，盖故作偃蹇也”。梁启超于《新民丛报》撰文，描述这次相遇与李宝嘉相似，唯云最后张氏醒后，“急命排队请袁回。袁欲不返，幕僚劝之行。比至，重张宴谢罪，欢饮而别”。而最有说服力的证据则来自亲历者徐树铮，不过据其所述，张袁相遇，非袁去拜张，而是张经过袁氏辖区河北保定，袁盛宴款待。

徐树铮入民国后为皖系军阀之大将，但文章也甚好，是难得的霸才，当时他在袁氏军中。袁世凯先请张之洞阅兵，“既罢，张宴节府，树铮躬侍陪席，亲见项城率将吏以百数，饬仪肃对，万态竦约，满坐屏息，无敢稍懈”。袁世凯一方毕恭毕敬，张之洞呢？“而公欹案垂首，若寐若寤，呼吸之际，似隐然鼾动矣。”

张之洞的这种轻慢带来了什么样的影响呢？徐树铮云：张之洞

去后数月，“项城每与僚佐忆之，犹为耿耿也”。这还只是当时的后果。徐树铮更断言：“此亦清室兴废一大关键。”

徐树铮发出这种危言耸听之论，所恃根据为何？原来，在徐树铮看来，自李鸿章逝后，“柱国世臣，资望无逾公（指张之洞），干略无逾项城。公于项城，爵齿德俱尊，而辈行又先。项城功名中人，仰公如神”。如果张之洞能够以道义相激，以情感笼络，两人共忧国是，“公虽前卒，而武昌之变至今不作可也”。所以徐树铮不能不为张之洞感到遗憾，居然以一生活小节不能稍加克制，徒使袁世凯这一代枭雄“心目中更无可畏可爱可敬之人生与并世，渐滋其骄谲之萌，致力于拒纳之术，以遗后世忧”。

平心而论，徐氏所说自有道理，但也有若干疑问。最要害者，即使张之洞做出柔软身段，对袁世凯倾心结纳，是否后者就一定会为其所用？历史无法假设，此处也只能存疑而已。不过有一点是肯定的，张之洞的骄慢不仅无法震慑袁世凯，反会为其所轻。在此之前，张之洞宛如一纸老虎，袁世凯不知底细，犹存敬畏之心，现在张氏底牌暴露，袁世凯确认此人充其量也只会摆摆老资格，又何惧焉？

“年少探花已白头”

光绪三十三年（1907），在外做总督的张之洞、袁世凯同时被内召为军机大臣。

张、袁同入军机，实为多方面的因素有以致之。当时军机首领系庆亲王奕劻，此人贪黩好货，作为督抚之首的直隶总督袁世凯抓住这一弱点，投其所好，二人深相结纳，声势倾全国。可是偏偏有两个人让这两位不大得劲，即内为军机大臣的瞿鸿禨和外为两广总督的岑春煊。清人笔记中说瞿、岑针对奕劻和袁世凯，“显树异帜，虽势力不逮，然亦差相颉颃”。要命的是，这个瞿鸿禨素负清望，口碑比奕劻要好得多，而岑春煊则以肃清吏治为号召，又因在庚子事变中护驾有功，堪称慈禧的红人。所以，当时的舆论，多站在瞿、岑这一边。

这两股势力争斗，瞿、岑原本大有希望胜出，因为奕劻名声太差，最后连慈禧太后也看不下去，有意让其退出军机。不料，当慈禧将这一层意思透露给瞿鸿禨时，瞿氏可能是兴奋过度，居然事先走漏了风声，致使外报抢先登出了奕劻行将被罢斥的消息。奕劻和袁世凯抓住这一机会，授意某翰林弹劾瞿鸿禨，指责其暗通报馆阴结外援。瞿氏因此而得到了一个“放归田里”的处分。这就是晚清史上有名的“丁未政潮”（这一年是丁未年）。

孤掌难鸣的岑春煊，则被袁世凯等人使了个阴招，伪造了一张他和康有为、梁启超的合影，密呈慈禧，“指为暗通党人图乱之证”。慈禧平生最恨康梁，当时也殊不能意料有此等高科技手段，“既见摄影，俨然信之不疑，惊愕至于泪下”，但以其有庚子旧劳，不想让他难堪，遂以其久病未愈为辞，准其开缺调理。

军机走了一个瞿鸿禨，需有人补，这是张袁同入军机的原因之一。另外，这个时候，清廷已宣布准备立宪，据张一麐《古红梅阁笔记》云：“预备立宪之招牌既挂，实行无期，请愿者踵至，枢府旧人不足以应付危局，乃有命北洋大臣袁世凯，两广总督张之洞同入军机之举。”慈禧汲引两个督抚中最有名望的人进入军机，希望能够应付预备立宪之新局，这是原因之二。除去这些因素，慈禧另有用意，她对袁世凯势力扩张过速已经心存疑虑，将其内召则为动摇其根基的妙法。

张之洞、袁世凯虽然同入军机，但各怀心思。

曾任军机章京（相当于军机大臣之秘书）的高树撰有叙事诗集《金銮琐记》，其中一首写张之洞一次入京与慈禧相见的情形，诗曰：

“湖园召见上帘钩，年少探花已白头。各有伤心无一语，君臣相对涕横流。”高树于诗后自注：“闻之内监云：孝钦（西太后之谥号）与文襄见面，孝钦呜咽涕泣，文襄亦涕泣，始终未交言。盖各有伤心，不知从何说起，惟有对泣而已。对泣已久，孝钦命休息，乃出。”

张之洞当年殿试卷为慈禧所赏，高中“探花”，时仅 26 岁，而今已皤然一翁，君臣之对泣无言，应当包含有对人事和国事的双重感喟吧。

张之洞尽管有官僚习见的各种毛病，但于清廷而言，却是一忠贞的纯臣。而袁世凯只可说是一能臣。对纯臣只需以情动之，对能臣却必须讲究驾驭的手腕了。现在，纯臣和能臣再次相遇，同掌枢要，其不同的面貌自然会呈现出来。

据许同莘编《张文襄公年谱》，之洞于光绪丁未八月初五日至京，“寓畿辅先哲祠，冬寒，入值不便，袁宫保（清廷曾赐袁世凯‘太子少保’的荣誉衔，故称‘袁宫保’）方寓东安门外北洋公所，言公所有别院在锡腊胡同，地近可居，乃移寓锡腊胡同。一日，袁见客自外省来者，问：谒张中堂否？曰：未见公，不敢往。曰：信然！昨见门簿，犹无汝名也”。此处所叙真是让人悚然！张之洞来往宾客名单都尽在袁世凯掌握之中，这种特务手段居然用之于一堂堂军机大臣，既可窥见袁对张“阳示尊崇，阴实忌之”，其猜疑之天性更跃然纸上矣。

不能让君主杀人杀得手滑

1908 年，光绪帝与慈禧太后相继死去。按照慈禧临终前的政治安排，清廷立醇亲王载沣的 3 岁幼儿溥仪为帝，改年号为“宣统”，尊隆裕为皇太后，实行“垂帘听政”，因为考虑到隆裕太后平庸的执政能力，又以载沣为监国摄政王。隆裕和载沣遂成为掌握大清帝国最高权力的人物。

这两个人物掌权于袁世凯当然不是好消息。众所周知，在光绪皇帝眼里，袁世凯是维新失败和自己半生不得发舒的罪魁祸首，而隆裕正是光绪之后，载沣则系光绪之弟。因为这层关系，隆裕和载沣命袁世凯“开缺回籍”很容易被视为替光绪报仇。其实这是皮相之论，即使隆裕和载沣有此心也只是一个很小的因素，更重要的原因在于载沣对汉族大臣的疑忌，认定非自家人掌控大权不能安心，而要让满洲亲贵攘权，作为汉族大臣中的权势最重者，袁世凯自然首当其冲。

据史料记载，隆裕、载沣起初并不想让袁世凯全身而退。如《凌霄一士随笔》一书中就说，载沣对军机大臣拿出隆裕太后的“朱谕”，“系以‘揽权跋扈植党营私’字样治罪”，这种罪名已足置人于死地，首席军机“奕劻辈震怖不敢置一词”，“之洞独再三婉陈，力为乞恩，始得转圜”。最后才由张之洞改拟谕旨，托词袁世凯身患“足疾”，加恩赐其开去一切差使，回老家“养疴”。

《凌霄一士随笔》又说，张之洞为袁世凯乞命之后，有人私下里表示质疑，“谓项城英鸷之器，朝廷既不能用，杀之是也。今使怏怏归里，不虞遗患他日乎？”之洞曰：“明崇祯帝勤政爱民，徒以御下操切，轻杀大臣，遂致亡国。今监国仁明，宜益导以宽大，培祥和之气，以厚国脉。倘初政即戮先朝最倚重之大臣，吾惧其手滑而蹈明末覆辙也。”许同莘编《张文襄公年谱》有相似的记载：“公退，语人曰：‘主上冲龄践祚（即指幼年登基），而皇太后启生杀黜陟之渐，此端一开，为患不细。吾非为袁也，为朝局计也。’”

从后来历史的演变看，批评张之洞不该救下袁世凯的人说对了，果然是养虎遗患，袁世凯在辛亥枪声中再起，终于成了大清王朝的“催命郎中”。站在清廷的立场，作为纯臣的张之洞未免失策，但如果超越这种一时之得失，又不能不为张之洞叫好。杀人是容易杀得手滑的，读过《水浒》的人对这一点都不会陌生，而一个政府如果动辄杀戮大臣，则势必使戾气布满朝野，又岂止是朝臣之悲剧？

“君民末世自乖离”

而袁世凯奉令开缺回籍不到一年，张之洞即溘然长逝。

张之洞是带着怅恨离开这个世界的。

袁世凯一去，清廷最高统治者施行亲贵掌权的策略愈速。稍有智识者即知，此种策略行之于满汉民族矛盾被革命风暴裹挟难解的时候，简直是自寻死地。而这个时候在中枢，有资格和地位谏阻的人就只剩下了一个张之洞，但形单影只孤掌难鸣，终归无效。当时传闻，张之死，实为与执政者争而不获，乃致气急呕血而亡。如《凌霄一士随笔》即曰："闻张之死，以与载沣争洵、涛典兵事。时命载洵筹办海军，载涛训练禁卫军。张力谏，沣不可。张退而发病呕血，以至不起。"载洵、载涛，都是"贝勒爷"身份，属于"天潢贵胄"，让他们执掌兵权，虽然明显与宪政国目标相悖，但却能让载沣等人感觉踏实可靠。殊不知，这正是亡国的一条不归之路。

载沣在张之洞病笃时前往探视，及载沣出，张身旁的人问之洞："监国之意若何？"之洞良久始吐出四字："国运尽矣！"因为他从载沣的言行中，未看出这位监国摄政王对错误抉择有丝毫改弦更张的表示。

张之洞，这位大清国纯臣的最后心事全寄托于遗疏和绝笔诗中。

其遗疏中的著名警句"守祖宗永不加赋之规，凛古人不戢自焚之戒"蕴含丰富至极。康熙五十一年发布上谕"滋生人丁，永不加赋"，意思是此后新增人口，不再收"人头税"，在传统社会毕竟要算一项"德政"和"仁政"，也是清王朝最为津津乐道的，张之洞于遗疏中追怀往事，即希望今之统治者不要丢掉民心；后一句则只是警告，劝诫清廷亲贵赶快悬崖勒马，否则必将玩火自焚。

张之洞的绝笔诗题为《读白乐天〈以心感人人心归〉乐府》，诗云：

诚感人心心乃归，君民末世自乖离。

岂知人感天方感，泪洒香山讽谕诗。

白居易歌颂唐太宗功业，认为其成就于“以心感人人心归”，张之洞在病危之际想起这句诗，自然是吊古伤今了！作为儒家道德观、政治观的信徒，“人心”这颗砝码，永远是最重要的。失去人心，“君民末世自乖离”岂非顺理之章？

张之洞生前死后都是争议人物。其思想似新实旧、亦新亦旧卓具特色，一句“中体西用”启后人无数口舌之争；其殚精竭虑主持的洋务事业，誉之者赞为“筚路蓝缕”“规模宏大”，毁之者则不免讥其“好大喜功”“名不副实”了。即使是为其盖棺定论的《清史稿》本传，也说他“莅官所至必有兴作，务宏大，不问费多寡。爱才好客，名流文士争趋之”，揄扬之中明显寓有微词。但这都只是局外人的观感，就张之洞个人而言，他最大的遗憾应该还是以其所受君主知遇之隆，个人又抱不凡之抱负，却终究不能挽清王朝的颓运于既倒。

张之洞，一个过渡时代的典型的尴尬人物，他走不出那个时代，也就避免不了其近乎宿命的尴尬和悲剧。

“跪着暴动”失败了：立宪派的悲情与绝望

立宪派走上前台

考察宪政五大臣回国后的第二年，清政府的立宪行动终于有了实质性进展。

1906 年 9 月 1 日，清廷发布了仿行立宪的上谕：“时处今日，惟有及时详晰甄核，仿行宪政，大权统于朝廷，庶政公诸舆论，以立国家万年有道之基。……但目前规制未备，民智未开，若操切从事，涂饰空文，何以对国民而昭大信？故廓清积弊，明定责成，必从官制入手，亟应先将官制分别议定，次第更张，并将各项法律详慎厘订，而又广兴教育。清理财务，整饬武备，普设巡警，使绅民明悉国政，以预备立宪基础。……俟数年后规模粗具，查看情形，参用各国成法，妥议立宪实行期限，再行宣布天下，视进步之迟速，定期限之远近。”

上谕明确将从改革官制、重修法律开始，逐步奠定宪政基础。立宪无法一蹴而就，需要艰苦的准备，理所当然。但这道上谕没有确定何时立宪，只说“视进步之迟速”，弹性很大，容易授人攻击的口实，也埋下了日后引发精英不满的导火索。尽管如此，对中国而言，宣布以宪政道路为依归毕竟是破天荒的大事，舆情极受鼓舞。《申报》称赞这是“古今未有盛举”；绅商们张灯结彩，敲锣打鼓，热烈庆贺；商务印书馆等报馆、学堂则以悬挂国旗的方式表示庆贺；扬州商学界还特地撰写了《欢迎立宪歌》；11 月 25 日（农历十月初十）为慈禧寿辰，以往人民并不理会，今年则不同，《京话实报》报道：“从此要实行立宪，这次圣寿就是实行立宪的纪念。这等的好日子，拍着巴掌，跳着脚儿，要喜喜欢欢的庆贺大典。”

随着清廷宣布仿行立宪，以研究和推动宪政为主旨的知识分子团体一时如雨后春笋，主张以君主立宪救中国的立宪派日益活跃于政治和社会之舞台。

世界各国之宪政，不外君主立宪和民主立宪。在“民主”二字日益深入人心的今天，人们很容易想当然地认为，民主立宪要好于君主立宪。其实这是一偏之见，君主与民主，这只是国体之争，而公民的权利是否得到切实保障，统治者的权力是否得到有效约束，关键在于是否实行宪政，看一国有无宪法，看一国之上下有无遵守法律的习惯。民主立宪固然有美国的好例，而君主立宪不也有英国这样的样本？

立宪派之所以支持君主立宪，在他们看来，无非是中国地域广阔，加之民族众多，国民能力程度不高，又有几千年的帝王专制制度，国人久已习惯于有一个至高无上的符号，如果没有了这一个符号，则人心不稳，非起祸乱不可。

如何在保持君主符号的前提下实行宪政？最早的立宪派——梁

启超等保皇党人早有阐述。梁启超1901年发表《立宪法议》，即着重谈到了两点：第一，君主无责任及成立责任内阁。他说，君主有责任，一旦失败，人民便起来革命，故为了国家安定，只能让其处于无实权的地位。君主立宪国家的宪法都写有"君主无责任"及"君主神圣不可侵犯"的明文，而二者"异名同实"，"惟其无责任，故可以不侵犯，惟有不可侵犯，故不可以有责任"。担负国家行政责任的是责任内阁。第二，立法权必须属于多数国民。

因为君主立宪的共同诉求，可以说在清廷宣布仿行立宪后的相当一段时期内，立宪派是清廷的同盟军。但这种同盟又是很不稳固的，由于在朝、在野的两种身份有别，利益有交集也有冲突，对宪政的认知也存在差异，终于导致了分裂，并成为清政府最后在革命风暴中孤立无援乃至崩溃的重要原因。

宪政之起步：议员叫板军机大臣

清廷的预备立宪一直广受批评，甚至激烈者斥其为"欺骗""假立宪"，这些批评并非全无道理，比如其首先进行的官制改革近于"换汤不换药"，当时就曾让立宪派人士深感失望。从根本上说，宪政是另一种文明，要将其移植到另一块土壤上，的确不是一件易事。但如果进而论定，清廷为立宪而进行的所有准备工作，都只是在走形式，没有给古老中国吹进一丝新风，也不是事实。

晚清作为民意及咨询机构的资政院及地方谘议局与权力抗争的史实就尤其值得关注。

光绪三十三年八月十三日（1907 年 9 月 20 日）设立资政院的上谕称：“立宪政体，取决公论，上下议院实为行政之本。中国上下议院，一时未能成立，亟宜设资政院，以立议院基础。”准此，资政院具有过渡性质，是为今后成立议院而做准备，其职责是上陈民意、辅导人民自治、备行政部门咨询，在中央为资政院，在地方则为各省之谘议局，议员则钦选（即清廷指定）和民选各半。这种性质决定了资政院和谘议局只是政府的顾问部门，还远远不是西方议院的立法机关，其权限之受制，于清廷颁布的相关规程中也反映得十分清楚。如规定地方督抚对谘议局有裁夺议案、停会及解散之权；如果各省谘议局与督抚发生重大异议，或不同省份的谘议局互相争执，则由资政院核议，议决后由资政院总裁、副总裁上奏，请旨裁夺。

这种格局之下，资政院和谘议局的议员们远不如西方议员神气理所当然，但当时民权思想高涨，议员和行政长官们争权之事却所在多有。在江苏谘议局，因与两江总督张人骏争预算案，议员们曾全体辞职，直到地方士绅组“预算维持会”以继其志，至争回若干权力后，始行复职。当时舆论，如《申报》《时报》《东方杂志》都站在议员一边，《时报》更痛斥总督大人“以排斥谘议局为保持禄位之第一妙诀”。预算案斗争展开后，除媒体和江苏绅商学界支持江苏谘议局以外，苏籍在京官绅也集议揭露张人骏劣迹，各省谘议局致电声讨，张人骏一时成为众矢之的。在此之后更发生了议员叫板军机大臣的喜剧性的一幕。

宣统二年长沙发生抢米风潮，乱后需要赈款，加上推行新政，新任湖南巡抚杨文鼎认为解决目前的财政困难，只有仿效安徽等省发行地方公债。平心而论，这自然是解决财政危机的一个办法。但杨文鼎决定发行公债，只按官府传统，取得了朝廷的同意，却忽略了《各省谘议局章程》中所规定的谘议局有审议地方财税的权力。谘议局得悉之后，立即向杨文鼎提出质问。杨氏回答说已经朝廷奏准，无须交谘议局审议。这一回复激起了议员们的怒火，如果地方行政长官可以独断专行，还有设立谘议局的必要吗？因此联名上呈资政院，请求该院提出质询。资政院确认湖南巡抚确有违法事实，遂上奏要求补行交付谘议局审议的法定程序。岂料军机大臣在答复质询中只是轻描淡写地称杨文鼎所犯只不过是一个“疏漏”，既经朝廷允准，仍照旧办理。资政院极为不满，认为军机大臣辅佐不力，要求到院接受质询，军机大臣置之不理，全院哗然。

当时商务印书馆创办的《东方杂志》登载了资政院议员们关于湖南公债案的演说，场面堪称火爆：

罗杰：守法为立宪预备之基础，若国法不被重视，谘议局留之何用，不如将之解散。

邵羲：通常一御史之弹劾即可使违法失职者受到惩处，若资政院尚不如一御史大夫，留之何用？军机大臣必须到院解释。（多人附和大喊“尊重谘议局局章”，全院大拍掌。）

曾广銮：巡抚可以“疏漏”了之，人民犯法又将如何借口？本席同意请军机到院。（至此，总裁问请哪一位军机，众口一声“领班军机庆王”。但电话打过去，军机无一人在。）

邵羲：军机不知有法律，与孩童何异！（众大笑。）

邵羲：请送咨文军机大臣，请其到院。

……

资政院决议弹劾军机大臣，虽然后来在摄政王载沣的干预下，弹劾不了了之，但议员们的锋芒一度逼得军机大臣们全体辞职，事后那些咄咄逼人的议员们也未受到任何影响，一方面，其意义诚如台湾学者张朋园所说，“这是中国人民向当轴者要求权利的一个空前行动”。另一方面，也显示当时的整个社会氛围有利于向宪政迈进，尽管难免会有波折，但一点点进步的势头却不容否定。

“请开国会，断指送行”

清末时期，对宪政有较深之研究者，首推立宪派代表杨度。杨度认为，实行君主立宪，最重要者无非三事，即：制定宪法、建立责任内阁、召开国会。而三者之中以国会为最重要，因为其本质在于能否代表国民，是否确实为国家的最高立法机关和监督机关，“既有国会，斯不患无宪法；且必有国会，后而能有程度较高之宪法。何以故？必有国会而后国民有提议宪法、承认宪法之机关，始可以国民之意思加入于宪法范围之内，乃可望宪法程度之高也”。

正因为杨度对国会在立宪中作用的认识，他积极奔走，要求尽早召开国会，并组织了两次上书请愿活动。1908 年 6 月 16 日《申报》载杨度对众人言：“此次晋京，专为国会而来，如政府不早颁布开设国会年限，仍当出京联合各省要求国会。在朝既不能为富贵所淫，在野更不能为威武所屈，宗旨已定，生死祸福皆所不计，即以此拿交法部，仍当主张到底。”可见其决心。

在舆论的压力下，清政府的立宪准备开始提速。1908 年 8 月 27 日，宪政编查馆和资政院将《宪法大纲》《议院法要领》《选举法要领》及《逐年筹备事宜清单》上奏，当日朝廷批准颁布。宣布“自本年起，务在第九年将各项筹备事宜一律办齐，届时即行颁布钦定宪法，并颁布召集议员之诏”。

日本从发布诏令到召开国会，为期九年，清廷亦宣布自 1908 年起，9 年立宪，尤其是《宪法大纲》也多因袭日本宪法，显示了清廷立宪以日本为榜样的鲜明特点。君主立宪国中，和英国相比，日本不能称为模范，清廷之所以照搬日本自有其小九九，一言以蔽之，按日本宪法之规定，君权之限制较少也。但无论如何，有限制总强过全无限制，《宪法大纲》前言中说：“上自朝廷，下至臣庶，均守钦定宪法，以期永远率循，罔有逾越。”官方类似表述在中国历史上毕竟前无古人。

《宪法大纲》颁布后，社会各界反响不同。部分立宪派人士对《宪法大纲》过多限制议院权力极为反感，斥其为“拥护专制之宪法”；东三省民众认为 9 年的立宪过渡期太长，继续请愿，多数人则表示接受。

时局在发展。1909 年 9 月，中国与日本签订新约丧失权利甚多，而同时又传来列强在海牙和平会议上密议统监中国财政的消息，加之在筹办地方自治的活动中，供职于谘议局的立宪派人士痛感自己权力太小，官员昏耄不足以谋宪政，认定要解决外交失败内政不修的困境，只有早开国会，让民众参政，才能监督政府，加快立宪，早臻富强。

1910 年，以各省谘议局为中心，由立宪派领导，全国掀起了国会请愿热潮，先后进行四次，长达一年之久。而在请愿活动中，或由于清廷应对失当，或由于舆论风潮鼓荡中坚守理性不易，请愿人士的行为也一次比一次激烈。

第一次请愿中，毛泽东的老师、长沙修业学校教员徐特立以刃自断左手小指，濡血写“请开国会，断指送行”；第二次请愿，江苏丹徒县的郭毅也效法徐特立，自刺手臂出血，书写了几个大字邮寄给请愿代表，后者则将其血书制版印刷，分发各省；第三次请愿中，代表整队出发之际，据《申报》，忽有学生数人来到，两人抽利刃欲自杀“饯代表诸君之行”，代表劝解稍疏，一学生持刃割下左腿一块肉，另一割下右臂一块肉，各代表纷然泪下，誓死请愿到底……

清廷应对请愿风潮，经历了从固执己见到略有让步的过程。

第一次请愿，代表们不过到都察院交了一份表达速开国会诉求的请愿书；第二次请愿，代表前往摄政王府，准备拜见载沣并将上书亲自交到这位总揽清政府事务的最高统治者手中，但载沣却辞不见，也不接受上书；第三次，代表们晋谒首席军机大臣庆亲王奕劻，没想到庆王也和载沣一个派头，拒不接见代表。这一次舆论终于愤怒了，《国民公报》即发表社论《诘问庆王》。在舆论的压力下，庆王随后接见了部分代表，不久，资政院也通过了速开国会的议案。而在这个时候，对清廷加紧实行中央集权行为不满的一些地方督抚们，也向朝廷施加压力，要求速开国会、立即组织责任内阁。

经过权衡，清政府做出让步，最后决定按原计划提前三年，而于1913年召开国会，较之请愿代表要求之1911年仅差两年。

可是不理性的狂潮一旦鼓动起来并形成了社会氛围，便很难让人平心静气地讨论问题了。面对清政府的让步，多数立宪派人士仍然大不满意。据《申报》报道，为地方自治做出卓越贡献的江苏谘议局，在表决是否应该为立宪时间的提前而开会庆祝时，议员群起反对，赞成者仅三人，南京庆祝活动也宣布告吹。浙江与江苏情况大同小异，而东三省的态度最为激烈，直隶省继之，立宪派人士均要求于1911年速开国会。单纯而狂热的学生们发动起来，请愿活动有失控之势，断指、割肉、自刎等血腥场面更加频繁，而政府方面又调动军警进行压制，立宪的前景开始蒙上不祥的阴影……

“政府已彰明较著不要人民了”

保留君主的名义及待遇，一国之行政事务由内阁裁断实施，而内阁又对议会负责，这是君主立宪政治的精义。所谓责任内阁，即是要求内阁及内阁各大臣们施政时对国民负责，而在间接民主条件下，对国民负责也就是要对国民代表机构议会负责。这与过去大臣们只对君主负责当有天壤之别。

1911年5月8日，作为立宪的必要步骤，清廷任命国务大臣，内阁宣告成立。按照清廷所颁布的《内阁官制》的规定，新成立的内阁比其所代替的军机处自有区别和优越性，但按照君主立宪制度的原理，内阁既然是对议会负责，则理当先有议会，经过议会同意也才能有内阁，并产生各大臣人选，而现在，国会还没有召开就先有了内阁，岂不是意味着这种条件下产生的内阁仍需对君主负责吗？

更要命的是，清廷推出的内阁不仅仍然是对君主负责，而且内阁人选也极不符合立宪政治的要求。在君主立宪国中，皇室享有尊号和崇高待遇，但这建立在其不负实际责任的基础之上，而清廷推出的内阁则大非其然，内阁13名成员中，满人9名、汉人4名的结构已经让汉人不满，而9名满人中，皇族居然又占了7席，堪称名副其实的“皇族内阁”。这也就无怪乎内阁章程和阁员名单一经公布，媒体即声言“一般稍有知识者，无不绝望灰心于政府”了。

揣摩清廷违逆民意硬推“皇族内阁”的心理，无非一个“私”字作祟：哪怕立宪是大势所趋，但无论如何也要尽可能保住现有特权阶层的利益。

新内阁刚一成立，即按照内阁章程，对皇帝发布的实行全国铁路干线国有政策的诏令进行了“副署”。铁路从商办改归国有，牵涉众多绅民的利益，尽管这一政策本身有很大的合理性，但在群情汹涌的事态下，对隐藏的社会风险完全置若罔闻无疑又相当失策。对此清廷仅仅在皇帝诏令之外，加了内阁副署这样一种表面民主化的形式，就以为已经万事大吉，岂非无识？

皇族内阁的粉墨登场，铁路国有政策的加紧推行，社会的分裂和对抗日益不可避免。“跪着暴动”无人理会，揭竿而起就几乎是一种必然了。

据湖南议员、立宪派头面人物之一粟戡时所著的《湘路案》，立宪派人士对清廷完全绝望正在铁路国有政策强硬推行之后，宣统三年夏，湖南谘议局推议员左学谦、周广询为代表，再往北京请愿，希望政府收回铁路国有之成命，正好遇上四川谘议局议长蒲殿俊等因拒款请愿，被政府押解回籍。左学谦等人搭车送之，蒲氏愤怒地说：“国内政治已无可为，政府已彰明较著不要人民了，吾人欲救中国，舍革命无他法。我川人已有相当准备，望联络各省，共策进行。”蒲殿俊走后，周广询留京周旋，而左学谦则返湘，并以目击情形，详告同人，“于是遂各各暗中增组机关，而谋进行革命愈力”。仅粟戡时所知，湖南一省由立宪派人士密谋和清政府摊牌的团体就有多处，“左学谦等借长沙筹备地方自治名义，以长沙自治公所为革命机关；吴作霖等欲暗中训练革命党干部人才，组织湖南体育社；……罗杰等组织辛亥俱乐部湖南分部，以之暗中策动革命；……文经伟、王猷、吴孔铎等组织富训商业学校，暗中鼓吹革命，吸引党员……”

读了这一段记载，我们当能恍然大悟，为什么武昌首义的枪声响起之后，各地纷起响应的多为立宪派了，这正是其在悲情和绝望之后的必然结果。

互不妥协葬送了宪政

立宪派和清廷决裂，使立宪蓝图成为泡影。导致这一结果，清廷自身当然应负很大责任，而立宪派实也难辞其咎。

立宪派的失误，当代学者萧功秦有一个看法，他认为立宪派人士患上了“制度决定论”的毛病。按照萧功秦的定义，“这种‘制度决定论’思想倾向的最基本特点是，在肯定异质文化中的某一种制度的功效的同时，却忽视了该种制度得以实现其效能的历史、文化、经济和社会诸方面的前提和条件”。应该承认，立宪派的确有把立宪简单化、理想化的一面。一位名叫远腾久吉的日本情报人员在给日本政府的报告中，如此描述当时中国的士绅立宪派急于实行立宪的心态：“立宪派政党中的绝大多数人相信，只要有了一个立宪国会，一切都是可以办到的。宪法一经制定，国会一经成立，失败误国的岁月将立刻一扫而光，财政竭蹶可以补救，国债可以偿还，军备可以扩充，国力将进而充沛，人民权利将被恢复。而多年来中国民族所蒙受的民族羞耻将被扫除。国家的威信将广被全世界。”可以说，正是因为这种心态，很多热切呼唤立宪的人对通向宪政必然会有的曲折和艰苦并没有足够的心理准备，而往往寄望于速成。

除此以外，清末之宪政之所以被断送，还有一个重要的因素，即清廷和立宪派互不妥协。

有一句名言曰：政治是妥协的产物。而要让现实中的人们真正认识妥协的妙处却并不容易，因为参与博弈的人几乎没有一个不希望最终使自己的利益实现最大化。然而正因为几乎所有博弈者都怀着这种目标，也意味着，任何一方如果想在不支付丝毫成本的情况下就成功排斥对方，从而获得最大利益几乎是不可能的。在这样一种无奈的现实下，人们终于发现，正面冲撞在即者各退一步达成妥协，正好可以使双方都能进入一种“次理想”的状态，对单一的一方来说，这种“次理想”状态当然不如利益独占的“最理想”状态，但所支付的成本却小得多了，而且博弈双方的收获之总和，又超过一方独占所有利益另一方一无所有的局面。

立宪派逼得清廷缩短了 3 年立宪期限，而犹未以为满意，继续以激烈的方式请愿，这是不知妥协；一个简单的道理是，究竟是1913年开国会还是1911年开国会，真的会有那么严重的区别吗？清廷在立宪派人士再三再四的暂缓实行铁路国有政策的吁请声中，一意孤行，这也是不知妥协。双方的互不妥协后果严重，前者破坏了除革命党外的社会各界一心谋宪政的氛围，在对抗中加深了双方的不信任感，而后者则直接导致了立宪派向革命党靠拢。

历史的教训不可谓不深刻。

遗民梁鼎芬的辫子

鲁迅文章的读者，应该都对清末民初的剪辫风潮有所了解，而武昌起义后新军士兵在城门口拉住一商贩强行剪辫的历史照片，经各种近代史著作和图录采用后，更给人留下了深刻印象。对芸芸众生而言，生当鼎革之际，只能安时处顺，辫发之有无只是茶杯里的风波，另外一些人却远不能这般轻松了。

武昌起义，南北议和，汉口一家旅馆里，上演了一幕剪辫的好戏。只不过，持刀者非士兵，而是一群学生，“抱头鼠窜”的也不是商贩，而是与持刀者有师生之谊的一位长髯老者，他就是晚清著名诗人、入民国后以遗老著称的梁鼎芬。

梁鼎芬长期在湖北供职，湖广总督张之洞实施新政，倚之如左右手，他此次来汉是为了给老上司、曾任湖北巡抚的端方操办丧事。端方奉命入川弹压保路运动，为手下士兵所戕，其头颅也被割下送到武昌邀功。南北议和成，端方无首灵柩也运抵武汉，准备下葬。梁鼎芬以“感恩故人之意”，由沪来汉，住汉口大旅社，不料却为昔日学生所窘。

关于这次快意剪辫行动，参与者之一、老同盟会员刘成禺的《世载堂杂忆》有生动的描述，梁氏“辫发短垂，终日戴长尾红风帽，不露头角。戴风帽者，师黄梨洲入清妆束也。黎元洪时为中华民国副总统，兼湖北都督，驻武昌，闻之，一日坐都督府，饭后闲话，予亦在座，黎发言曰：‘梁节庵（梁氏字星海，号节庵）终日戴风帽，怕人见其辫子，保护甚周，我预备在都督府请他过江宴会，将他辫子剪去，岂不甚善？’时兴国曹亚伯起立曰：‘我一人愿了此勾当。’……当夜，曹往汉口大旅社见梁曰：‘先生太热，请去风帽，勿讲礼。’梁不应，后至者在梁后，揭去风帽，梁乃以两手紧掩辫发，又一人持剪动手，梁乃倒地，两手护发，以头触地板。又上二人各执其手，持剪者乃一剪而去其辫，再剪三剪，梁先生头上，已如牛山之濯濯矣。剪者呼啸而去，梁乃伏地号哭，旧门生如屈德泽等十余人，咸来慰问，予亦门生之一，后至，见其坐拥风帽流泪。……当夜梁即奔上火轮，乘船东去”。梁鼎芬回到上海，曾与湖南诗人王湘绮晤面，王氏于日记中写道，时有人问梁“截辫”事，“梁不欲答”，可见其隐痛之深。

“伏地号哭”“坐拥风帽流泪”，当年之刘成禺、曹亚伯已无法理解这种情感，何况今人？在梁鼎芬及其同道者那里，辫子到底象征着什么？

“言尽有泪，泪尽有血”

梁鼎芬（1859—1919），广东番禺人，幼年孤苦，从岭南大儒陈东塾读书，于光绪六年（1880）考中进士，授翰林院编修，进入仕途，历任武昌知府、湖北按察使、布政使等职。

这个人物，不但今人已渐陌生，即如 20 世纪 70 年代，海外学者吴天任抱病为梁氏撰写年谱，已有人当面质疑：“节庵先朝遗臣，无甚事功之可见，遗诗数百首，亦一诗人而已，清史已有其传，何劳吾子为纂年谱，详其生平？”吴天任答曰：梁鼎芬不仅是诗词名家，而且是重要的政治角色，其一生中许多活动，都关乎当时而影响后世。例如八国联军占领北京期间，他首倡各地官员向西安逃难中的“两宫”进贡方物之议，对稳定人心和政局大有裨益，另创设惠州丰湖书院及广州梁祠图书馆，佐助张之洞在鄂推行新政等等，莫不与国家政治社会文化息息相关。

吴天任所列的梁氏事功，当然均有史可稽，不过就当年实际，梁氏倾动天下者，到底不是他的“立功”，而是他的“立言”，即为一姓之王朝贡献哪怕被视为“疯魔”的意见。

梁氏之鸣放，发端于光绪初年。出使俄国的大臣崇厚在俄人胁迫下，未经清廷允许，擅自签订严重损害中国利权的“和约”，一班言官们联衔参劾，梁鼎芬以少年翰林，列名其中，算是小试锋芒。又十年，中法因越南而构兵，李鸿章力主持重，为清议所不容，最激烈的批评者就是梁鼎芬，他单独具折弹劾权倾朝野的李中堂，声言李鸿章“有可杀之罪六”，要求朝廷“即行正法，并派出亲信大臣，严查家产，以充军饷，穷搜党类，以戢奸谋”。梁鼎芬“直声震天下”，但也因“妄议大臣”，得到了“降五级调用”的处分。梁鼎芬时年 26 岁，有人讥其少年躁进，然而随着时光流逝，梁氏却依然故我。光绪三十三年（1907），已迈入中年的梁鼎芬借觐见慈禧太后之机，一气纠弹晚年西太后的两大红人，说军机首领奕劻政以贿成，要慈禧警惕“毋为其所卖”，更抨击袁世凯“能谄人，又能用人，引用私党，布满要津”，直接拟之为历史上的篡位者，说“如此之人，而令其狼抗朝列，虎步京师，臣实忧之。臣但有一日之官，即尽一日之言，言尽有泪，泪尽有血”。慈禧知其戆直，不以为忤，可是也没有当回事，否则晚清政局或许有另外的走向。

“言尽有泪，泪尽有血”，这种决绝并非仅仅是一种姿态。梁鼎芬在庚子事变后赴西安，向慈禧进谏废“大阿哥”，即存在极大风险。慈禧立“大阿哥”，实为废光绪之前奏，因列强干涉而恼羞成怒，遂有庚子国难。后来与外人议和，“大阿哥”显然是一个障碍，而且此人冥顽不学，也实在不堪承社稷之重。但由谁来戳破这层纸却是一个问题，因为按照清律，臣下不得妄议“立储君”“废储君”，否则将置以极刑。完成此事的仍然是梁鼎芬，他在遗稿《奏对私记》中记下了他的这次危险的行动，“臣辛丑赴行在，面奏：‘臣来时，闻外国人要待两宫回銮后，请废大阿哥。臣思此时，国势弱极，外人如此说，恐要照办，若照办成何国体？以臣愚见，不如自己料理好。’两宫均无语，……后车驾至汴梁，遂废之”。“不如自己料理好”一语极具分寸，王照《方家园杂咏纪事》说梁氏因为不易措辞，“夜不成寐”，最后想到这句话，才算豁然开朗。

“草木有荣枯，臣心终不死”

武昌一声枪响，各路豪杰乘时奋起，清廷顿成土崩瓦解之势。

时已解官的梁鼎芬居然书呆子气十足，给豪杰之一的黎元洪写了一封信，妄图以故交旧情激发黎都督的“忠义之心”，使其做“大清国第一等忠臣”。为了达到目的，他甚至表示，愿把儿子送到武昌作为人质。他在信中写道：“昔之武昌城，居民稠密，百货充积，学堂林立，军队精严，为各省之冠。今之武昌，丧乱萧条，逃者大半，人人危惧，家家贫窘，何以至此，宋卿（黎元洪字宋卿）独不念乎？”这样的信放到豪杰面前就是一笑料，不久黎元洪遣人至汉口剪辫，也算间接答复了梁鼎芬。

民国肇建，按照清室优待条件，德宗（光绪帝的庙号）崇陵工程，所有经费应由国民政府支付，但费用迟迟没有到位。梁鼎芬遂往来上海、青岛这两个遗老最集中的地方，吁请遗臣故老筹款报效。后来崇陵竣工，因园林无树影响美观和风水，梁鼎芬在多次交涉无果的情况下，决定募捐栽树。他想出了一个妙法，将崇陵上的白雪用瓶子装好，称为“崇陵雪水”，赠给王公大臣和遗民们，以换取捐金。梁虽负责筹款，但一切款项出入均由另员处理，他只管种树和守陵，以避嫌疑。经过他的反复奔走呼吁，终于募集了足额的资金遍植崇陵墓树。在崇陵种下第一棵树时，梁鼎芬还摄成图片，以志纪念。这一史实也成了遗民们诗歌和绘画题材的一个来源，“草木有荣枯，臣心终不死”，人称“清道人”的著名书画家李瑞清称赞梁鼎芬的这句诗，一时传诵人口。

拜谒皇陵是遗民们表达对先帝和先朝情感的一种独特方式。而梁鼎芬不仅谒陵，更主动承担了守陵任务，这一守就是三年。在旧道德崩溃，新道德尚未建立的民初，梁氏赢得了不少人的敬意，也生出了一些传闻，如近人笔记记载，袁世凯曾派人去暗杀守陵的梁鼎芬，而刺客终为梁之忠贞感化云云。这一传说当然是靠不住的，袁世凯一代枭雄，他固然会使狠辣手段，但这种手段只可能施之于对其有实际威胁者。

除了守陵，作为溥仪的师傅，梁鼎芬还要经常入宫。有人特地为此做了一首很诙谐的诗，诗曰："一群夷齐去做官，首阳薇蕨难采完。忠臣要算梁星海，四两门包请圣安。"诗的前两句讥讽坚守臣节者越来越少，大家纷纷要做民国的官员，后两句则是描写梁鼎芬的尴尬：太监们勒索已成积习，即使清帝退位也难改变，连去给溥仪请安的梁师傅，这四两门包也不能免。

"好名"乎？"作伪"乎？

世间做遗老，除了"不仕新朝"这条基本标准外，有高调和低调两种做法。低调者，闭门读书罕与人接，高调者则不然，并不忌讳抛头露面，还经常会有一些宣示的动作。梁鼎芬自然属于遗老中的高调一派。

高调就难免招人非议。最厉害的指责，是说其人"好名""作伪"。

大概是这种声音过于刺耳了一点，同样以遗老自命、先后谒崇陵 11 次的林琴南在一封书信中为梁氏辩护："梁节庵之为人，都下颇有谓之好名者。然节庵于我德宗皇帝奉移时，在梁格庄大雪之中，席藁殿次数日，住在龟山对过小屋中，一人独居，近三四年，每日必诣陵下，且筹措万余金以助上方便房之费。乃陵工告蒇，则奉其父母遗照于种树庐中，不携妾御，茹苦耐寂，又近三年，即使为好名之人，然弟七十之年，眼中实未见其有此行伪到底者。”不能不说，这位古文大家的辩护是很有分量的。

个性鲜明的梁鼎芬历来就是争议人物，不仅其高调做遗老让人不满，就是早年的诤诤谏言，也有人从中嗅出了“八卦”的味道。当年梁鼎芬请斩李鸿章着实惊险，但后来也有流言，说他之所以敢这么做，是由于其听信“星相家”的胡说，认为非干一件惊天动地的大事不能避免早夭。这则传闻见于民国诗人黄秋岳的笔记《花随人圣庵摭忆》，此书虽然有名，这一说法却经不住情理的检验。梁之一生，犯颜直谏，又不是一次两次，难道每次都要靠星相家去怂恿吗？我们可以说他搏击的靶子未必都对，其高论也未必皆有助于实际，可这只是局外人的观感，而梁鼎芬自己，之所以敢置身家性命于不顾，自少至老，一以贯之，如果没有一种坚定的信念的支撑，恐怕是难以维系的。

也许是耳闻了关于自己“好名”“作伪”的冷嘲，梁鼎芬留下了手书遗言：“我生孤苦，学无成就，一切皆不刻，今年烧了许多，有烧不尽者，见了再烧，勿留一字在世上，我心凄凉，文字不能传出也。”文人留名，是要以文字作载体的，“勿留一字在世上”，我“好名”乎？“作伪”乎？

民国八年，临死之顷，看着守护着自己的同道，梁鼎芬声细如丝地吐出了最后一句话：“人心死尽，我辈不可死，尽一分算一分。”一个为时代潮流抛弃的人，他的“尽一分”在旁观者眼里，只能是悖谬可笑了。“我辈不可死”一语，又让人想起梁漱溟的著名豪言：

“我若死，天地将为之变色！”在文化保守主义者的胸中，几乎毫无例外地涌动着一股“为天地立心，为生民立命”的激情，这样的激情源于何处，有无价值，值得思考。

“愚忠”这顶帽子

“愚忠”这顶帽子，梁鼎芬们是万万逃不掉的。

一个人要不要愚忠，从世俗功利上讲不成其为问题。不愚忠，紧跟潮流，既简单，也容易收获实利。既然如此，为什么梁鼎芬们舍易而就难？原因只有一个，他们有自己坚守的东西，所坚守者哪怕为举世所非，他们也绝不放弃。

时代变了，今之读者肯定不会认同梁鼎芬坚守的东西，但对这种坚守的精神，似乎不妨抱以适当的敬意。

吴天任曰：“论史者往往持有主观，以为‘甲朝之忠臣，即乙朝之罪人’，以衡量前人功罪。如此必难得平允。先生既属清室忠臣，吾人当设身处地，就其当日立场，尚论其人。盖人必有所立，即有所守。其所守所立，确定不移，即其所以过人之处，不必问其为彼为此也。”他给梁氏撰写年谱，也是着重于其“所守所立，确定不移”的风节。如果这种风节总是世人嘲笑的对象，风派人物们总能成功地用“与时俱进”来掩饰自己的没有底线、全无操守，那还成其为什么世界？

明乎此，梁鼎芬在本文开头所叙的那一幕中因辫子而悲恸欲绝，也就成了顺理成章的事情。或有人问，清王朝的辫子是奴役的象征，为它而哭岂非做奴隶成瘾？这话不能说错，但需要继续推论：一个人剪掉了辫子，不再恭行跪拜，是否就表示摆脱了被奴役的地位？

补叙一笔也许很有必要。那位意气风发、准备逼着“奴隶”站起来的曹亚伯，后来却皈依了佛门。刺激其厌倦世事的一大原因，是他以亲历亲闻的资格著成一部《武昌革命真史》，却因不合国民党主流史学而遭查禁。我们不知道，他在为著作被禁而困惑的时候，有没有想起当年在自己剪刀下哀哀求告的梁鼎芬。

晚清人物琐话

“假如中国有十个盛宣怀……”

如题的这个关于盛宣怀的设问，正是盛宣怀本人提出来的。

1910 年，清宣统二年，也就是清王朝倒台前两年，盛宣怀在给山东巡抚孙宝琦的信中提出了这个问题：

“（攻击我的人）至责其化私意而出公理。其所谓私者，创轮船与各洋商争航路；开电政阻英、丹海线不准越中国海面；建纱布厂以吸收洋纱洋布之利；造京汉以交通南北干路；恢张汉冶萍，以收钢铁权利；他人坐享海关道大俸大禄贻之子孙，我则首先入股冒奇险而成兹数事。私乎公乎？……试问天下有十个盛杏荪（盛宣怀字杏荪），实业便有数十件。可惜天下人才莫不鉴其吃亏，苦太甚，俱各援以为戒，竟无一人肯步其后尘！”

这是一封牢骚满腹的信，所谓“化私意而出公理”，是指在攻击者眼里，盛宣怀完全是在“假公济私”；这也是一封大摆功劳的信，“创轮船”，是指创办和主持轮船招商局；“开电政”，是指经营电报局；“建纱布厂”，是指在盛宣怀总管纺织局的时候，大建纱厂扭转了纺织业的颓势；“造京汉”，是指督办铁路总公司，修建北京卢沟桥至武汉铁路，打通南北干线；“恢张汉冶萍”，是指组合“汉冶萍”这样一个煤、铁企业联合的大公司，挽回了中国利权……这些无一不是盛宣怀在近代史上书写的大手笔。这更是一封狂妄到了极点的信，中国如果有十个人像我盛某这样，会如何呢？可惜没有啊……

盛宣怀有没有这样狂妄的本钱？

盛宣怀，字杏荪，江苏常州府武进县（今常州市）人。他生于1844年，这一年恰好是鸦片战争后《中英南京条约》等一系列不平等条约签订的时刻，似乎已在预示，急剧变革的社会，可能会给盛宣怀这一代人带来与先辈们不太一样的人生际遇。成年后的盛宣怀，果然没重复“学而优则仕”这条旧式士子的老路。他1866年在童子试中考中了秀才，对后面的科举考试便不再热心，三应乡试落第，连举人的功名都没捞得一个，“遂绝意科举”。

盛宣怀在功名上的淡泊，与他父亲有关。其父盛康，虽然中过进士，曾以布政使衔任湖北盐法武昌道，算是“副省级”干部，却注重经世济用之学，辑有《皇朝经世文续编》一书，时常勉励儿子致力于“有用之学”。盛康对儿子的影响，不仅在于其对学问的态度，更在于他的人际关系网给儿子打开了向上的通道。1870年，盛宣怀经人推荐进入正在陕西“剿回”的李鸿章幕府。李鸿章与盛康早有旧交，是盛宣怀的“父执”辈，一见这位“世侄”，十分喜欢，即委派为行营文案兼充营务处会办，相当于今日之机要秘书，日日随侍在自己左右。

盛宣怀与李鸿章搭上关系，于其人生有决定性的意义。

对数千年未有之大变局认识相对清醒的李鸿章，这时正在大兴洋务，而盛宣怀正好在这一方面表现了突出才干。陈寅恪先生的父亲、著名诗人陈三立给盛宣怀作墓志铭时，于李、盛之关系一语揭破：

“时文忠（李鸿章之谥号）为直隶总督，务输海国新法，图富强，尤重外交、兵备。公则议辅以路、矿、电线、航船诸大端为立国之要，与文忠意合。”

“意合”云云，正是指在兴办洋务的要害问题上，李、盛二人观念、主张一致。李鸿章幕府有很多人才，而要论到办实业这种中国未曾有的大事，综合比较见识、才能与人脉，盛宣怀当首屈一指。李鸿章不大力倚重他，还能用谁呢？所以，一方面，李鸿章不断地培养和历练盛宣怀在兴建洋务工业企业方面的能力，甚至连其生活小节也要关心；另一方面，更不断地提携他。在给朝廷的奏折中，李鸿章不但褒奖盛宣怀“心地忠实，才识宏通”，更认为其“经办各事，皆国家富强要政”，为清王朝“不可少之人”。盛宣怀的事业发展远非一帆风顺，明里上条陈向朝廷弹劾他的，暗里下绊脚排挤、倾陷他的，不一而足，但他终能化险为夷，就是因为他身后有李鸿章这棵大树。

可以说，没有李鸿章，就没有作为大官僚兼大实业家的盛宣怀。于是，我们对盛宣怀的狂妄不禁有点小小的腹诽了：你狂妄什么呢？你能脱尽“因人成事”的嫌疑吗？如果没有李鸿章始终给你罩着，如果你没有大大小小的“红顶子”，你那些拿来显摆的实业又会如何？

但细细思量，这种非议对盛宣怀来说又很不公平。因为这种“因人成事”“政商两栖”是时代和国情所铸就的，不宜由个人来负责任。

在盛宣怀所处的时代，官督商办这种特殊的体制决定了，你要想在实业上展示身手，就必须有官方的身份；中国的国情又决定了，一个只顾埋头办厂、做生意，不关心政治，没有强大的政治背景和后台的商贾，早晚会被人算计、玩儿完的。在一个主要资源均为官方所控制，民间社会发育不充分的地方，包括商人在内的任何群体对官场产生强烈的依赖性和依附性，又有什么奇怪？

官场上，盛宣怀从一个幕僚起步，直到荣膺邮传部尚书，成为省部级高官；商场上，清末最著名的各大企业、金融机构均为其所控制。中国固多“红顶商人”，但像他这样非拥虚衔，而具官场实职的大商人，同时官又当得这么大的，则别无分号。官商混合的盛宣怀，正是时代和特殊国情相互酝酿下的蛋。只是现在看起来，这个蛋的味道还不坏。

以盛宣怀的本意，大概还是倾向于做一个纵横捭阖的大商人的。他在兴办实业伊始，就对李鸿章恳切陈词：“中国官商久不联络，在官莫顾商情，在商莫筹国计。夫筹国计必先顾商情。”在他看来，中国积弱的重要原因就在于，“官商久不联络，在官莫顾商情”。可是商人在中国社会中的弱势地位，实非他盛宣怀一人能够改变，他只有顺应这一现实，依靠背后的大树和脑上的“红顶子”兴办自己最感兴趣的实业。他自己并不讳言这一点，曾向人坦陈：“目下留此一官，内可以条陈时事，外可以维护实业”，真是左右逢源。

我们指出盛宣怀的“因人成事”，同时也应注意他在经营实业方面的高人一等处。

晚清洋务派所办实业大多成效不佳，实由于在官督商办这种畸形的体制之下，往往不按经济规律办事，长官意志盛行。而盛宣怀则是比较重视经济规律者。汉阳铁厂系好大喜功的湖广总督张之洞创办，张氏之所以把铁厂选在本身并不产煤的汉阳，据说是希望坐在武昌的总督衙门里就能看到汉阳的烟囱里冒烟。盛宣怀据理力争，认为炼铁厂设在汉阳，与原料、燃料距离太远，人为加大了成本，“必不能敌洋料”，建议“及早改归商办，就大冶江边设炉开炼，以就煤铁”，并自信地说，“将来综计运费成本孰縻孰省，当以刍献为不谬也”。但自负的张之洞哪里听得进去呢？结果汉阳铁厂空有东亚第一的规模，投产即巨亏，最后还是盛宣怀出面收拾了乱摊子。

盛宣怀 1916 年 4 月 27 日在上海病逝，终年 73 岁。他辞世之日，尽管因其股份，对招商局、汉冶萍公司和一些纺织厂仍有一定话语权，但他仰仗官威、官势，辛苦搭建、自己具备绝对控制权的商业帝国毕竟已是流水落花。那么在盛宣怀之后的大商人是否就能摆脱对官场的依赖，身份纯粹起来？不可能。土壤并没有发生质的变化。

盛宣怀问：假如中国有十个盛宣怀……其实我倒希望中国不要有盛宣怀，一个也不要有。

有思想的职业经理人

1936 年，延安。毛泽东在与到访的美国记者斯诺谈话时，回顾了他的人生历程，其中读书占了相当篇幅。他特别提到了一本叫作《盛世危言》的书，对斯诺说："这本书我非常喜欢。……《盛世危言》激起我想要恢复学业的愿望。"

《盛世危言》的作者，就是广东香山人郑观应。

在郑观应的时代，变革图存成为最强音，吸收新知、启迪民智的读物一时如雨后春笋，而今人公认，《盛世危言》实为其中翘楚。

可是说来让摇笔杆的人羞愧，这个郑观应非出自名门望族，也谈不上家学渊源，既没有科举上的所谓正途功名，也不能入文人之林，严格地说，他就是一个从洋行学徒做起的职业经理人。于此正可见时代造化于人，实非浅鲜！

郑观应，1842 年 7 月 24 日，即清道光二十二年六月十七日生于广东香山县（今中山市）雍陌乡。香山地理位置特殊，距当时中国最开放的城市广州不远，与被英人掳去的香港隔水相望，而为葡萄牙人所据的澳门则本系香山县之一角，离雍陌乡更是近在咫尺。这样一种与外部世界广泛接触的环境，造就了香山特有的文化，即不以言利为耻，不以和外国人打交道为耻。来华外国人招募为其服务的中国人中，香山人是最早的群体，这使得香山素有“买办故乡”之称。

郑观应家世寒素，其父郑文瑞亦耕亦读，考秀才落选后，即安心做一村塾教师。而郑氏家族人丁颇旺，人多地少，加之时风浸染，多以给洋人做买办为业。最成功者当推郑观应的叔父郑廷江，他是上海新德洋行买办，另一位亲戚曾寄圃是上海宝顺洋行高级买办，须知，新德洋行和宝顺洋行都是上海开埠初期涌现的著名大洋行。郑家和当时从事“买办”这一职业的许多著名人物都有关系，如大买办唐廷枢是郑家的姻亲，另一位大买办徐润则是郑家之世交。这为以后郑观应进入买办行业并跻身商界奠定了坚实基础。

郑观应和他父亲一样，读了几年书也未能考取科举道上的最低功名——秀才。家庭窘迫的经济状况和地方重商的文化，自然把他推向了学贾的道路。1858 年，也就是英法联军侵略中国、强迫清政府签订《天津条约》的这一年，郑观应来到了上海。此时上海开埠不过十余年。郑观应先寄居于叔父郑廷江处，一边给叔父做事，一边向叔父学习英文。1859 年，通过姻亲曾寄圃和世交徐润等关系，郑观应到上海宝顺洋行工作，宝顺是当时营业额较高的第一流大洋行，徐润伯父徐钰亭、曾寄圃都是该行高级买办。这种得天独厚的人脉，使郑观应一进洋行即取得相当地位。深厚的人脉资源，再加上经过多年买办的历练，郑观应在商界逐渐声誉鹊起。1873 年太古洋行创办轮船公司，即聘郑观应为总理，相当于总买办，权力很大。这是其一生事业之起点。后来他在华北大旱灾中，因积极捐款赈灾，被清廷授予道员衔，取得较高的社会地位，开始与官场红人如李鸿章等发生联系。他后来脱离洋行进入洋务派所办的企业便也顺理成章。

1882年，洋务派所办的上海轮船招商局盛邀他担任帮办，而作为招商局竞争对手的太古轮船洋行则不放他走，两者开出的待遇都很诱人，在爱国情怀的激荡下，郑观应最终选择了加盟招商局，协助总办唐廷枢，与外资轮船公司展开竞争。他上任后，招商局正与怡和、太古两家外国轮船公司进行白热化的价格战。郑观应巧施策略，历时两年谈判，三家公司签订了6年的“齐价”合同，使招商局摆脱了困境。李鸿章赏识郑观应在企业经营上的卓越才干，任命他为招商局总办。后来他还先后任另外一些洋务派企业，如开平煤矿粤局、机器织布局、汉阳铁厂等总办，为近代中国工商业的发展做出了杰出贡献。

有学者认为，郑观应加入上海轮船招商局，是其人生最重要的抉择，因为这标志着他从一个买办成长为了民族企业家，仿佛充当买办就是一件很不光彩的事情。其实，郑观应虽投资过一些企业，但所占股份都不大，他充当的主要还是一个职业经理人角色，只不过过去的雇主是外资，现在的雇主是国资罢了。既是职业经理人，其天然职责就是努力为雇主服务，让其利益最大化，并使自己分一杯羹。所以，要给一个职业经理人出一份成绩单，最重要的恐怕还不是看他为谁服务，而是看他服务的效果如何。

同样是做职业经理人，哪个时期的郑观应做得好一些呢？如果遵照上面的标准，应该说，郑观应做洋行的职业经理人的成绩更好。

为什么会这样？一言以蔽之，洋务派官僚控制的“国资”企业里，派系林立，人际关系太复杂，掣肘太多！谋事之前先要谋人，否则就会为人所谋，如此内耗，效率安在？

后来因为内斗和一些经济纠纷，郑观应的财产被追偿，他也一度黯然离开大陆去澳门隐居。但失之东隅，收之桑隅，这位职场失意的职业经理人，在隐居生活中，居然捧出了一部洋洋 30 万言的巨著《盛世危言》。人生的得失是很难算得毫厘不爽的，如果他在职场顺风顺水，也不过就是一成功的职业经理人，而现在，他俨然是当时职业经理人中最有思想的一个！

此书当初之轰传朝野有史为证。著名“官商”、郑的老友盛宣怀在给他的信中说：“弟拟将大著分送都中大老以醒耳目，……如能因此一开眼界，公之功亦巨矣”，并兴奋地向他转告，“《盛世危言》一书，蒙圣上饬总署刷印二千部，分散臣工阅看，倘能从此启悟，转移全局，公之功岂不伟哉”！著一本书，惊动了皇帝，就当时的写作者而言，光荣可谓至矣尽矣。

《盛世危言》之所以轰动，就因为作者的思想走在了时代的前列。最为后人称道的是下列三点：一、作者窥破了一个国家兴衰强弱的关键在商而不在兵，“以商战为本，以兵战为末。若舍本而求末，入不敷出，徒知聚敛，不复开源，转令民不聊生，盛亦难恃。如花树无根，虽暂华而旋槁也必矣”。此论在当时不啻空谷足音。二、一个国家要想商业发达，就必须解除公权力对商人过多的限制。郑观应提议：“凡通商口岸，内省腹地，其应兴铁路、轮船、开矿、种植、纺织、制造之处，一律准民间开设，无所禁止，或集股，或自办，悉听其便。全以商贾之道行为，绝不拘以官场体统。”三、商业与政治紧密相连。《盛世危言》中有这样一段光芒四射的议论，“政治关系实业之盛衰；政治不改良，实业万难兴盛”！另外，值得注意的是，郑观应虽然力主与外人商战，以挽回利权，但他并不是狭隘的民族主义者，特别强调后发展国家吸引外资的必要性。他在致状元、实业家张謇的一封信中，畅论大开矿产宜吸入外资，认为“中国如欲大开矿产，非吸入外资不可，欲吸食外资，必定有良好之矿法不可”。并乐观地估计吸收外资的效果，“将不十年必变为煤铁输出国矣”。

1922 年 5 月，81 岁的郑观应病逝于上海提篮桥之招商公学宿舍内。

“政治之精意即在养活细民”

曾国藩于太平军乱后不禁秦淮画舫的故事非常有名。

据黄秋岳《花随人圣庵摭忆》所记，当时江宁府（即南京）的地方官叫涂朗轩，为理学名臣，“方秦淮画舫恢复旧观也，涂进谒文正，力请出示禁止，谓不尔，恐将滋事。文正笑曰：‘待我领略其趣味，然后禁止未晚也。’一夕公微服，邀钟山书院山长李小湖至，同泛小舟入秦淮，见画舫蔽河，笙歌盈耳……文正顾而乐甚，游至达旦，饮于河干。天明入署，传涂至曰：‘君言开放秦淮恐滋事端，我昨夕同李小翁游至通宵，但闻歌舞之声，初无滋扰之事，且养活细民不少，似可无容禁止矣。’涂唯唯而退”。黄秋岳并赞云：“此是何等胸襟，何等见识！盖政治之精意，即在养活细民四字。”后之艳称此事者，多遵其意。

然而，对官方干预市场可能存在的不良影响之担忧，中国旧籍中所在多有，似不宜让曾国藩专美。最早的，当推司马迁之《史记》，一篇《货殖列传》，被研究中国经济史的日本学者认为，足以和阐发自由贸易大旨的《国富论》媲美。

近来翻书，又看到了几例。

明人谢在杭所撰《五杂俎》是明代较有名的笔记著作，其中一则说到福建上元节（即元宵节）灯市之盛，“蔡君谟守福州，上元日命民间一家点灯七盏。陈烈作大灯丈余，书其上云：‘富家一盏灯，太仓一粒粟。贫家一盏灯，父子相对哭。风流太守知不知，犹恨笙歌无妙曲。’然吾郡至今每家点灯，何尝以为哭也？烈，莆田人。莆中上元，其灯火陈设盛于福州数倍，何曾见父子流离耶？大抵习俗所尚，不必强之。如竞渡、游春之类，小民多有衣食于是者。损富家之羡镪，以度贫民之糊口，非徒无益有害者比也。”以现在的眼光看，蔡君谟给百姓点灯硬性规定指标当然不足为训，但这是建立在当地民俗基础之上的，而陈烈的批判则纯属唱道德高调了，因为他没有看到灯的制造和买卖之间所蕴含的民生意义，这也就是谢在杭所指出的，如点灯、竞渡、游春之类习俗，“小民多有衣食于是者”，看似奢侈浪费，但正好满足了富人寻找逸乐和贫民赖以糊口的双重需求，何必禁之？

反对官方以各种堂而皇之的名义干预民间风俗娱乐活动，谢在杭之后又有曾国藩的胞弟曾国荃。由岳麓书社出版的《曾国荃全集》中收有曾氏于山西巡抚任上的一件批牍。晚清华北平原大旱，山西罹灾最酷，在灾情稍稍缓解之后，沁水县令向曾国荃禀报，民间赛神、演戏久成习惯，“或一会而费中人之产，或一戏而耗百日之资”，“拟定以限制”。对此曾国荃先是称赞“此亦为民惜财之意”，旋即笔锋一转，“但以此为富民省钱计则可，以此为贫民糊口计，则左矣”。曾国荃认为：“赛神、演戏等事，最为贫苦小民之利。每见戏台之侧，其匄钱乞食者皆贫民，其肩挑贸易者皆贫民，其沽酒卖茶及一切食物用物，纷纭杂沓而叫号不绝者，皆贫民。人徒见车马喧阗，往来游宴，以为浪费足惜。不知此浪费者，皆富民之财，于贫民无与也。富民以观戏而耗财，贫民正以有人观戏而借以谋生。昔范文正公岁荒不禁竞渡，且为展期一月，日率宾客士大夫往观，夫岂不知竞渡之耗民财哉？正欲耗富民之财，使贫民借以生活耳。”

司马迁、谢在杭、曾氏兄弟，加上曾国荃批牍中所说的宋代范仲淹“岁荒不禁竞渡，且为展期一月”，已经有了五例。虽生于不同年代，地位也大不一样，但他们都清楚地知道，只有民间贸易活跃起来，才会有丰富的社会生活，富人穷人也才会各得其所。

中国传统社会，除去君昏官贪这类政治不上轨道的极端之外，又常有一种“中间形态”，即在上者往往“以苛为察”“以刻为明”，还面有得色，以维护风教自命。此种形态之下，“细民”动辄得咎，自由交易权利屡被粗暴扼杀，其命运如何亦可想矣。

孙宝瑄的“看杀头”

正如明末怪杰金圣叹所感叹，“砍头至惨也”。然而，身首异处虽为人间奇惨之事，有人却偏偏有一种奇异的嗜好，喜欢“看杀头”。

对“看杀头”这一幕描写最经典的，当然还是鲁迅。小说《药》中的这一节文字向来脍炙人口：

“那三三两两的人，也忽然合作一堆，潮一般向前进；将到丁字街口，便突然立住，簇成一个半圆。颈项都伸得很长，仿佛许多鸭，被无形的手捏住了的，向上提着。……”正是因为对看客心理的忧愤，才刺激鲁迅当年弃医从文，走上了提倡文艺，从精神上改变中国人的新路。

但是，鲁迅笔下，麻木愚昧的看客多是不通文墨、身体健壮的“短衣帮”，而以文明人自居的“长衫阶级”，有没有看杀头的癖好呢？其实也是有的。读孙宝瑄的《忘山庐日记》，发现文人们对“看杀头”同样具有浓厚的兴趣，不免让我小小地吃了一惊。

说起来，在晚清缙绅阶层中，孙宝瑄还真要算一个头脑开明的新派人物。他出生于官宦世家，父亲做过相当于副部级的户部侍郎，哥哥孙宝琦清末为封疆大吏，入民国后一度出任国务总理，他的岳父，则是当过两广总督的李鸿章之兄李翰章。出身于这样的阀阅之家，孙宝瑄却不乐科举，喜欢搜求“西书”，举凡西洋政治、历史、哲学书籍，无不嗜读。在他的日记中，有很多痛批专制、向往民主的议论，像其宣称，“尧舜不如华盛顿，何也？尧舜私荐人于天，华盛顿定公举之法者也”，在当时的知识分子阶层中，这样的声音简直就如凤鸣高冈。

孙宝瑄的“看杀头”是在清光绪二十年，即甲午年（1894）十二月二十一日，这一天，他在日记中写道：“闻市将刑人，往视则甫搭棚，观者如堵，知为卫汝贵。今日刑部方奏其定案，必奉旨处决矣。至日中尚未来，即归。午后，复同地山、伯棠往视，仍未至。群谓今日不复行刑。俄日暮，忽报已来。余即往观，人声阗咽，拥挤不可近视。执戟者数十人。须臾，有乘舆者至，云为薛云阶大司寇。既至，半晌始纷纷散，则已毕刑。余遂归，赴徐博泉之约，夜饮于广和居。”

日记中写到的这个被观赏的死刑犯卫汝贵，也是一个趣人。他是淮军大将，甲午战争爆发后，奉命率军增援平壤。卫的部队军纪很坏，沿途骚扰，“遇贼即溃，遇物即掳”，以致声名狼藉。最让人哭笑不得的是，卫汝贵一封家书落到了日军的手里，成了战争史上的笑柄。原来，卫将军的老婆在信中特意叮嘱丈夫，说你做到统师这一级不容易，咱们现在也不缺钱，你年岁又大了，打起仗来可一定注意，不要冲在前面啊。战后清政府处决多名作战不力的将领，卫汝贵即其一。

卫汝贵被杀头，肯定是当年轰动的大事，“观者如堵”“拥挤不可近视”，连孙宝瑄这个新派知识分子都坐不住了。我们看他上午去了一次，结果苦等到“日中尚未来”，下午又特意叫上几个文友，但“仍未至”，一直等到“日暮”，才总算把这场杀头的热闹看完了，其看杀头的耐心委实让人佩服。金圣叹说“砍头至惨”，可是血淋淋的一幕似乎并没有影响文人们的“雅兴”，看完杀头的孙宝瑄和他的朋友，晚上还是维持着诗酒流连的旧节奏，到北京著名的菜馆广和居去“夜饮”了。

看来，孙宝瑄们看杀头的兴致并不比下层阶级人士低多少。喜欢鉴赏别人的痛苦，是否为人这一生灵的隐蔽之恶，而并不完全决定于某个体文化素养的高低？如果是这样，那么要想将这种人性之恶遏制，在努力提升民众的素质之外，最重要的还是破除习以为常的恶法，即彻底不给人们鉴赏同类头落的机会。一言以蔽之，只有良好的制度才是培育“善”的最好土壤。

第二辑

叶落知秋：转型社会之幽微

天有荒年：山西大旱考验下的晚清帝国

中国是个自然灾害频繁的国度。灾荒之惨状，具见于各种官书野史。

有史以来哪一次灾荒最为严重？当推晚清华北大旱灾。其时间跨度长，从光绪二年（1876）底至光绪四年（1878），受灾面积大，直隶（今北京、河北、天津一带）、山东、山西、河南、陕西五省均在其中，死亡人数据估计更高达千万，五省又以山西受灾最为惨痛。

可惜这样一次大灾，以往学者均感叹文献不足征。现在这一遗憾得到了弥补，岳麓书社出版了皇皇六巨册的《曾国荃全集》，而曾氏于大灾期间正在山西巡抚任上，关于这次灾情及中央和地方政府的应对措施，其书札、奏疏、批牍中均有翔实记录。如果我们利用先前发掘的资料，与此书进行比较，则可借此考察晚清帝国应对大事件的能力，也会对真切了解晚清社会有所裨益。

清政府的动员能力经受着考验

古有“荒政”，设立粥厂、平粜、放赈、组织慈善捐助、免饷减税，这都是一个正常的政府面对灾荒的既定动作。粥厂是随时都有的，但遇到荒年，则可由官方和民间增设以应急。平粜是指政府把常平仓的粮食拿出来，平价售卖，以稳定粮价并抑制商人投机，或者贷粮，待百姓有收成后归还；根据需要另有“散米”，这和粥厂施粥一样，是对挣扎在死亡线上的最困难民众的免费救济。放赈除了粮食，也有发放银子的。免饷减税则一般在灾后，饷为军饷。而学界公认，清代是“荒政”发展最为完备的时期。

对山西大灾，清廷的反应速度不能算慢。光绪三年五月，刚刚到任的曾国荃向朝廷汇报灾情时，即提出把光绪三年上半年的应解京饷五十万两，拨出二十万两作为赈灾，很快便得到了清廷的允准。除了山西官方设粥、放赈救急外，民间救济活动也踊跃开展了起来。从曾国荃在山西巡抚任上留下的几件批牍中，我们可以窥出当日官方敦促富人慷慨解囊的情形。榆次县在山西属经济较好之地，但募捐情况让曾氏不满，“该县著名巨富二十余家，闻其家赀大者亦五六十万不等，何以此次仅捐银十四万两耶？此上富未能尽力捐输之实据也”。他要求属下在民间宣传好“穷者不能生存，富人也无法安享富贵”的道理，“此次通省奇灾，全仗富者出赀，官场出力。方救全大众性命。贫民之心志贴然静谧，斯富民之身家乃能永保无虞。若富民但为一身一家之计，不肯出余赀以救人，牧令又常存一邑一隅之见，亦竟置大局于不顾，则赈务不易办矣”。

应对大灾，必须调动一国力量。在山西之外，捐助活动也取得了很大成效。这种捐助主要经由官方和民间两种渠道进行。在官方渠道中，一是由政府在官员中发动倡议，实近于摊派，据曾国荃光绪四年七月之奏疏，官员捐款捐物数量不菲，“除天津收过各省官绅商富捐助晋赈银两，业由直隶督臣李鸿章会同臣开单奏报外，所有山西省城赈捐局先后收过京外捐助赈需银米，截至七月十五日止，共银十万一千二百七十八两，粮一千五百石”。二是通过办理捐纳，即向有钱人出卖政府所颁之“虚衔”，以获得赈灾款项。这种做法今人称为“卖官”，但古今对比也有很大不同：它由政府公开出面组织；所颁系荣誉衔，要得到实授还要有很多条件；客观上有加强社会流动的功用。民间渠道的捐助活动多由有名望的绅商主持，“红顶商人”胡雪岩一人给山西、陕西、河南等各灾区捐银合计即高达十万两，另据《申报》，苏浙一批热心绅士亲历灾区，经其筹备的捐银前后超过六十六万两。如此种种，都证明作为国家符号，当时的清政府还是具备一定的动员能力的。

尽管如此，赈灾仍然存在很多不尽如人意之处。有的是细节不善，如粥厂往往设于城中，“近者得食，远者不获一餐。……使民奔走不遑”。当时媒体报道：“赴城领赈所须付出体力透支的代价，令乡人感到不值得作这尝试。”有的是历史遗留难题，如交通运输条件太差，使赈灾工作往往事倍而功半，曾氏感叹：“所有采买之粮，价值居其一，运费居其九，以故竭天下财力，皆销磨于脚运之中。”

李提摩太：被疑忌的外来慈善家

光绪初年的山西旱灾，在中国荒政史上意义非同凡响，不仅因为其灾情空前严重，还由于在赈灾过程中涌现了前所未有的元素，即外来慈善家以一种大大出乎传统中国人意料的方式介入了救济事务，从而给中国注入了一种全新的慈善观念。

参与山西赈灾并取得了重大成效的外来慈善家就是英国传教士李提摩太。李提摩太 1870 年来中国，在中国度过大半生，因其广交政坛和知识界精英，对晚清政局有相当的影响力。李提摩太于 1878 年年初进入山西。他的回忆录《亲历晚清四十五年》（天津人民出版社 2005 年版）中保存了一些当年的日记片段，读来触目惊心。在受灾最重的山西南部地区，李提摩太“看到路边躺着四具尸体。其中一个只穿着袜子，看来已没什么分量，一只狗正拖着移动。有两个是女人，人们为她们举行过葬礼，只是把脸朝地安置而已。路人对其中一个更仁慈一些，没有把她的衣服剥去。第三具尸体成了一群乌鸦和喜鹊的盛宴。随处可见肥胖的野雉、野兔、狐狸和豺狼，但男人和女人却找不到食物维持生命”。“在下一个城市是我所见过的最恐怖的一幕。清晨，我到了城门，门的一边是一堆男裸尸，像屠宰场的猪一样被摞在一起。门的另一边同样是一堆尸体，全是女尸。她们的衣服被扒走换吃的去了。有马车把尸体运到两个大坑旁，人们把男尸扔到一个坑里，把女尸扔到另一个坑里。”……

外国传教士深入内地赈灾，在两种文化相互打量、提防的背景下，自然遭到了清政府的疑忌。当李提摩太对官方提出赴山西的要求时，军机大臣瞿鸿禨上了一道《请防外患以固根本疏》。在瞿氏的心目中，洋教士救济灾民只是借口，“其居心则险不可测。彼盖知近畿等省，灾苦甚深，民多愁困，乘间而为收拾人心之计，且得窥我虚实，肆其诛求以逞志于我也”。瞿氏此言代表了很多士大夫的意见，为此清廷特颁发谕旨给曾国荃，要曾对洋教士“婉为开导，设法劝阻”。朝廷的这种态度当然会影响和制约曾国荃。据李提摩太回忆录所记，李提摩太初至太原拜访曾国荃即被兜头泼了一盆冷水，曾的秘书告诉他，巡抚因为李提摩太的出现而非常生气。李提摩太写道：“他认为我的到来只是收买人心，使民众对政府离心离德。见面后，尽管我跟他解释说，我带来了两千两白银，将要发散给受灾最重的灾民，并且办了通行证，他仍然不怎么高兴，依然阻挠我的行动，处心积虑地要使我在刚刚开始时即陷于困境。”

然而曾国荃毕竟不是死读圣贤书的腐儒，当其意识到李提摩太一行并无恶意时，很快改变了态度。李提摩太在回忆录中说：“他立即派地方官员及其助理前来与我商谈。他们有那些村庄所有家庭的名册，并打算依此给每个家庭发放救济金。他们提议为我安排几个村庄去救济，并派官员和绅士帮助我，以便不受干扰地完成工作。……在中国官员的完美配合下，救济工作开始了，井然有序，直到结束。”1878 年 10 月，当李提摩太离开山西去山东结婚时，曾国荃给其写了一封充满赞美之辞的信，在信中，“他不仅以个人的名义，而且代表我曾帮助他们摆脱饥饿的山西千千万万民众，对我表示了感谢”。而将李提摩太蒙在鼓里的，是曾国荃奉命调查他而上的一道奏疏。曾国荃说：“此次英国教士李提摩太等，携银来晋放赈，迭准直隶来咨，当即分委妥员会同办理，先在阳曲徐沟，诸称平顺。嗣该教士闻省南灾务尤重，愿赴平阳散放，亦经分饬照料办理，均极妥协，并无河南所奏情事。”从“并无河南所奏情事”一语中可以看出，当时同为灾区的河南的官员肯定对洋教士有不利报告，清廷才下令山西方面调查，而曾国荃对洋教士则给予了与同僚完全相反的评价。

曾国荃与洋教士的诚恳交往，对山西赈灾意义重大。李提摩太自带银两不多，但他通过日记等形式向海外通报灾情，海外募捐效果空前。据统计，经李提摩太等西方施赈者从饥馑线上挽救过来的家庭达到 10 万户，得到救济的人员高达 25 万人。外洋赈款 20 余万两中，李提摩太及助手负责发放了 12 万两，领赈灾民超过 15 万人。李提摩太等人的赈灾取得很好效果，而这与曾国荃的支持是分不开的。设想一下，如果地方官员时时猜疑处处掣肘，洋教士救济灾民之情再热，也会被浇熄吧？

用人头挂出来的秩序

饥荒威胁之中，人心浮动是一种必然。特别是此时的山西局势原本就不宁静，捻军余部时时惊扰，与山西相邻的陕甘又爆发“回变”，对地方官员来说，稳定社会秩序不仅直接关系赈灾成败，更与清王朝生死存亡攸关。

曾国荃奏疏中经常有夸奖山西“民性纯良”的句子，说民众“视饿死为应受之辜，绝无强夺强劫之案”，但这只是门面话，意在衬托“圣朝”的“深仁厚泽，浃于晋民肌肤也久矣”。实情当然并非如此，对在饥饿的死亡线上挣扎的人讲法度本就是件高蹈的事情。而为了维护秩序，曾国荃除了以各种行动宣示朝廷的恩泽，以安抚民众外，另外也采用了不少铁腕手段。光绪三年九月，他在给属下的书札中说："查灾放赈，先安民心为要。……至于布散流言、匿名揭贴，断非饥民举动，必有奸宄招摇潜踪其间。此清查境内无业游民为最要也。地方官果能清查，勿令聚党生事。如遇外来面生可疑之人，不准溷迹境内，庶本境之饥民，望有涓滴之赈可以度活，而不敢萌异志；各路之宵小，惮吾严密之防，无从勾结，而不敢生觊觎。消患于未然，此其时也。"一名将官向他汇报派兵巡逻的情况，他更详细指示："拣选谨慎之兵一十六名，作为两班，每班分四起轮流稽查要路，布置最为得法。但能使民间屡屡见有兵来，奸民自惧，良民自安。每起二名不嫌其少，若多则不敷分布，且恐益民间鸡犬之惊。惟巡哨之兵最宜安静，必须使莠民见之有畏心，不至使良民见之亦有惧心，则地方从此安谧矣。又称商贾粮车过境，任意截劫，毫无忌惮，或三五同伙拦阻孤身行客，夺抢物件。如此则粮贩无人敢来，境内之粮安得不日形缺乏？所关非细，仰即加意巡防，遇有截粮拦路行劫之案，一经拿获，即行会同地方官讯明情节确实，禀请就地正法，以安商而裕民食，是为至要。"

所谓"就地正法"，这是非常时期给予地方官员的便宜行事权力，是典型的"非常手段"，即使在当日也是违反法律之举。但同时我们又不得不承认，这种非常时期的非常手段有特殊的效果。李提摩太赴山西救灾，他目睹惨状后曾经困惑，为什么很少看到抢劫？原来"每一个村中都贴了告示，宣布巡抚有令，任何人胆敢行凶抢劫，各村镇首脑有权对抢劫者就地正法。因而犯罪现象出奇得少。"果然，不久他就在路边看到了挂着"两颗人头的笼子"，"这是对试图暴动的人的警告"。西方文化背景下的李提摩太对此也表示了理解，他在回忆录中说，“当时的社会状况需要高压政策”。

然而，如果“就地正法”施行无度，那绝对是民众的灾难。山西旱灾中，“就地正法”有无滥杀无辜情形？不妨先看曾国荃的一个批牍。当时隰州发生窃贼杀死巡夫命案，地方官员即遵“就地正法”之令，将嫌犯处决。曾国荃在隰州呈报的公文中批道：

“本爵部院前因被旱成灾，恐有不逞之徒煽惑饥民劫掠富户，谋为不轨，是以通饬所属，如有前项匪徒乘机倡首为乱，即行就地正法，以遏乱萌而靖地方。今窃贼杀死巡夫一案，无论事后挟嫌谋杀，或临时图财害命，总系寻常命案，自应遵照定例，填格录供，通报复审，按拟解勘，方为正办。该州前请就地正法，已属草率，即或实应就地正法之犯，亦应候示遵办，乃既经具禀请示以前，竟敢不候批示遽行正法，办理殊属冒昧，非寻常疏忽可比。本应立予撤参，以重人命，惟业据自行检举，禀请照例议处，且该州并属被灾较重，正当清查户口、办理赈抚紧要之时，未便遽易生手，姑从宽记大过三次，以示薄惩。……及嗣后遇有似此案件，不候批示擅专自便，定行严参，决不再宽。凛之！凛之！”

有了上峰“就地正法”的命令，地方官员很可能乐得简便，把赈灾中发生的所有命案都“从重从快”。这一封批牍透露曾国荃显然意识到了这种危险，所以他反复强调和训诫，寻常命案一定要回到常轨，遵照法律所规定的程序办理。

大灾中的官员群像

李提摩太在回忆录中称赞由做过将军的曾国荃来当灾区的巡抚是一种“幸运”，“当发现一位政府官员侵吞救济金，中饱私囊时，他下令立即处决。这种果敢的行动震慑了其他官员，缘此他使政府官员免于腐败，也使乡村不至于失序”。留意于整顿吏治和稳定秩序，这的确是赈灾之要着，如果吏治不清明，秩序不稳定，即使花费甚巨，赈灾的效果也会微乎其微。

光绪四年三月二十七日，曾国荃向清廷上了《特参州县疏》，所参的地方官吏，一个是吉州知州段鼎耀，其人“于省局拨解赈银胆敢扣留不发，实属玩视民瘼，忍心害理”；另一个是代理荣河县知县王性存，“借罚捐赈为名，借端侵渔”；还有“试用县丞郭学海，委解粮石，假公济私，任意迟延，亦属任性妄为”，曾国荃“请旨一并革职，归案审讯，按律定拟，以重赈务而儆官邪”。

最有意味的是，两个知县仅因在灾中修理知县衙门，也受到了曾国荃的严厉处分。“稷山县知县王懋庚，到任数月，并未禀请批示，私派捐输，修理衙署”，所谓“私派捐输”就是在民间摊派。曾国荃认为这是不可容忍的，他斥责说：“该县衙署即使破烂，尚有考院（童子试场）可以暂借栖居，即欲修理，亦应候至年丰禀请，设法筹款，不应勒派捐输兴修。似此胆大妄为，荒谬已极。”和顺县一位姓夏的知县“修理衙署”，“复匿灾而不报，征收钱粮”，在曾的眼中，这是“括万民之脂膏，供一己之宴安，任听民间卖儿鬻女，尽填贪吏之欲壑”。夏知县被摘去顶戴，“以观后效”，王知县则更遭到了革职查办的惩处。除了“纪律处分”，有些贪渎官吏还付出了生命的代价，山西阳曲县的仓书李林儒——一个管理放赈的小吏在承办粥厂放赈中，侵盗米粮五十石，被曾国荃下令就地正法。

这些在大灾之中“玩视民瘼”“忍心害理”甚至舞弊自肥的官吏，的确彰显了晚清吏治的一些漏洞。但腐败官吏的比重有多大？对政府赈灾带来了什么样的影响？如果考虑到灾区幅员的辽阔，赈灾中调动财物的数额之巨，对上述问题当有一个实事求是的估价。据曾国荃在灾后向朝廷报告："自去年筹赈以来，州县如有不实心竭力者，臣等查明无不立予参撤。其中亦有尽心爱民、勤劳卓著之员，理宜量予体恤，酌发应支之款，以鼓其气。……近日州县等官多有饔飧莫继者，且有得力之员因办赈焦劳过甚，遂至一病不起无以为殓者。"

朱其昂，李鸿章办洋务企业的干将，“为晋省筹赈筹粮、捐资济众，最为出力”，竟因灾中染上“时疫”于光绪四年五月殁于天津。

张树炎，原为甘肃道员，山西大灾后经曾国荃奏调来晋，旋往河南周家口采办粮食，“冲风冒雪，昼则尽力奔驰，夜则襆被兀坐，设局办理转运，不辞劳瘁。严冬寒气逼人，冰霜满路，该道往返于泥淖之中，痛念饥民嗷嗷待哺，殚心设法多为拯救。乃以焦劳过度，遂致心火冲肝，郁为消渴之症。……计三月以前，于万难周转之间，犹能运粮一万余石力济灾区，自是心力交瘁，病益不支。……四月初九日扶病归里，该道即于初十日身故”。

知州陈世纶、知县刘祥翰，“均克尽心民事，卓著循声，乃因办理赈务忧虑过度，积劳病故。……今年疫气流行，该员等不避艰难，驰逐郊关，因而染病，卧床不起”。

曾国荃统计，灾情发生以来，“自初至今，计候补及在任正佐各员物故者，已近八十员”。官吏亡故如此之多，除了积劳成疾的因素，灾后疫情蔓延势必也加剧了赈灾的风险。

曾国荃的奏报有无虚饰成分？基本事实谅无问题。传统社会，士人清议的力量实非今人能够想象，而且几乎每个地方都有人在京城做官，如果奏报不实，被京官参上一本，后果严重。曾国荃查办的部分贪渎案件，就是起因于京官的弹劾。

天降奇灾考验着宛如夕阳西沉的帝国。作为一个前现代政府，清廷可以说竭尽了所能，很容易被今人诟病的官僚贪腐无能的病灶也并未大面积地恶性发作。究其实，紧接“同治中兴”时代，元老重臣均在，朝野风气未坏，中央政府的威严尚存，法纪和儒家道德并未遭到普遍蔑视，这些都是山西赈灾取得一定成效的根本原因。在此之后，一个看上去早已摇摇欲坠的帝国居然还能支撑三十余年，从山西大灾中也能窥出端倪。

当然，终究是前现代的政府，前现代的官员，他们的思维无法突破过渡时代的一些显著特征。李提摩太离开山西时，向曾国荃提出了包括向粮价低的地方大规模移民、修筑铁路等建议。根据曾的指示，一群官员通过讨论给予了回复，“修筑铁路过于超前，并且必须引进大量外国人，这会导致无穷无尽的麻烦，因此，从对山西是否最有利的角度看，最好不要修筑铁路”。

天津教案：谣言揭开文明冲突的序幕

西方文化在中国的传播，以洋教士东来为开端。

早在十六世纪，一些随着葡萄牙商船来华的洋教士就开始在澳门传教。为减少阻力，吸引中国人，早期教士采取与中国文化折中的态度，却不为教廷所容。相互不能妥协的结果是，清王朝从康熙后期即实行禁教政策。

两次鸦片战争，洋枪洋炮的威力，不但使洋教士得到了向中国各省传教的权利，且享有治外法权。然而仅有纸上条约，是无法消除不同文明之间的对立的。所谓“教案”，乃成为中国近代史上一大关目。

当谣言成为相互认知的媒介

针对中国民间的反教情绪，美国著名史学家费正清主编的《剑桥中国晚清史》流露了深深的困惑：

外国人中间唯有基督教传教士到中国来不是为了获得利益，而是要给予利益；不是为了追求自己的利益，而至少在表面上是为中国人的利益效劳。那么，在十九世纪所有那些来中国冒险的人们当中，为什么传教士反而引起了最大的恐惧和仇恨呢？如果对这个问题有任何一个答案的话，那就是传教士常常要不可避免地坚信这一主张：只有从根本上改组中国文化，才能符合中国人民的利益。……他们的共同目标是使中国皈依基督教，而且他们是不达目的不肯罢休的。

洋教士“不是为了追求自己的利益，而至少在表面上是为中国人的利益效劳”，这不是一句让我们舒服的话，幸好这句话还没有说满，“至少在表面上”云云，使习惯“文化侵略”定式的我们尚不至于大动肝火。实际上，即便是在持“文化侵略”论的人那里，与持洋枪洋炮叩击中国国门者相比，手拿福音书的洋教士的面貌也温和多了，只不过他们认为，这种温和是一种“掩饰”和“伪善”。

相对温和，或曰善于“掩饰”的洋教士们，为什么反而引起了中国人最大的恐惧和仇恨？费正清们提供的答案，归结于洋教士的“文化自负”。他们认为，根本原因在于，洋教士认定中国文化不如基督教文化，决心从改造中国的文化入手来彻底改造中国。易言之，这是由洋教士“文化自负”所导致的“文明的冲突”。

不同的文明之间未必只有冲突，大可求同存异。这是当代人的共识，取得这点共识远非容易。特别是在不同的文明相遇之初，如果沟通和交流不畅，甚至根本缺乏沟通和交流的有效渠道，那作为某一个民族精神共同体的文明，在异族眼里，会呈现出一种怎样的图景呢？《剑桥中国晚清史》中提到了十九世纪在中国流行过的一本小册子《辟邪纪实》，是专门抨击洋人洋教的，内容骇人听闻，如说外国“所有出生三个月的婴儿，不论男女，肛门都塞以空心小管，而于晚上取出，他们称这为‘固定生命力要素之术’，这使肛门扩大，长大时便于鸡奸”……

现在很难找到《辟邪纪实》来证明以上说法，不过，类似的言辞曾在中国流行应是事实。大陆出版的《筹办夷务始末》收录了一份 1862 年在江西出现的《扑灭异端邪教公启》，实际上就是当年知识分子张贴的一张匿名大字报。其中洋教士的罪责被归纳为：“采生折割”“奸淫妇女”“锢蔽幼童”“行踪诡秘”，大字报号召民众“齐心拆毁天主教堂，泄我公愤”。当时为息事宁人，清朝官方还派人到江西查访，了解民情。官员问：“我等从上海来，彼处天主堂甚多，都说是劝人为善。譬如育婴一节，岂不是好事？”回答者说：“我本地育婴，都是把人家才养出孩子抱来乳哺。他堂内都买的是十几岁男女，你们想是育婴耶？还是借此采生折割耶？”

相似的事物，在不同的文明环境中，往往呈现迥然不同的外观。这里提到的育婴堂，同为中外皆有的慈善机构，但一旦到了异质文明的土壤中，双方不接触不了解，谣言就会转而成为相互认知的唯一媒介，这样，在异族的奇特想象中，文明也将成为格外狰狞和恐怖的东西。

中国近代史上著名的“天津教案”，就是因育婴堂的风波而起的。

“八国联军”险些提前入京

“天津教案”的严峻性，清末人已有所认识，一本晚清笔记的作者就曾感叹，如果此案当时处理不当，庚子年中的“八国联军”侵华就会提前上演。

此案的过程大致如是：1870年四五月间，天津境内屡屡发生用迷药诱拐儿童的案件，不久民团组织拿获了一个叫武兰珍的嫌疑犯，武兰珍供称，迷药来自法国教堂的杂役王三。当时清朝负责北方沿海开放口岸通商、外交事务的是三口通商大臣崇厚，其衙门设在天津。崇厚约法国领事丰大业来衙门，要求教堂交出嫌犯对质。这时候，天津街上已聚集了不少愤怒的群众，各种说法不胫而走，人情汹汹。丰大业为人之骄横傲慢，英国在华的一些外交人员都啧有烦言，其在中国人面前气焰更盛，一言不合，于崇厚衙门里居然拔出枪来，三口通商大臣慌忙躲避。丰大业愤愤然离开衙门，恰好遇上天津知县刘杰，二人为迷拐案争吵了起来，丰大业开枪击之，打死了护卫知县的家丁。此举激怒了本就愤愤不平的围观民众，大家一拥而上，将丰大业及随从群殴致死，余恨未消，又焚毁了法国教堂，教堂中十名修女、两名牧师在冲突中死亡。事态进一步扩大，四座英、美教堂成为池鱼之殃，被天津民众捣毁，三个俄国商人也丢掉了性命。

教案发生后，外国炮舰迅速开至天津示威，同时七个国家的公使联名向清政府的总理衙门提出强烈抗议，要求赔偿损失和惩凶。

与洋教有关而酿巨案，早有前兆。“天津教案”发生前，民众与洋教的冲突在神州大地早已此起彼伏。1861年，山西传教士不许入教的中国百姓出资参加传统的摊派演戏酬神活动，引起了绅民不满。山西巡抚向总理衙门报告：“该教士欲令奉教者概不摊派，且斥不奉教者为异端，是显分奉教与不奉教者为两类。其奉教者必因此倚恃教众，欺侮良民。而不奉教者亦必因此轻视教民，不肯相下。”1862年，湖南、江西、贵州等地相继发生群众焚毁教堂、育婴堂事件……

与上述事件相比，“天津教案”不仅牵涉国家多，死伤人众，而且有失控的危险，外国人的反应也更为激烈。但这种比较只是规模和冲突烈度的差距，而就其性质而言，均属于不同文明在文化惰性的驱使下，相遇却不愿沟通所结下的“果实”。洋教士视中国人演戏酬神为“异端”，和中国人用怀疑的目光审视育婴堂，并无本质区别。只不过，谣言的飞速传播，加上社会异动力量如会党分子的推波助澜，使中国人对异质文明的隔膜和误解更深而已。

天津教案之处理于清政府真如利剑头悬。一方面，经过两次鸦片战争，清王朝已充分领教了坚船利炮的厉害，现在多国的外交和军事压力不容他们有丝毫闪失。另一方面，民间对教堂乃至洋人的愤怒情绪，既不失正义，又未必不是统治者眼里可以倚重的力量。清廷很清楚，如果对内蛮横打压，对外一味曲从，那等于损伤“民气”，失掉“民心”，自身统治的合法性将不复存在。“教案”起，总理衙门向高级官员征求意见，时任陕甘总督的左宗棠的一番话颇具代表性，他认为“津民之哄然群起，事出有因，义愤所形，非乱民可比。正宜养其锋锐，修我戈矛”。

清政府善后的进退两难在崇厚身上已有显露。据著名洋务派官僚黎庶昌所记，这位清廷贵族“驻天津近十年，调停于民教之间，人颇讥之。事变之后，崇公出示解散，有严禁聚众滋事之语，由是怨声载道”。清政府只好让崇厚出国避开风头，另择人办理教案。

清政府另选的人就是黎庶昌的老师，时任直隶总督的曾国藩。

平定太平军的曾国藩声望正隆，但此时已经抱病，这从农历五月二十五日，清廷“（曾国藩）精神如可支持，着前赴天津”的上谕中显露无遗，同时也说明，在清廷最高统治者心目中，实在也找不出比曾更适当的人选。曾国藩的态度呢？他儿子，即著名外交家曾纪泽后来回忆，“臣的父亲先臣曾国藩，在保定动身，正是卧病之时，即写了遗嘱，分付家里人，安排将性命不要了”。平情而论，大概也不算太夸张。

曾国藩到底老谋深算，二十五日领命，二十九日他即回奏：武兰珍所供之王三，业经拿获，必须讯取确供；武兰珍是否果为王三所使？王三是否果为教堂所养？挖眼剖心之说，是否凭空谣传？抑系确有证据？此两者为案中最要之关键。从此两层悉心研鞫，力求平允，乃可服中外之心。

曾国藩看得很清楚，要对外国人和本国民众都有所交代，首要的问题，就是查清真相。而真相的要害，则在于拨开笼罩在育婴堂上的疑云。

真相并不扑朔迷离

很多人声称寻求真相是其最高目标，仿佛真相高不可攀，实则在多数时候，真相并不多么扑朔迷离，关键在于你对真相是不是叶公好龙。

曾国藩到津后，立即对拿获的王三等人进行审讯。但据黎庶昌说，这几人“皆市井无赖，供词反复狡展，不能定案”。曾国藩又不畏劳苦，亲赴实地查访，其过程，他自己的奏折中说得十分翔实：

臣等伏查此案起衅之由，因奸民迷拐人口，牵涉教堂，并有挖眼剖心，作为药材等语，遂致积疑生忿，激成大变。……惟此等谣传，不特天津有之，即昔年之湖南、江西，近年之扬州、天门，及本省之大名、广平，皆有檄文揭贴，或称教堂拐骗丁口，或称教堂挖眼剖心，或称教堂诱污妇女。厥后各处案虽议结，总未将檄文揭贴之虚实剖辨明白。此次应查挖眼剖心，竟无确据，外间纷纷言有眼盈坛，亦无其事。盖杀孩坏尸，采生配药，野番凶恶之族尚不肯为，英、法各国岂肯为此残忍之行？……以理决之，必无其事。天主教本系劝人为善，……即以仁慈堂之设，其初意亦与育婴堂、养济院略同，以收恤穷民为主，每年所费银两甚巨。彼以仁慈为名，而反受残酷之谤，宜洋人之忿忿不平也。至津民所以积疑生谤者，则亦有故。盖见外国之堂，经年扃闭，过于秘密，莫能窥测底里。教堂、仁慈堂皆有地窖，系从他处募工修造者，臣等亲履被烧堂址，细加查勘，其为地窖，不过隔去潮湿，庋置煤炭，非有他用。而津民未尽目睹，但闻地窖深邃，各幼孩幽闭其中。……加以本年四五月间，有拐匪用药迷人之事，适于其时，堂中死人过多，由是浮言大起。

这一奏折的要点有四：一、经曾氏实地调查，民间甚嚣尘上的洋教士“杀孩坏尸”“采生配药”，教堂内“有眼盈坛”云云，并无其事；二、洋教士之育婴系慈善事业，“以收恤穷民为主，每年所费银两甚巨”；三、民众对洋教士的误解也不为无因，教堂“经年扃闭，过于秘密，莫能窥测底里”，说到底，都是不沟通所致；四、“天津教案”的发生必然中有偶然，适值其时“有拐匪用药迷人之事”，而恰恰育婴堂中又“死人过多”（修女们特别愿意为生病和垂死儿童洗礼，这是育婴堂死亡率较高的重要原因），凑在一起酿成了巨变。

案情既已查清，就是善后了。清政府在派大臣赴法国道歉的同时，最后以杀为首人员 15 人，军遣 21 人，将天津知府、知县以失职罪发往黑龙江，并赔偿外国人各种损失银 46 万两结案。

巨案了结惹非议

案子结了，办案的曾国藩却意外成为了众矢之的。

首先是天津民众。黎庶昌分析了天津人的心态，“怨崇厚公之护教，咸望公至，必力反崇公之所为”，可是曾国藩没有。看来，他辛苦得来的真相并不是所有人都愿意看到的。

其次是同僚和知识分子，都异口同声地抨击曾国藩对外太软，对本国官员和百姓又太苛。“当时士大夫既不肯以杀外人为非，亦不公然主战，但以诋毁文正（曾国藩之谥号）之主和为能”，“天津教案，诋毁文正者不知凡几，竟有投以书诟责之者”，类似记载在近代笔记中屡见不鲜。曾纪泽也回忆说：“其时京城士大夫骂者颇多，臣父亲引咎自责，寄朋友的信，常写‘外惭清议，内疚神明’八字。”清议的力量的确惊人，就连先前以曾氏自豪的湖南人也不买账了，烧毁了悬挂于北京湖南会馆的曾氏手书的一副对联。

“外惭清议，内疚神明”，八字道尽了儒家文化信徒曾国藩的隐衷。他在向清廷请示善后办法中，剀切陈词：“中国目前之力，实难遽起兵端，惟有委曲求全之法。……朝廷昭示大信，不开兵衅，实天下生民之福。惟当时设备，以为立国之本，二者不可偏废。臣以无备之故，办理过柔，寸心抱疚。”说到底，对外强硬，除了遵守国际交往的一般准则，也是需要实力做后盾的。揆诸当时情势，舍曾国藩之所办外，可还有更好的办法？后代论史者又说“教案”善后期间，正值法国在普法战争中焦头烂额之际，清王朝完全可以强硬一些，殊不知外交上的折冲樽俎借力打力当然是一种技巧，曾几何时，强权也的确曾经压倒公理，但作为弱势且并不占理的清王朝，面对多国强权的抗议和干涉，又哪有四两拨千斤的妙法以避免实祸？

因曾国藩病重（两年后去世），接替他的江苏巡抚丁日昌一边奉旨北上，一边给朝廷上了个折子，其中说，“自古以来，局外之议论，不谅局中之艰难。然一唱百和，亦足以荧听而挠大计，卒之事势决裂，国家受无穷之累，而局外不与其祸，反得力持清议之名。臣每读书至此，不禁痛哭流涕”！这几句沉痛的话，明是对清廷，实际是给浮嚣、空谈误国的士大夫听的。

谣言引发巨案，后世读者当能抛掉情绪化的东西，思考一些真问题。比如：怎样才能培育消解谣言的能力？一个意味深长的现象是：谣言无处不有，但晚清华洋杂处、报业渐次发达、相对最为开放的上海为什么没有发生一起因谣言而起的教案，也未受相关冲突的严重波及？这难道是一种偶然吗？

崭新的角色：杨乃武案中的《申报》

杨案真相

“杨乃武小白菜冤案”是所谓“清末四大奇案”之一。但正因为关注度过高，真相反容易被遮蔽，尤其是经小说演义乃至当代影视传媒的渲染之后。

近人日记、笔记中很多都谈到了此案，如《翁同龢日记》《清代野记》《春冰室野乘》《异辞录》等，而记述最为翔实准确的，当推先以诗人著称后以汉奸殒命的黄濬所著《花随人圣庵摭忆》。黄氏在书中广为搜罗公私记录，并有考辨，杨案真相灼然可见。

杨案的大致过程是这样的：清同治十二年 (1873) 十月，浙江余杭县民葛品莲突发寒热，延医无效，很快亡故。葛品莲之妻葛毕氏颇有姿色，人称“小白菜”。按传统眼光看，颇涉轻狂，尤其是在上一年，葛品莲夫妻赁居于新科举人杨乃武处时，曾与杨传出绯闻。当时葛氏计划捉奸，然而潜听数夜，仅闻杨教其妻读书。为避嫌，二人迁出杨家。任何时代，桃色新闻总是传播最快的，加之葛品莲心怀不忿屡屡向外人谈论，故这段暧昧不明的情事已然是全城皆知。现在面对儿子的突然亡故，葛母想起往事，疑有隐情，遂赴县衙喊冤。县令刘锡彤带仵作（古代的法医人员）亲诣验尸。南方气暖，这时葛的尸身已有“发变情形”，“口鼻内有痰血水流出”，仵作失察，认作是中毒所致的“七窍流血”，报称服毒身死。县令当场讯问死者家属和近邻，均不知毒从何来。官府即将葛毕氏带回衙门审问，因杨葛的所谓奸情早已传遍，又有仵作的验尸结论，县令先入为主，认定葛毕氏因奸杀夫，被当事人否认后马上动刑，致葛毕氏诬服，供称系杨乃武授其砒霜，谋毙本夫。杨乃武到案后不服，上报革去其举人功名后，在刑讯逼供之下也被迫画供。为了坐实罪名，县令诱迫一个小商人说谎，说杨乃武在他手里买过砒霜。官府据此判决杨乃武论斩、葛毕氏凌迟处死。清代的死刑案件需要逐级审核，在这个过程中，杨乃武屡屡翻供，但都未能扭转定谳。杨乃武又在狱中自写供词，申诉冤情，让其家人持供词到最高监察机关——都察院鸣冤，加上地方百姓议论纷纷，此案遂震动京师。拖到 1875 年，时为光绪元年，但光绪并未亲政，国家最高统治者实为垂帘听政的慈禧太后。面对汹汹舆论，朝廷特旨委派浙江学政胡瑞澜审办。但胡瑞澜于年底结案，奏称：“此案原拟罪名，查核并无出入。”在京浙籍部分官员和绅士不满这一结论，联名上书都察院，几位言官更激烈抨击，清廷乃命刑部直接插手，于 1877 年春开棺验尸，“验明葛品莲尸骨，委系无毒，因病身死”。冤案平反，先后审理此案的官员均遭重谴，如浙江巡抚和复审的浙江学政均系朝廷大员，被一并革职，余杭县令则被流放充军，而且不准赎还。

实际案情如此，另外流传甚广的一些说法，如小白菜不安于室，与包括县令之子在内的多人有染，县令之子争风吃醋，有意陷害杨乃武云云，均无实据。至此，这起轰动朝野的大案，“凡三次上控，历四年而始白”。

冤案昭雪的几个因素

这一惊天冤案为什么能够得到最终平反？

首先，不能不谈到旧时代对命案的高度重视，而清朝尤其如此。清朝死刑为五审制，一个死刑判决，需要县、府、省、督抚再到中央逐级审查复核，程序既严格又复杂，最后由皇帝亲自裁定。我们在《史记》和《汉书》中经常看到，一个酷吏就可以随意诛灭一个家族，这种现象在清朝绝无可能。地方官员权力大大削弱，这固然说明了中央集权的加强，但最大程度地避免了枉纵，也是司法的进步。

其次，要注意杨案审理过程中朝局的变化。此案发生后，光绪帝新立，但因年幼，母后临朝，近于一种“孤儿寡母”之局，最高统治者要使朝纲整肃，不能不有立威的办法。当时言官弹劾办案诸臣，说这些人藐法欺君，“此端一开，以后更无顾忌，大臣倘有朋比之势，朝廷不无孤立之忧”，正好抓住了慈禧的心理，促使她下决心把此案彻底清查，并严办渎职大臣。

还有一些因素也是不能忽略的。比如传统社会里地域观念的深入人心，冤案发生在浙江，故浙籍官绅几乎同仇敌忾；言官对官僚集团的巨大威慑作用，清朝的言官是可以“风闻言事”的，即他们以批评官员为职责，却不必要求言必有据。这种制度决定了整个官场绝不会是铁板一块的利益共同体，既有利于皇帝操控，对民众也应该有相当的好处；人们对科举功名的重视，杨乃武有举人的功名，所以地方官员对他的刑讯逼供更容易造成轰动效应，激起天下士子的公愤，使舆论早早就对官方不利了。

以上这些因素，或多或少都被过去讨论杨案者所论列。但近读《近代中国社会文化变迁录》，其中收录了当时媒体关于杨案的报道，意外发现，原来，我们讨论杨案时，漏掉了一个崭新而又极其重要的角色，这就是《申报》。哪怕是资料极为翔实的《花随人圣庵摭忆》，对《申报》的作用，也无一字提及。显然，在晚清社会中出现新闻媒体这样一个利益超越官与民两极的新事物，当时人们还未给予足够重视。这样一个新事物越出了中国民众的经验，故而它对社会生活的影响，也必然是潜移默化、逐步增长的。

《申报》的“搅局”

用现代报业的标准衡量，最早的中文报纸是外国人于晚清时期在香港创办的。继之而起者，则有 1861 年创办的《上海新报》和 1872 年创办的《申报》。《申报》的主人为英商美查，报馆设于租界，受治外法权的保护。《申报》最早关注杨乃武案始于 1874 年（同治十三年）1 月 6 日，这时杨案已经发生，《申报》把它作为一个社会新闻，发表了题为《记禹航某生因奸命事细情》的长篇报道。报道系根据传闻写成，详细描写风流书生与不守妇道的女子如何勾搭成奸，又如何合谋毒死亲夫，颇有猎奇色彩。数日之后，该报又于13、14、15日连续披露此案疑点，及县、府审案过程中杨乃武遭刑讯逼供、报省复审时翻案等情。由于《申报》发行量大，流传面广，其报道便使原来仅限于浙江本省人和部分官员所知的此案公诸天下，引起了社会的广泛注意。

杨案过程漫长，在长达近四年的审理中，《申报》一直追踪报道。如前文所述，此案初起时，《申报》由于创办未久，通信网受到限制，报馆中人对新闻的理念可能也有偏差，他们对杨案采取的是一种迎合市民口味的猎奇的视角，但随着案情的发展，《申报》对新闻的处理越来越规范，越来越与现代新闻理念契合，即以追求事件的真相为天职。他们除了及时转载《京报》有关此案的上谕、奏折等公文外，另陆续发表了40余篇报道和评论。《申报》还有一个让中国民众耳目一新，笔者认为是划时代的举措，这就是它公开揭载了杨乃武家属的几次鸣冤告状。在传统社会里，平民百姓想发泄一下对左邻右舍的不满，在街头巷尾粘几张匿名揭帖都是不被允许的，而现在，杨乃武的家属却是直接控诉官府，何况还闹得举国皆知，这不是反了吗？只要想到这一层，就绝对不会低估《申报》刊登民众告状信对中国社会的意义。

《申报》在报道中完全开放的态度也特别值得赞赏。报馆中人自己撰写评论，同时也接受社会各界的自由来稿，只要言之成理，有一定代表性，就不吝篇幅。在报道杨案的过程中，《申报》既刊载了很多批评官方的言论，同时那些站在官方立场的稿件也能顺利登出。

这种客观、独立、不偏不倚的态度，既符合媒体的身份，更对社会有益，因为成熟的媒体，绝不应该有意识地去扩大不同族群、不同利益体的矛盾与对立。

《申报》关注杨案，其目光已超越一个单纯的案件，背后更有以此案为契机，推动中国司法变革的深意。比如，有的文章以西方国家的审案方式做对照，对中国官方习以为常的秘密审讯进行了批评，认为“审断民案，应许众民入堂听讯，众疑既可释，而问堂又有制于公论”，“惜乎审办此案，仍然秘密而不令人观瞻，上难副朝廷秉公为民之深忱，下难解浙省旁观众人之疑惑。……谣言又将大起矣。何也，因其秘密而不使人皆知也”，“吾因此案不禁有感于西法也。西国之讯案有陪审之多人，有代审之状师，有听审之报馆，有看审之万民”。

通过观察《申报》在杨乃武案中的表现，我们很容易得出两个结论：第一，《申报》的确已不是我们传统意义上的报纸。过去我们的《京报》《邸抄》，也有几分现代报纸的形式，但精神实质何啻天壤，正如《申报》曾经论述的，“邸报之制，但传朝廷之政事，不录闾里之琐屑”，“故阅之者学士大夫居多，而农工商贾不预焉”。第二，自从有了像《申报》这样的新兴报业，中国社会已无法回到从前，重要的是官员已不可能率由旧章，完全如过去一样地“牧民”了。

社会适应一种崭新的角色，必然需要一个过程，对官员来说更是如此。1874 年《申报》曾在评论中对左宗棠通过巨贾胡雪岩举外债有所非议，左大怒，与人函中谓：“江浙无赖文人以报馆为末路。”1875 年 11 月，浙江巡抚对《申报》刊登《浙巡抚委派委员赴粤购买军火》的报道大为不满，派人上门指责《申报》馆，认定其泄露了军事机密。另据《中国报学史》，“江南提督谭碧理曾命人与《申报》交涉，禁止刊载他的消息”。1882年1月，因《申报》议论教育，更有江苏学政黄某特发告示，张贴于《申报》馆门前，威胁要“移文咨各省大宪”“按律严办”。这些无一不是官员不适应身边这一崭新角色的表现。

很有意味的是，杨案主角杨乃武后来与《申报》结下了更深的缘分。据《清末四十年申报史料》所载：1878年（光绪四年），《申报》主人美查聘请杨乃武担任《申报》主笔之职。谁知他进入报馆后不久，因编发了一篇关于驻英公使郭嵩焘的译文，得罪了郭公使而被迫离职。

斯文将丧乎：口水中的同文馆

在外语（主要是英语）居于教育体系中至关重要之地位，以致“外语崇拜”成为一大怪象、被公众口诛笔伐的当下，人们已很难想象，外语教育在中国起步的尴尬和艰辛。

“蟹行文”关乎军国大事

1860 年 9 月，第二次鸦片战争中，英法联军直逼京师，咸丰皇帝逃往热河，咸丰的异母弟恭亲王奉命议和，留京主持大计。

在此之前，前来谈判的英国参赞巴夏礼被清王朝拘押，恭亲王命他致书联军统帅议和。巴夏礼亲书中文信一封，但旁边有英文数行。当时中国人把欧美等国横写的拉丁语系的文字呼为“蟹行文”，蟹行者，横行也，以示轻蔑。可是平素瞧不起倒也罢了，这一回巴夏礼所书的蟹行文可是关乎军国之大事。巴夏礼意欲何为？是泄露天朝机密，还是授以诡计准备理应外合谋我？朝中无人识此英文，既不知所写何意，哪里敢轻意发出此信呢？

好不容易打听到天津有一黄姓广东人识得英文，清廷如获至宝，立即调其急速来京，经黄辨认，几行英文不过是巴夏礼的签名及年月日罢了。区区夷字数行让饱读诗书的官员们头疼不已，重要的是，为勘破其中“玄妙”，一去一来，延宕多日，影响战和大局，让负责议和的恭亲王受到了强烈的刺激。

只有在这个时候，朝中的大佬们也许才会想起先觉者的声音。这个先觉者就是后来的首任驻英公使，因为在著述中说了异域文明几句好话而被攻击为“汉奸”的郭嵩焘。早在 1859 年，精通洋务的郭嵩焘即上了一道名为《请广求谙通夷语人才》的奏折，遗憾“通市二百余年，交兵议款又二十年，始终无一人通知夷情，熟习其语言文字者。窃以为今日御夷之款要，莫切于是”。建议“推求此等人才”，“给之薪米，使转相传习”，并明确提出设立外语学校。可惜这份奏折根本没有引起当政者的注意，如泥牛入海一般。

饱受刺激的恭亲王很快做出了反应。第二次鸦片战争刚刚结束，1861 年年初，处理善后事宜的恭亲王上奏，要求根据时势的演变，立即设立一个统筹洋务和各国邦交的中央机构，咸丰皇帝批准成立，即今人耳熟能详的“总理各国事务衙门”，简称“总理衙门”“总署”。在这封奏折中，恭亲王也表达了缺乏与外人交涉人才的焦虑，“查与外国交涉事件，必先识其性情。今语言不通，文字难辨，一切隔膜，安望其能妥协？”为加速培养外语人才，按照他的设想，因为广东上海两地开风气之先，可以先在广东、上海商人中挑选专习英、法、美三国文字语言之人任教习。

但恭亲王的这一设想并未顺利实现。1862 年他又上奏称：“所请派委教习，广东则称无人可派，上海虽有其人而艺不甚精，价则过巨，未便饬令前来，是以日久未能举办。臣等伏思，……各国均以重资聘请中国人讲解文义，而中国迄无熟悉外国语言文字之人，恐无以悉其底蕴。”

再次上奏中，恭亲王提出了新的办法：“在广东、江苏既无咨送来京之人，不得不于外国中延访。旋据英国威妥玛言及该国包尔腾兼通汉文，暂可令充此席。臣等令来署察看，尚属诚实。虽未深知其人，惟以之教习学生，似可无事苛求。因于上月十五日先令挑定之学生十人来馆试行教习，并与威妥玛豫为言明，止学言语文字，不准传教。仍另请汉人徐树琳教习汉文，并令暗为稽察，即以此学为同文馆。”

至此，中国历史上第一所外语学校——同文馆应运而生。恭亲王奏折中提到的威妥玛，时任英国驻华公使，另一个英国人包尔腾经威妥玛推荐，得以受中国之聘担任同文馆第一个洋教习。“止学言语文字，不准传教”，又另请汉人教习“暗为稽察”，显然是清廷对洋教习的一种防范。为了让洋教习既倾心传授洋文，又在思想防堵方面配合中方的意图，清廷于薪酬是毫不吝惜的，在官员们看来，这也是羁縻洋人的唯一办法。恭亲王的奏折中就说，对洋教习必须“厚其薪水以生其歆羡之心”，“须岁给银千两之外，方可令其专心课徒，俾无内顾之忧”。年薪一千两银子是个什么概念呢？当时外国人聘用中国人教习中文，一年花费也不过 96 两银子而已。

“世界上的学校，没有同文馆待学生再优的了”

同治元年五月十五日（1862年6月11日），同文馆在北京东堂子胡同的总理衙门中正式上课。同文馆刚创办时只有英文馆，学生10名，第二年又增设法文馆，归并了以前就有、形同虚设的俄文馆，招八旗学生各10名。

因为是新生事物，更由于在时代氛围中，与一个“洋”字扯上关系，简直等于叛祖，所以，同文馆开办遭遇的第一个难题就是招生困难，尽管其门槛极低，几乎没有任何考试的环节，而且还对入馆者给予比较优厚的待遇。

还是引用亲历者的叙述。生于1875年的著名戏曲理论家齐如山先生是同文馆出身，他在《回忆录》（辽宁教育出版社2005年版）中说：“甚而至于人家很好的儿媳妇，因她家中弟弟入了同文馆，便一家瞧不起这个媳妇，而且因之便受了公婆之气。”“因为不容易招学生，所以订立的章程，对于学生有极优的待遇。初进馆，便每一个学生每月给三两银子的膏火。”这三两银子在当时能派什么用场呢？比较一下就能明白了。八旗子弟入营当兵，每月公家给一石米之外，也就只有三两银子。

可是仍然没人愿来同文馆。“于是把每月膏火逐渐增加，初进馆每月三两，学一二年之后，洋文有成绩者，则增至六两，再过一期增为八两，后增为十二两。彼时每月十二两银子，这个数字是很大的，一个翰林，给中堂尚书家教读，每月最多也不过八两银子。”“以上这种待遇，已经很优了，可是还有特别的。馆中的章程是三年一次大考，……考试最优者，可以保举为部司务，再三年如果考的再优，则可保举为主事。主事已经是六品官员，……从此就是国家的命官。一个未出学校门的学生，登时就变成国家的官员，请看这待学生还要多优？不但如此，入馆学几年稍有根底后，驻各国的使臣，还可以奏调充当翻译官，待遇更优，且也有保举。”

齐如山回忆入馆后的生活，也是十分优裕。“驻馆的学生，除不管衣服外，其余都管，所谓煤油蜡烛，微如纸煤洋火等等，都由馆中供给。饮食最优，六个人一桌，共四大盘，六大碗，夏天一个大海（不明其义，或指一大碗汤？），还有荷叶粥果藕等等。冬天则无大海，而添一个火锅。盘碗中的菜不必说，单说这个火锅，共分三种，任凭学生点要，一是什锦锅，二是白肉锅，三是羊肉锅，所有各种羊肉片、鱼片、肝片、腰片及鸡蛋、冻豆腐等等，合着一切作料应有尽有，总之跟从前北平正阳楼一样，吃不够再添。这还不算，如果不愿吃，仍可随便要菜，不但此，倘有熟人来亦可留饭，也是随便要菜，不但吃饭一文钱不用花，连赏钱都没有。”

齐如山回忆：“从前有好几位外国教员告诉我说，世界上的学校，没有同文馆待学生再优的了。”看他的记述，诚哉斯言！

佳子弟岂可拜异类为师？

1866 年年初，开办了四年的同文馆派遣三名学生，在一位老臣的带领下，随同时任总税务司的英国人赫德游历欧洲，算是对开办成绩进行了一次小小的检验。

1867年年初，总理衙门筹划扩大同文馆规模，增设天文、算学二馆，从单一的语言学习扩展为与其他理工科目齐头并进。可以看出，同文馆培养学生的目标在这里出现了一次重大进步，过去纯粹只是为了能够教出几个能听外语和识洋文的学生，现在则一跃成为培育新型的洋务人才。

然而生源及素质问题仍然是最大的瓶颈。考虑到培养目标变化，学习难度加大，总理衙门决定将所招人员推广至翰林，进士出身五品以下各官。总理衙门奏称理由是，这些人有文化基础，“学问素优，……若令学习此项天文、算学，程功必易”。

以恭亲王为代表的开明的洋务派万万没有想到，他们的这一完全从学习效果出发的建议，在官僚阶层和知识分子群体中掀起了轩然大波。

先看一下光绪帝的师傅、军机大臣翁同龢当年的日记：

同治六年（1867）正月二十九日，“是日御史张盛藻递封奏，言同文馆不宜咨取正途出身人员。奉旨：‘毋庸议’。”

二月十三日，“同文馆之设，谣言甚多，有对联云：‘鬼计本多端，使小朝廷设同文之馆；军机无远略，诱佳子弟拜异类为师。’”

二月十五日，“今日倭相有封事，力言同文馆不宜设……”

二月二十四日，“前日总理衙门尚递封奏，大约辨同文馆一事，未见明文也。京师口语藉藉，……或作对句：‘未同而言，斯文将丧’；又曰：‘孔门弟子，鬼谷先生’。”

三月二十日云：“昨日有旨：倭某既称中国之人必有讲求天文算法者，着即酌保数员，别行择地设馆，由倭某督饬办理，与同文馆互相砥砺等因。总理衙门所请也。朝堂水火，专以口舌相争，非细故也！”

二十一日云：“倭相邀余同至荫轩处，知今日递折，有旨一道，令随时采访精于算法之人。又有旨：‘倭仁着在总理各国事务衙门行走。’与商辞折。”

寥寥数行文字的背后，却是舆论的沸反盈天。所谓“谣言甚多”，包括翁同龢举出的几副巧妙玩弄字眼的对联，都代表着一种有着强大群众基础的清议力量在向恭亲王他们发难，而“御史张盛藻”和“倭相”更是走上前台，专门上奏反对总理衙门的建议。其中，“倭相”即大学士倭仁，他的声音尤其不能轻忽，因为大学士不但有“宰相”之名，而且倭仁以理学名家，支持者甚众。

通过科举得官，称为正途出身，为什么正途出身者就不能入同文馆学习天文、算学？在倭仁们看来，正途出身者都是天朝固有文明传承者的代表，让他们去学洋人擅长的天文、算学，岂不等于承认异域文明较我为优？这岂不是斯文扫地，成何体统呢？

倭仁二月十五日的奏折中说：“窃闻立国之道，尚礼义不尚权谋；根本之图，在人心不在技艺。今求之一艺之末，而又奉夷人为师，无论夷人诡谲未必传其精巧，即使教者诚教，学者诚学，所成就者不过术数之士。古今来未闻有恃术数而能起衰振弱者也。天下之大，不患无才。如以天文、算学必须讲求，博采旁求，必有精其术者，何必夷人？何必师事夷人？”

按倭仁之意，天文、算学都属于小道，而治国是要讲礼义、重人心的，而且即使是这些小道，难道除了洋人，我堂堂中华就没有

“精其术者”？

针对倭仁弹出的高调、滥调，恭亲王上折驳之，讥讽意味十足地说其“陈义甚高，持论甚正”，然“仅以忠信为甲胄，礼义为干橹等词，谓可折冲樽俎，足以制敌之命，臣等实未敢信”。并指出倭仁奏折可能带来的严重后果，“该大学士久著理学盛名，此论出，而学士大夫从而和之者必众”，将使“学者裹足不前”。事实果为恭亲王不幸而言中，后来他再度上奏，即称“自倭仁倡议以来，京师各省士大夫聚党私议，约法阻拦，甚且以无稽谣言煽惑人心，臣衙门遂无复有投考者”。为了让倭仁闭嘴，恭亲王“请君入瓮”，“查倭仁原奏内称：‘天下之大，不患无才。如以天文、算学必须讲求，博采旁求，必有精其术者，何必夷人？’据此是内外臣工先后二十余年所求而弗获者，倭仁耳目中竟有其人，不胜欣幸！相应请旨饬下倭仁酌保数员，各即请择地另设一馆，由倭仁督饬，以观厥成”。

这里恭亲王等于将了倭仁一军，你不是说“天下之大，不患无才”，天文、算学何必夷人吗？那你就推荐几个试试吧。

慈禧此时显然站在恭亲王一边，明知恭亲王是激将法，但当日即准恭王之请，谕令倭仁“该大学士自必确有所知，着即酌保数员，另行择地设馆，由倭仁督饬讲求，与同文馆招考各员互相砥砺，共收实效”。

倭仁立即被打中了痛处，只好上奏说“奴才意中并无精于天文算学之人，不敢妄保”。慈禧仍然不肯放过，谕曰：“倭仁现在既无堪保之人，仍着随时留心。一俟谘访有人，即行保奏，设馆教习，以收实效。”同时命倭仁到总理衙门上班。这一任命让倭仁备感难堪，因为在保守的士大夫眼里，总理衙门天天和洋人打交道，非清流所待之地，恭亲王排行老六，由于担任总理衙门大臣，也要被呼为“鬼子六”，理学名家怎么能受这种侮辱呢？倭仁请求辞职，未获批准，只好来了个苦肉计，假装从马上摔了下来，终于脱卸了这个差使，最后获准保留大学士位置，辞去其他一切职务。

在这场交锋中，恭亲王以天潢贵胄之尊，又有最高统治者慈禧的支持，看似取得了胜利，其实不然。倭仁被斥招来了更多的反对意见。一个候补小官候补知州杨廷熙通过都察院呈递了一封上奏，洋洋五千言，以空前激烈的言辞攻击恭亲王。其中“名句”曰：“夫洋人之与中国，敌国也，世仇也。……无论偏长薄技不足为中国师，即多才多艺，层出不穷，而华夷之辨不得不严，尊卑之分不得不定，名器之重不得不惜。”指责恭王“偏执己见，专擅挟持”。本与慈禧有争权之嫌疑的恭亲王当天看到此奏，以其所指罪名之重，只好以自请停职、听候查办来表示清白。慈禧为挽回僵局，下旨对杨痛斥。尽管如此，杨廷熙却名声大噪，“中外竞传诵其文”。

名士李慈铭也在日记中为倭仁大鸣不平：“驯将夷夏不别，人道沦胥，家国之忧，非可言究。朝廷老成凋谢，仅存倭公，然谋钝势孤，无能匡正，而尚见嫉于执政，龃龉于宫廷，以宰相帝师之尊，兼番署奔走之役。徒以小有谏争，稍持国体，遂困之以必不能为之事，辱之以必不可居之名。呜呼！谁秉国成，而损威坏制，一不以为念乎！”

又是所谓“夷夏之辨”，一望即知，杨廷熙和李慈铭所持均为虚矫之辞，这种虚矫建立在对异域文明的隔膜与歧视的基础之上。然而这在当时却足以代表知识分子和社会的风气，哪怕是作为最高统治者的慈禧，也不敢过于违拗，由此可见传统力量的强大。晚清开明派官员们不得不在这种氛围和格局中推动其改革古老中国的事业，这是他们的悲哀，更是改革事业的悲哀。

清议压力之下，原有意投考同文馆的士人均裹足不前，来投考者人数甚少，且多属末流杂品。后来恭亲王奏称：“共计投考正杂各项人员九十八名，定期五月二十日在臣衙门扃门考试，计已到者七十二名，先经投考临时未到者二十六名。……择其文理可观者选取三十名。”但因学生资质太差，半年之后，又经考试淘汰，招考人员勉强收留了十人并到旧馆继续学习。这次同文馆扩馆以实际的失败而告终。

“阔绰是阔绰极了，腐败也是腐败极了”

齐如山在《回忆录》中说：

“同文馆创立之初，是因为曾纪泽他们奏请，又因他们是出使过外国的人员，所以对于他们的奏请，不好意思不准，只好创设，但终以为无关重要，也没有人来稽查，所以办的阔绰是阔绰极了，而腐败也腐败极了。自同治二年开始授课，到了光绪十年，已实在有二十年的工夫，馆中的学生，不必说造就出来了什么样的人才，总之连一个会洋文的人也没有。”学生们“不但不用功，有许多都是偶尔来一趟，再则是到月终来支一次膏火银，别的时候，凡来者不是为上课，多半是约几个朋友来吃饭谈谈天，几几乎等于吃饭馆。”

“阔绰是阔绰极了，腐败也是腐败极了”，当事人的感言，可信度自然非常之高。

清王朝不惜成本来办同文馆，效果之差何至于此？按齐如山之意，最高统治者本来就“以为无关重要”，只是因为曾纪泽等出使过外国的人员奏请，“不好意思不准”，“只好创设”。如果认真看过前面的文字，当能明白，这种揣测并不符合实情，否则朝中为什么会有那么严重的意见冲突，闹到最后连负最高行政责任的恭亲王都差点辞职？

平心而论，包括慈禧在内的统治阶层并非不想办好同文馆。问题在于官僚机器运转失灵的缺陷已日趋严重，而且又牵涉两种文明的对立和冲突，使得即便是铁腕的人物，其良善的初衷往往也无法被这架生锈的机器很好地执行下去。同文馆隶属于总理衙门，既为官办机构，一开始就难免沾惹浓重的官僚习气，加之虽为专门负责洋务的中央机关，但总理衙门里除了恭亲王等极少数思想稍显开明者，其余官员对包括同文馆在内的新生事物未必就有同情之心，由他们主管主办，哪能办出成绩来呢？

而说到具体的问题，生源素质之外，就是难以找到好的师资。众所周知，要教好一门外语，并不是自己会说会写就能够胜任的，而同文馆最初的洋教员恰恰只能满足这一个条件，不能不说这对同文馆的开办是一个极大的制约。更何况，随着学习内容的扩展，同文馆所开科目对师资的要求越来越高了呢。

当时中国国门打开不久，对列国各色人等意味着一种机遇，而肯屈尊来后发展国家寻找这种机遇的，除了怀抱救世热忱的传教士，绝少上流人物。诚如齐如山所说："在西洋各国中，凡有学问道德之人，总有常久的工作，绝对不会赋闲。凡学问不够，或道德有亏，在本国不易觅工作者，方肯来华找饭碗，虽然不能说人人都如此，但绝对大多数都是这样。在光绪庚子以后，因中国已渐渐开通，由西洋来华之人，才稍有专门人才，以前则几几乎可以说是没有。"

因此关于同文馆洋教员，齐如山深致不满，"五馆的洋文教习，倒都是各国的人，但可以说没有一个够学者二字的，这话并非瞧不起他们，也不是玩笑话。……他们被派到同文馆，外面是来教洋文，事实是为他们自己学习中国话。在当教习的期间，自己在外边请着中国人学中文及言语，学得够用之后，即派往各省海关去当差，这几几乎是定例。至于馆中的功课，他并不十分注意"。

同文馆四十余年历史中，只聘任过两位总教习，首任总教习欧礼斐是英国人，在齐如山印象中，此人"极神气极骄傲，可是不但不够学者，而且几几乎是不通文。我见他给学生改英文的试卷，一般人但看着不好的地方，不假思索，一笔就涂了去，可是他改的时候，就费了事了，憋得红着个秃脑壳，改一次涂了去，又改一次又涂了去，半天才算改就"。

这样混下去的同文馆终于等到了出洋相的一天。齐如山回忆："在光绪八九年间有军机处给总理衙门的一件公文，这篇公文，现尚在我家中保存着，是因为在西北科布多一带与俄国有交涉，需要会俄文的翻译人员，当然是由储备翻译人才的同文馆中去找。由总理衙门拣了七个学生送到军机处考试，其中有一个人学过十三年之久的俄文，其余六人只学过七年，及一考试，其中只有一人能把俄文字母都念得上来，其余最多者，不过认识一半。军机处大怒，给总理衙门及同文馆来了这一件公文，把他们大申饬了一顿，其中有下边的几句话说，学洋文十余年之久，竟连字母都不认识，殊属不成事体云云。……其实不但俄文馆如此，其他英法文馆也是如此。”

一门外语学了好几年，居然只有一个学生能把字母都念得上来，这真是滑天下之大稽。难怪军机处也要撕破面皮，发函申饬了。齐如山说：“总理衙门经此次申饬以后，当然很难过，才提议设法整顿，以后才稍稍有点起色，然仍未能按时上课。”

功在转移风气

尽管不如人意处甚多，但随着时间的流逝，所投入的人力和物力还是在渐渐发挥作用，虽然与付出的巨大成本相比，这点收益未免显得太不成比例。

1870 年后，同文馆的面貌有所改观。甚至在洋教习的主持下，同文馆师生还译出了西书 5 种，其中不乏西学经典，如《法国律例》，即著名的《拿破仑法典》。当初那种连洋文字母都认不全的尴尬早已一去不复返了。

推动同文馆进步的因素，研究近代史的学者熊月之在《西学东渐与晚清社会》中归结为三个：一是因为上海广方言馆与广东同文馆自同治七年以后陆续选送优秀学生到京；二是中国著名数学家李善兰到馆担任教习；三是丁韪良继欧礼斐任总教习后，采取了一些改进措施。这当然是有道理的，但最重要的助力应该还是社会风气的变化，一如齐如山所回忆，“到了光绪中叶，风气渐开，汉人已有愿入者，然仍极容易，由馆中人员及教习介绍，或由资格较深之学生介绍，都可进去。……因为想入的人太多了，所以才有考试的规定”。而风气之所以“渐开”，与包括同文馆在内的新生事物在社会上缓慢而持续地发生影响力，显然是分不开的。

熊月之这里所说的“上海广方言馆”和“广东同文馆”，前者为时任江苏巡抚的李鸿章奏请所设，于 1863 年开馆，广州同文馆则于 1864 年开馆，性质与京师同文馆相近。一般认为，这两所学校，尤其是李鸿章主持的上海广方言馆因择人得当，成绩在京师同文馆之上，但从举办时间上看，他们都是继京师同文馆而起，可以说没有设立京师同文馆的决心，也就不可能有后来的继起者。以此而论，同文馆筚路蓝缕，其开创和启沃之功终不可没。

熊月之提到的丁韪良（1827—1916），系美国传教士，曾翻译《万国公法》，创办宣传西学的科技杂志《中西闻见录》，和英国传教士李提摩太同为对晚清政治与社会产生了很大影响的外国人。他在总税务司赫德的推荐下，经过清政府组织的一次数学考试出任京师同文堂的总教习，上任后，在学制等方面进行了调整，又因其本人的学养，对同文馆的改革起到了重要作用。为表示对丁韪良工作的肯定，清廷特授予他三品顶戴的官衔。丁韪良回国后著有题为《花甲记忆》的回忆录，可惜书中关于同文馆的叙述甚为简略。

关于同文馆最终培育的人才，齐如山的结论是：“外交官还有几位，而够得上外交家的，是一个也没有。”当代学者钟叔河先生在《走向世界》一书中也批评同文馆“一面讲习西方语文”，“一面继续搬演封建的老一套”，“体”和“用”相互脱节，所以始终没有培养出像严复、马建忠那样精通西学的人才，只不过造就了几个外语译员，这些学生个人也感叹自己的作用“无异舌人”，仿佛“会说外语的鹦鹉”！

即使这二位所说都是事实，但我们只要想想同文馆招生过程中的种种怪象，就会明白，在那样一个时代，培养出几个舌人和外交官，又何尝容易！

从名伶婚姻风波看清末社会变迁

京剧名伶杨月楼的婚姻风波，和“刺马案”“杨乃武与小白菜案”“太原奇案”一起，被哄传为所谓“清末四大奇案”。其实，与其他事件的扑朔迷离相比，这场因官方挟传统礼法蛮横介入而导致的风波，它的看点并非情节的戏剧化，而在于从官民话语的对抗和民众观念的变革中，深刻反映了宗法社会的基础被一点点撬动的现实。

“只为贪看杨月楼”

京剧名演员杨月楼清末活跃于上海舞台，以小生角色为擅长。杨月楼本人身材魁伟，扮相俊美，嗓音清越，武功精湛，因此每次登台，观众均为之倾倒。当时一位文人特在《申报》上发表了一首竹枝词：

金桂何如丹桂优，佳人个个懒勾留。

一般京调非偏爱，只为贪看杨月楼。

诗中的“金桂”和“丹桂”是当时沪上最有名的两大戏院，杨月楼即在金桂园献艺，而于丹桂园登台的则是孙菊仙、黄月山等名角儿，这种互相竞争的格局即是所谓“打对台”。

按诗作者的意思，真要论艺术，杨月楼献艺之金桂园肯定是比不上孙菊仙等献艺之丹桂园的，但实际却是“佳人个个懒勾留”，很难蒙佳人一顾，若要问金桂园吸引佳人之秘诀，原来，她们也对一般的京调没多大兴趣，之所以迷恋金桂园，原来都是为了“贪看杨月楼”。

说起来，杨月楼能够让红粉佳人施以青眼，还要感谢上海独具的开放性，须知，当时北京的戏院还不许妇女到公开的戏院里去看戏，而上海则不然，《申报》发表的一篇文章对此有生动描述：“上海一区，戏馆林立，每当白日西坠，红灯夕张，鬓影钗光，衣香人语，纷至沓来，座上客常满，红粉居多。”就因为除了一般观众，还有女性观众的额外拥趸，杨月楼在上海戏曲界独擅胜场也就在情理之中了。

然而，偏偏是这种女人缘给杨月楼带来了麻烦，1873 年（清同治十二年），一代名伶的婚姻风波上演了。

《申报》全程关注了这场风波，其中一篇文章曰《记杨月楼事》，简要介绍了风波的起因：一位粤商的女儿名阿宝因观杨月楼演戏，慕其才艺，遂“作书函，并年庚帖，细述思慕意，欲订嫁婚约”。后由粤女之母王氏做主，经媒妁说合，遂订婚嫁。但当迎娶之时，粤商族党以平民嫁“贱民”，有辱门楣乡风，遂群起阻拦，并以杨月楼涉嫌“诱拐”诉之于官府。“夫妻方行合卺礼，县差与巡捕至，扭月楼夫妇”，送至县署，被亦属粤籍的县令以诱拐论处，将杨月楼和该女等分别施刑严责，“敲打其（月楼）胫骨百五，批掌女嘴二百”，收监候判。

官府棒打鸳鸯，舆论大为不平

男女谈婚论嫁，而且还有媒妁之言，居然还会引起“族党”闹事，官方也不惜强力介入，棒打鸳鸯，这种当代人无法理解的事情，就当日情势而言，却并不缺乏法理根据。

《大清律例·户律·婚姻》中明文规定，良贱不得通婚。“凡家长与奴娶良人女为妻者，杖八十。女家减一等，不知者不坐。其奴自娶者，罪亦如之。家长知情者，减二等，因而入籍为婢者，杖一百。若妄以奴婢为良人，而与良人为夫妻者，杖九十。各离异改正。”哪些人群属于这一条文所规定的贱民阶层呢？《清史稿·食货志》曰：“四民为良。奴仆及倡优为贱。凡衙属应役之皂隶、马快、小马、禁卒、门子、弓兵、仵作、粮差及巡捕营番役，皆为贱役，长随与奴仆等。”划在“良民”这个圈子里面的，就只有传统社会认定的士、农、工、商这四大阶层，除此之外，就都属于“贱民”。在传统社会里，一个唱戏的尽管可能因为艺术卓越而被无数戏迷追捧，但在官方话语体系里，其为“贱民”的天然属性却无法改变。杨月楼再红，但仍然是“贱民”，就仍然不能娶“良人女”为妻。这就是当日之客观背景。

如果说官府强力介入杨月楼的婚姻，属于成文法规定之范围，那么阿宝父亲的“族党”干预阿宝婚事，则是一种习惯法。在传统社会里，宗族的巨大魅影渗透进个人的私生活，被视为当然，早已是一个约定俗成的集体潜意识。在传统观念里，阿宝与“贱民”杨月楼通婚，就不仅仅是其个人的私事，而会影响到整个族群的面子、声望和地位，非出手干预不可。而且宗族对个人的影响力，向来能够得到官方的支持，因为要加强对社会生活的监控，公权非得借助这种族权不可。

如此看来，无论粤商族党，还是官府，似乎都只是在做一件理所当然的事情。然而，他们却忽略或曰轻视了另一个事实，这就是晚清之上海正处在日益开放的氛围之中。

果然，此案一出，宗族势力和官方的作为遭到了舆论的强烈反弹，上海市民更是议论纷纷，匿名揭帖遍贴于租界内，为此案鸣不平。初于社会中崭露头角的报纸则给这些声音提供了公之于众的平台，典型者如 12 月 29 日《申报》发表的一篇署名“持平子”的来信，其中写道：官方对杨月楼和阿宝的处置，“在粤人以为大快人心，在旁人以为大惨人目。敢问贵馆：邑尊（即县令）究执何例以办？夫月楼虽不安分，咎实难辞。然就事论事，似尚不比于抢盗。今竟敲击胫骨，其将以强盗律之乎？”该文认为，月楼与阿宝之婚姻，是“受母命，倩媒妁，具婚书，得聘礼，而后迎娶合卺”，一切符合正常婚嫁程序。在作者看来，“阿宝疑若无罪”，并认为“即令阿宝私通月楼，亦当候其父自行处置”，族党及官府不应代为惩办。“故疑此案，觉有情轻罚重之故。”

这封信在报纸上刊出之后，不仅使得受到质疑和批评的官方大感不快，以粤商为首的主张严办杨月楼的一派也十分愤怒，在报上撰文回击，他们一方面援引良贱不能通婚的法律条文，另一方面重申传统道德观念，认为“月楼一优伶耳，……至微至贱”，并据“万恶淫为首”的古训，认为“奸重于盗”，此事乃“奸淫大恶”，应予重惩，现施之刑，不仅不为过重，反而属“轻恕发落”。声称粤人此举旨在维护风化，“气节过人，誉之不暇，何毁之有”？并指责持平子“议邑尊妄刑”是“谤毁邑尊”，“悖谬太甚”。

《申报》前后刊出多篇观点对立的来稿，似乎不偏不倚，其实不然。出自报馆人士手笔的《中西问答》一文，已把其真实态度显露无遗。该文写道：“有西方人士至申报馆笑告，‘谣传邑侯（上海知县）欲查访持平子其人及贵馆之主笔欲得而甘心焉’。而余昨读西字日报及持平子原稿全文，则其论及此案时，责备邑侯处理此案不当之文字，已被本馆删去大半，已为邑侯深讳矣。其中有杨月楼在问供之先，已将伊拇指吊悬，几达一夜之久。膀肩两骨，已为扭坏不能使动。吊悬时并用木枷以困之，将杨头颈骨紧压，几至不能呼吸。后来花费多金使用，才能松宽，始得活命。西方国家均无如此之刑罚。”在报馆看来，与西文报纸议论此案相比，《申报》所发表的持平子一文已经技术处理，显得平和多了。而要论实际，清王朝司法之黑暗和不人道在此案中的表现更有耸人听闻者，直言“西方国家均无如此之刑罚”。

1874 年 5 月 27 日，《申报》又刊出《英京新报论杨月楼事》一文，“英京伦敦新报述杨月楼之案曰：上海民间风传有势力者请于邑尊，务须将杨月楼置之死地，以雪同人之怒，且许诺之曰：‘若果能杀杨，则贿以二万银数。’与此案同时，有名瞿茂和者与人和奸一案，仅杖一百下释放。杨月楼亦属和奸案，不但已处严刑，且堂上声称必欲置之死地。此或系奸民风传，本馆译之，姑欲使官宪知之，想上海县尊断乎不会出此手段也。”与前相比，这篇文章对官方来说，其压力更大。而报馆巧妙的地方在于，它只是引述西文报纸消息，向公众透露官方和主张重惩杨月楼的势力正在密谋“将杨月楼置之死地”，然后笔墨一转，说这“或系奸民风传”，“想上海县尊断乎不会出此手段也”。借助新兴媒体，舆论这种介入公共事务的势头有增无减，对遏制官权的肆虐当然是有益的。

杨月楼、阿宝之归宿

尽管舆论哄然，媒体也公然对官方表示不满，但在官威如故、社会观念也未得到根本改变的国度，当事人的命运曲线还是在旧式的轨迹中滑行。

1874 年 5 月，《申报》刊出杨月楼在松江复审情形曰：闻杨月楼自上海解到松江太府提审，杨磕头哀求太守申冤。太守见而怜之，委娄县知县复审，娄县知县责其二百下，逼其不得翻供，以诱拐良家女子论罪。按例载：诱拐良家女子为妻，照例拟予军遣之罪。最后官方定谳，杨月楼即以诱拐结案，被判远徙，所幸不久光绪登位，清廷实行大赦，才得释放。1875 年 7 月 26 日，《申报》也及时刊布了这则消息，说杨月楼判处军遣罪，适恭遇恩赦，现奉臬宪（各省负责司法之按察司）核明，虽罪有应得，但可得援免之例。乃汇案转详抚宪（各省总揽行政的长官即巡抚），核准奏，专候部复到日，即可释放而予自新路矣。

与杨月楼终被释放，按照官方口气还能“改过自新”相比，阿宝的命运更为凄惨，《申报》报道：阿宝发交普育堂择配，有一孙姓老人，年已七旬有余，至普育堂申言，无妻室，有资产，欲娶阿宝已久。这就是传统社会里所谓的“官媒择配”。在官方主持下，一个花样年华的少女嫁给一个七十多岁的老头，“族党”和官方的虚荣心大概都得到了满足，因为在他们看来，这远比嫁给一个戏子要令其有面子多了，而且还不会对既定的社会秩序产生威胁性。至于阿宝的想法和愿景，又有什么值得关心的呢？

杨月楼被开释后，自然还是操旧业以维生计。因其原有的号召力，加上闹出的广为人知的婚姻风波，对观众可能更具吸引力。戏院老板也许正是看中了这一点，让其在丹桂戏园接连演戏三日，结果盛况空前，虽早早就已满座，但观众仍蜂拥而至。孰料这种热闹也刺激了官府，知县怒其招摇过甚，饬差役拿办。杨月楼事先闻风逃逸，经此挫折，其后来在上海终未复业。据 1879 年 4 月 30 日《申报》消息，杨月楼应北京著名京剧演员程长庚之邀，转而去北京献艺，终成一代名伶。

社会变迁冲出了权力的禁锢

在一场官与民、公权与私域的对抗中，官方看似取得了全面的胜利，实则未必。民众公然通过媒体表达自己的意见，并把对官府的批评和不满宣泄出来，仅此一点，于传统社会里岂是可以想象的事情？而从杨月楼案前后，公众舆论中展现出的思维和观念之变化，也能够清楚看出，社会变迁终究会冲出权力的禁锢，官方率由旧章地按照老一套模式来治理社会显然是无济于事了。

是否该有良贱阶层这种等级的区分，良贱能否通婚，个人能否自由择配，这些当然是个观念问题，但就当时而言也是个法律问题。而在管理社会的工具中，法律又往往是最为顽固的，这就是杨月楼案发生后，尽管人们的观念出现了一定程度的变异，但最终还得由当时法律来制约和规范的原因。这种观念对法律的冲击力度的确嫌小了一点，但我们不应忽略，这还是发生在光绪登基之前、古老中国打开国门不久之后的事情。稍有智识者都可以看出一种趋势：越往后，社会政治经济的变革就会越迅疾，并大大超出旧的法律条文的调整范畴。在完全无法适应社会需要的现实下，法律乃至整个司法体系的调适和改革乃水到渠成。大诗人樊增祥在其《樊山政书》中就曾经自述断案经验曰："州县终年听讼，其按律详办之案至多不过十余起，……其所听之讼，皆户婚、田土、诈伪、欺愚，贵在酌理准情，片言立断，不但不能照西法，亦并不必用中律。""亦并不必用中律"，这不就是把法律条文抛在一边吗？这也不是这位诗人型官僚有心违法，或者对下民存心恩赐，而是客观情势逼迫他非如此不可。发展到最后，清末的司法改革也就是顺理成章之举了。

当然我们不能忘记，权力禁锢社会几乎是一种惯性，在这一作用支配之下，公权介入个人私生活也就见怪不怪了。

杨月楼案发生，官府的反思是，阿宝一良家女子之所以会爱上杨月楼，无非因为她进戏园看到了杨唱戏，杨相貌堂堂，加之其所演多为挑逗情欲之戏目，这才会使阿宝生出嫁杨之念。既然找到了官方眼中的惹祸之由，自然会想出以下的两个动作：因为杨演淫秽之戏，致妇女倾慕，便倡导禁演所谓暴力色情的戏目；又由于阿宝进戏园看戏，引起嫁杨之念，又倡议禁妇女进戏园。两个动作都由地方官出布告实行。

据《申报》所刊上海道台公布禁止演出的所谓淫戏戏目如下：

昆腔淫戏：挑帘裁衣，茶坊比武，下唱，倭袍，斋饭。

京腔淫戏：翠屏山，海潮珠，晋阳宫，梵皇宫，关王庙，卖胭脂，巧姻缘，卖徽面，瞎子捉奸，双钉记，双摇会，截尼姑。

上海县署禁止妇女看戏的布告则称：据合邑绅董江承桂、郁熙绳等称："上海五方杂处，良莠不齐，近因洋泾浜（即现在上海市延安东路四川路附近）一带尤为华糜。戏馆优觞、男女杂沓。兹悉杨月楼犯事解讯，计其在馆演剧大都肆其淫荡。始则勾引青楼妓女，渐串诱良家妇女，已提请严办；并请示谕各家长约束妇女入馆观戏，以端风化等情，据此，除移交委员会外，合行出示谕禁，为此示仰军民人等知悉，尔等为家长者，务各约束妇女，不准入馆看戏，免伤风化。各宜凛遵特示。"

为了维护所谓风化，禁戏是清廷的一贯措施，早在1869年，上海官员还曾照会租界各国领事会同一体查禁各处花鼓戏（晚清之花鼓戏或为女子说唱，或为男女合演，内容则多为男女私情故事），但由于花鼓戏馆多在租界之内，洋人对此并不热心，当时媒体即冷嘲热讽地说："中丞（即巡抚）禁，观察（即道台）禁，而演者仍演。"

早被证明无效的动作，现在旧调重弹又会有效么？《申报》刊出的《禁止妇女看戏论》一文论述得甚为中肯："至于观剧一事，其素性不喜者，虽戏在其侧亦不欲观，其素性喜悦者，无论富贵贫贱，智愚贤否，老幼男女，一闻有戏，不拘何地皆趋之，若鹜赴之恐后，一律往观也。若夫演戏，固歌咏升平之意，亦与民同乐之一道也。而伶人业此原借以糊口养家。从未闻有滋事之时。自通商之后，凡西商租界皆许伶人设馆演戏。昨闻西人言，西国在上之人，惟恐世人无取乐之事，而中国在上之人，则惟恐世人有过乐之端。现闻华官禁止演戏，西人皆不以为然，若欲禁止演戏，必使已唱戏之伶人有所改业，赖此生活者不下万人。一旦绝其生活，使弱者为饿莩，强者为盗贼矣。”

在此文作者看来，戏曲业发达既能给伶人提供养家糊口的机会，更能与民同乐，实为升平盛世之象征。最有意味者是作者提出的问题：昨闻西人言，西国在上之人，唯恐世人无取乐之事，而中国在上之人，则唯恐世人有过乐之端。读至此处，人们不能不打上一个大大的问号：这是为什么？也许，这就是两种文化的区别吧。

长沙抢米：一百年前的群体性事件

小人物悲剧激出的火星

每一起后来被历史学家认定为重大的事件，几乎都是由小人物揭幕的。

1910 年（清宣统二年）4 月 11 日晨，长沙南门外以挑卖河水为生的黄贵荪将前一日卖水所得的 80 文钱交给妻子，嘱咐她去相近的“戴义顺”米店买一升米。当黄妻到达米店时，伙计告知米价已涨到每升 85 文，饿了几天肚子的黄妻绝望地跳进了南门外的老龙潭。黄贵荪晚上回家，悲不自胜，抱着两个嗷嗷待哺的孩子也投水自尽。

4 月 12 日下午，还是在“戴义顺”米店，当日米价稍有回落，一度降到七十文一升。黄昏时，一老妪持 74 文前往买米，米店告知已涨至 76 文，待老妪回家凑足 76 文再来，米价又涨到了 78 文。双方发生争吵。恰巧邻近的地方因天灾正演皮影戏酬神，聚集者众，争吵声吸引了不少人，大家纷纷探问究竟。中国人有看热闹的习惯，也有打抱不平的习惯，眼前米店发生的场景，如在平常，引发旁观者一些诸如“无商不奸”“为富不仁”的指责，也就罢了。但这一次不同。宣统二年，湖南水灾不断，米价持续上涨，已让人的心理压力达到极限，惊惶中的人们都在下意识地寻找一个排遣的机会。因围观者提到了昨天黄贵荪一家的惨剧，现场的情绪开始失控，而米店这时又偏偏采取一种蛮横态度，更是火上浇油。在一个名叫刘永福的木匠的带领下，米店很快一片狼藉。

随后出场的是官方。在众怒面前，知县答应第二天上午由官府主导，售卖平价米。人群渐渐散去。一个稀松平常的治安事件，似乎就要落幕了。4 月 13 日，知县和负责地方治安的巡警道去见作为湖南最高长官的巡抚，请示机宜，时任巡抚的是公子哥儿出身的岑春蓂，其父岑毓英曾当过云贵总督，公子哥儿不知稼穑之艰难，听了汇报后当即批评下属不该对乱民绥靖，申斥“何不早办”。挨了一闷棍的巡警道立即雷厉风行，将首要分子刘永福逮捕。等待平粜的饥民们没等到平价米，却传来了刘永福被捕的消息，快要熄灭的火焰又被点燃了，如潮的人流包围了巡警局，诘问官府：“人们请求平粜，并未犯法，你们不搞平粜，为什么还抓人？”要求当场释放刘永福。巡警道得报后匆匆赶回衙门，面对愤怒的人群，说了一句极不合时宜的话，“你们在茶馆里喝茶，一壶茶 100 文不嫌贵，一升米卖到 80 文就算贵了？还不都快快退去！”人可以不到茶馆喝茶，却不能不吃饭，此言的荒谬显而易见，更重要的是，这句话从官员口中道出，无异于表示官方对米珠薪桂的现实不准备负任何责任。据说巡警道是转述岑巡抚的原话，但“现世报”却马上落在了他的头上。被这句荒谬的话激怒的人群将巡警道官帽摘掉，将其手脚缚住，倒悬于树上，饱以老拳。巡抚派人救出了巡警道，人群转而包围了巡抚衙门。“放出刘永福！”“抚台给我饭吃！”“把抚台拖出来杀死！”的口号此起彼伏。

4 月 14 日，惊魂初定的巡抚召集官员和著名乡绅开会，商讨对策。会议还没结束，围聚在巡抚衙门周围的人群，又有多名冲进了大堂，巡抚再次下令开枪，当场打死二十多人。暴力骤然升级。一个叫何文清的木匠，提着着早已准备好的一桶煤油，一个纵步，飞身上屋，踩着屋顶浇下煤油，点上火，巡抚衙门顿时成为火海。……

仿佛谁都在对现状不满

如同我们熟悉的群体性事件一样，长沙抢米风潮的起因非常单纯，就是百姓不堪米贵。但当黄贵荪全家的悲剧发生后，这粒偶然的火星没能得到官方有效的应对和控制，从而给各种力量的活跃提供了良机，火星到处奔窜，火势愈演愈烈。

饥民，最初点燃火星的人，后来已逐渐退居次要位置，占据舞台中心的是这样一些人群：一意颠覆清王朝正统秩序的会党分子，比如那个表演了飞身上房绝技，首先将巡抚衙门点火的何永清。他们纪律严明，行动快捷，能量最大，而且不断有从外地赶来的增援者。西方观察家的报告中这样描述他们：“统率各街乱民的，每处仅三四人，皆以青布裹头，身穿青色短衣，赤脚行走，身材短小精悍，又甚为矫捷，登高跳跃如履平地，……奔走时左手持石油罐，右手拿火把或铁棍，若居民请求他们停止放火，则仅点头应之。”对湖南早期现代化运动中出现的西方符号长期愤懑不平的人，其中有义和团的余部，有在西方工业冲击下生计日艰的手工业者，也有狭隘仇外的民众。教堂、教民、洋商，甚至新式学堂都成为攻击的对象，多所机构被焚烧或捣毁；因官府工程中没有拿到想要的份额的匠人，此次风潮中之所以有很多木匠，这就是一个很重要的因素；没有直接利益关系，但对未来预期有一种强烈的不安定感，在一种从众心理的驱策下，寻找宣泄的平民。不要忽视这一类人，他们目的性不强，其破坏力往往因过于随意而大增……

抢米风潮参与者的多样化，显示了清末社会的一个显著特点：仿佛谁都在对现状不满。自列强强行打开国门以来，外忧内患频仍，清王朝左支右绌疲于应付，其权威开始迅速动摇，但任何一种统治都存在一种惯性的支撑力量，所以，清廷面对一场又一场风暴，似乎又总能化险为夷。而到了清末，各种结构性矛盾进一步凸显，而慈禧和光绪的去世，又加剧了社会的离心倾向。从这个角度认识，长沙抢米风潮只是清王朝统治彻底崩盘的一次预演。就在抢米风潮后仅一年，武昌起义几乎也是以一种极其偶然的方式爆发，最后却以连起义策划、领导者都预想不到的结果，埋藏了清王朝。

事后检讨中的官民歧异

长沙为什么会发生米荒？米价上涨又为什么会引发一场大风潮？

对风潮的善后，作为一个高度中央集权的政府，清王朝还是表现出了高效的一面。巡抚、布政使、巡警道等地方高级官员均被革职。但在责任的划定上，官方与民间出现了严重分歧。节制湖北湖南的代理湖广总督瑞澂奏报，“湘省民气素嚣，绅权颇重”，归咎于湖南的民风和“劣绅”，特别提到湖南两位著名学者和乡绅代表，即王先谦和叶德辉，说王先谦最初阻挠官府“义粜”，又公开发电报要求撤换巡抚，“殊属不知大体”，而叶德辉“积谷万余石，不肯减价出售，实属为富不仁”。清廷据此对王、叶进行了惩处。

王先谦、叶德辉等湖南乡绅在抢米风潮中究竟发挥着怎样的作用？

中国传统社会中有一种三角互动，即“官”“绅”“民”，这三者互有冲突也互有利益的交集，那种认为“官”和“绅”铁定绑在一起的认识是错误的。长沙抢米风潮及其善后，就让“官”与“绅”的冲突浮上了水面。

针对官方的指责，王先谦和叶德辉事后都有自辩，叶德辉更直陈他“兄弟四房，收租仅及千石，此有粮册可稽者”，而且即使出售也不能单凭他一人做主。自辩的效果往往不佳，幸好清末已经有为外资和私资独立经营的媒体，岳麓书社出版的《长沙抢米风潮资料汇编》一书中收集了当时各种报纸的评论，这些评论几乎异口同声地认为，发生风潮的根本原因在于地方官员办理不善。湖南省谘议局，这是清王朝为立宪做准备而成立的民意机关，议长也公开声明“湘乱由官酿成”。这样一些史料提醒我们，即使对事后叶德辉等人的自辩不以为意，也应对官方的说辞抱以审慎的态度。

当时的舆论认为，抢米风潮的发生，实由于官方应对欠佳，现在从史料上看是有道理的。

湖南是“鱼米之乡”，向有“两湖熟，天下足”之谚，而且以清末商品经济繁荣的态势，按常理分析，即使发生了灾情，也不至于让人们恐慌，因为可以从外地调粮。可是地方政府的一个动作却使人心动荡了，原来在这个节骨眼上，湖南加大了湘米外运的数量。在商品经济活跃的条件下，米又不是什么稀缺品，是否往外出售本来不是一个很大的问题，但其产生的心理暗示作用却不可轻忽，即人们很容易因为担心缺米，加紧抢购和囤积，而加紧抢购和囤积的直接后果就是米价进一步上涨。王先谦等乡绅多次致函巡抚岑春蓂，要求禁止湘米外运，政府开仓“平粜”，而岑春蓂却提出先由乡绅办“义粜”，等于是让乡绅为地方政府埋单，当然为乡绅所拒绝。事变之初，岑春蓂等一干地方官员不察民情，以弹压为主，甚至冒出激怒民众的荒谬之语，使事件急剧升级，更是难辞其咎。

放下你任意挥舞的屠刀：从就地正法说到清末司法改革

门丁敲诈引发的血案

光绪三十一年（1905）正月，署理两广总督岑春煊向清廷奏报："门丁之弊更甚于胥吏，上年抵粤，即经严札通饬将大小官员衙署沿用签押稿案名目一律禁革，讵料仍有署广西桂林府全州州同刘荫琛，纵容门丁，串役诈赃情事。据事主蒋志道等分呈控告，当将门丁李云甫、李松甫提省，并传原告蒋志道等到案，由桂林府知府吴征鳌督同谳局委员研讯，据李云甫、李松甫供认，串同书办蒋吉安借案吓诈，得赃三起不讳，并据原告蒋志道等质讯确凿。值此禁用门丁严防诈扰之际，非严惩一二，不足以儆效尤。当将李云甫、李松甫二犯亲提正法。该署州同刘荫琛知情故纵，请旨即行革职，发往新疆效力。"

这说的是怎么一回事儿呢？

原来，各官衙及大官僚私人雇用的门丁仗势勒索早成晚清之积习。岑春煊到两广后，即下令禁止官衙使用门丁。但就在这时，全州州同（州同为知州之佐官，从六品）刘荫琛的两个门丁却顶风违禁。据事主蒋志道举报、控告，因为卷入了一个案子，刘州同的门丁李云甫、李松甫和书办（胥吏之一种）蒋吉安串通，对自己借案勒索敲诈。经研讯属实，岑春煊认为对这两个顶风违禁的门丁应该严惩，以儆效尤。于是将二犯“亲提正法”。至于州同刘荫琛，因为属于朝廷命官，岑春煊向朝廷请旨，将其革职，发配到新疆。

岑春煊另外又奏称：“此等积弊，恐不独两广为然，可否仰恳明降谕旨，将大小衙门沿用门丁之弊永远革除，庶得稍肃官箴，藉苏民困。”

门丁之积弊人所共知，“稍肃官箴，藉苏民困”的说辞也非常正大，殊不料，这一封奏疏却在朝廷掀起了不小的波澜。

刑部的疑问：就地处斩，除弊还是立威？

起初一切似乎都显得风平浪静。清廷将岑春煊的奏折批交政务处，政务处即依岑氏之请，通令全国，禁革门丁。看来，岑春煊在广西的此番作为又要成为整肃吏治的先进典型了。

然而，岑氏之奏折却引起了中央一个重要部门的不满。这个部门就是刑部。清王朝的中央司法机关有三，即刑部、大理寺、都察院，俗称“三法司”，互相制约，但因刑部享有审判权和复审与执行刑罚之权，实际权力最大。而按照清朝司法制度，对死刑一直采取复核审转制度，京师以外的死刑案件，都由案发地的州县进行初审，经府、省查验后，由地方的军政首脑即巡抚和总督上报中央，“三法司”再进行复核，并提出意见，向皇帝呈奏，由皇帝做出终审裁决。

现在，读者想必已经明白，岑春煊将两个涉嫌勒索百姓的门丁直接“宣判死刑”，就地处斩，实际已违背了清王朝之法律。

正是有鉴于此，负有审判权的刑部认定岑春煊任意杀戮的行为是在破坏法律之尊严。因此写了一个参劾的稿本，准备上奏，要求朝廷申明律令、慎重刑章，给岑春煊以应得之处罚。

这份奏稿写得十分精彩，有必要录其要点。奏稿先表示，“该督奏请禁用门丁革除积弊，持论极为正大。业经钦奉谕旨着政务处通饬照办，各省自应禀遵办理”。毕竟岑春煊表白的动机看起来很美，刑部也不能不先赞上一笔，但接着笔锋一转曰：“抑臣等更有请者，除恶固在用猛，而折狱贵持其平。……岂容任一人之喜怒，而破坏法律乎？”

“除恶固在用猛，折狱贵持其平”，不讲公平公正，法律之尊严就会荡然无存，这是此份奏稿的要点。那么，岑春煊将门丁就地处斩是否“持其平”了呢？奏稿说：“此案李云甫、李松甫，以门丁串同书办，藉案吓诈得赃，自属有干法纪。……死罪皆应具奏，成宪昭然。乃该督将李云甫、李松甫亲提正法，并不先行奏闻，已属显违定律。”门丁违法当然应受惩戒，但应受何种惩戒，是否该死，不是应通过法律规定之正当程序进行审理和判决吗？

奏稿又说：“虽广西现有军务，惟该犯等既非军营获罪，又非强盗案件，断无援照就地正法章程先行处决之理。况详核案情，该犯李云甫等身死门丁，藉案诈赃，应照蠹役诈赃科断。例内载明：蠹役恐吓索诈，计赃一百二十两者绞监候；若吓诈致毙人命及拷打致死，应分别问拟斩绞立决。情节各有轻重，审拟自有等差。乃该督并未讯明该犯等人计赃数若干，仅含糊叙以吓诈得赃一语，其为得赃无几可知。……以索诈得赃之案，遽予以决不待时之诛，设遇案关诈赃毙命，该督又将如何惩办？”所谓“广西现有军务”，是指当时广西的会党分子和游勇正在起事，而清廷为了迅速安定秩序，对有军务的地方长官往往授其便宜行事之权。但奏稿指出，门丁并非在军营中犯罪，此案也不属强盗案件，便宜行事之权在此处是说不通的。奏稿又详引清朝律例，说明门丁索诈，即使金额达到一百二十两之多，也才给予“绞监候”，相当于今之死缓，尚未到“斩立决”的程度，只有若因敲诈闹出人命，才会加重处罚，判其死刑。而现在岑春煊叙门丁之罪，连其得赃多少都含糊其词，却将其就地正法，违法之处堪称昭然若揭。

奏稿的结论是：“总之，断罪以律例为凭。……乃该督审办此案，并不具引律例，事后朦胧具奏，假除弊为由，以掩其敢于杀人之迹，任一人之喜怒，草菅人命，不复顾法律如何祖训如何。……若如该督办案，生杀皆可任意，变乱成法，悍然不顾，隐启外重内轻之渐。此风一开，设使各省群起仿效，无论案情轻重，皆得借口严惩一二，率援此案，亲提正法，以张其杀戮之威。……将一年之中，冤狱不知凡几！”这段尖锐的措辞直指此案之要害：岑春煊任一人之喜怒，草菅人命，到底意在除弊还是为了个人立威？如果其他地方的总督巡抚们纷纷仿效岑氏所为，任意杀戮，岂不是要造成无数冤狱？

清王朝就地正法之由来及积弊

“就地正法”，喜欢古装戏的当代人并不陌生。如果按照剧情设计，成为就地正法之鬼的是恶贯满盈之徒，屏幕前的观众还能从那凌厉的刀锋中得到一种快意。

然而一个事实是，即使在传统社会里，“就地正法”也是非常之举，属于“越轨”的权宜之计。

清王朝一直坚持对死刑执行复核审转制度，最终裁判权掌握在皇帝手里，这固然可以说是为了维护皇帝的绝对权威，另一方面也未尝不是看重人命的体现。但这种制度也有其不可克服的缺陷，即因程序烦琐，往往会耗费较多的人力、物力和时间，而且将犯人押解至京城终审，也有一定的安全风险。死刑复核审转制度用之于平日，既已有类似麻烦，如果碰上战乱又会如何？于是，“就地正法”制度应运而生。

《清史稿·刑法志》中有一段话说：“惟就地正法一项，始自咸丰三年。时各省军兴，地方大吏，遇土匪窃发，往往先行正法，然后奏闻。”咸丰三年（1853），正是太平军起事之第三年。面对太平军掀起的浩大声势，咸丰皇帝病急乱投医，不惜自坏法制，以皇帝诏旨的形式授权全国各级地方官，可以不管法律规定之程序，对抓获的“土匪”即行“就地正法”，试图以此威慑造反者。

咸丰的这份诏书也对就地正法实施的范围略做了限制，“至寻常盗案，仍着照例讯办，毋枉毋纵”，意思是并非直接针对政权、对统治秩序没有威胁的一般民事刑事案件，仍照常规办理。但潘多拉的盒子一旦打开，魔鬼怎么还愿意钻回去呢？对地方官员来说，经过皇帝的授权，对辖区民众的生死予夺之权尽操己手，而且可以便宜行事，他们又哪里肯放弃这种权力？

果然，据《清史稿 · 刑法志》所记："嗣军务敉平，疆吏乐其便已，相沿不改。光绪七八年间，御史胡隆洵、陈启泰等屡以为言。刑部声请饬下各省，体察情形，仍照旧例解勘，分别题奏。嗣各省督抚俱覆称地方不靖，碍难规复旧制。刑部不得已，乃酌量以限制，如实系土匪、马贼、游勇、会匪，方准先行正法，寻常强盗，不得滥引。自此章程行，沿及国变，而就地正法之制，迄未之能革。"

从以上记载可以看出，自"就地正法"的口子一开，清王朝原本统一的司法权已经遭到严重破坏。而为了维护这种统一的司法权，遏制自掘政权合法性基础的行为，言官和刑部都曾力谏停止实行"就地正法"，而尝到便宜行事甜头的地方督抚们均以"地方不靖"为由拒绝，最后作为中央司法机关的刑部只得妥协，仅仅对就地正法适用之范围进行了一些限制。然而这种限制是否有用却大可怀疑。光绪初年华北大旱，非常时期地方官员的权力自然扩张，越过常轨之事举不胜举，山西巡抚曾国荃就曾经严词责问手下一名县令，因为后者将寻常命案当作盗匪案件，居然未经请示即将嫌犯就地正法了事（见岳麓书社 2006 年版《曾国荃全集》）。而从岑春煊怒斩两门丁且高调宣扬的行动中，也分明显示，就地正法的实施范围根本未受到有力约束。即便是此案闹出了一点风波之后，如同《清史稿》所说，就地正法的制度，仍然"未之能革"。

在上者自坏法制，在下者便宜行事，连夺人性命的严重行动都可以不遵循法定的正当程序，这岂不等于往官员们手里塞了一把可以任意挥舞的屠刀？

法律专家输给了太后红人

官员们任意挥舞的屠刀必须放下来，夺人性命应该重回法制的轨道，尽管掌管法律的刑部对封疆大吏岑春煊的参劾也许不无争权的意味，但在今人眼中，更是对法律尊严的一种捍卫。

然而，遗憾的是，奏稿拟定以后并未上奏。对近代法律史有精深研究的李贵连先生看到了这份现存的刑部奏稿的手稿本，他注意到，其封面上有一句未署名的批语："此稿未用，因奎乐峰尚书不愿意也，姑存之。""奎乐峰尚书"，即指时任刑部尚书的奎俊，字乐峰。

奏稿的背后，实则是两个人的抗衡。一个当然是被参劾的岑春煊，另一个就是奏稿的执笔者。这位执笔者是谁呢？李贵连先生从手书的批语上判断，是时任刑部左侍郎的沈家本，不仅因为手书的"字迹与沈家本的笔迹近似"，还由于从当时刑部官员权力结构上分析，主稿者应是沈家本。

按照清朝官制，中央六部，各部均设满汉两尚书，副职侍郎则为四人，满汉各二，尚书、侍郎均相当于今之部级官员（不过一为正部一为副部），被称为"堂官"，故每部有六堂官。但对部务起决定作用的只有一个，叫作"当家堂官"。一般而言，尚书既是正职，当然应为"当家堂官"，唯独刑部例外，因为刑部的工作技术性太强，"当家堂官"必须是学养和资历均十分深厚的法律专家才能胜任，所以，刑部的“当家堂官”反倒是汉人侍郎。沈家本正是刑部的“当家堂官”，参劾封疆大吏，此等大事当然要他亲自操持才行了。

那么，沈家本究竟是个什么样的人物呢？

《清史稿·沈家本传》中叙其生平曰：“光绪九年，成进士，仍留（刑）部。补官后，充主稿，兼秋审处。自此遂专心法律之学，为尚书潘祖荫所称赏。十九年，出知天津府。”而在外放知府之前，沈家本即已在刑部服务长达三十年，所效力的部门则为秋审处、律例馆，都是刑部最重要的机构。可以说，在出京做知府之前，沈家本虽然浮沉下僚，但其法律专家的声誉早已腾播于人口。经过外放的历练，沈家本最终又回到了刑部，升任刑部左侍郎，随后迎来了他人生最具光彩的一段岁月。

《清史稿·刑法志》接着说：“逮光绪二十六年，联军入京，两宫西狩。忧时之士，咸谓非取法欧美，不足以图强。于是条陈时事者，颇稍稍议及刑律。二十八年（1902），直隶总督袁世凯、两江总督刘坤一、湖广总督张之洞，会保刑部左侍郎沈家本、出使美国大臣伍廷芳修订法律，兼取中西。旨如所请，并谕‘将一切现行律例，按照通商交涉情形，参酌各国法律，妥为拟议，务期中外通行，有裨治理’。”

司法改革是清末一件影响深远的大事，而这件大事的最重要的主持人就是沈家本。当岑春煊怒杀两门丁并得意扬扬地向朝廷宣示时，司法改革的车轮实际上已经启动。

尽管就在司法改革的当口，尽管奏稿持论甚正，但原本措辞严厉的奏稿未能上陈，意味着法律专家沈家本输给了岑春煊。细细探究其实并不奇怪。

岑春煊并不是一般的地方长官，他在庚子事变后率军为逃难中的慈禧太后护驾，雪中送炭之举让慈禧深受感动，奠定其一生发达的雄厚基础，堪称太后红人。而且他做事的风格是力求威猛，当时即有“屠官”的绰号，在晚清软滑苟且成风的政坛别树一帜，也甚为慈禧所喜。据统计岑春煊在两广总督任内，参劾文武大小官员高达一千四百余人，获罪者计数百人。两门丁撞上了他的辣手，只能自认倒霉。

据岑氏回忆录《乐斋漫笔》，岑春煊曾对慈禧表白：“为皇太后、皇上作一看家恶犬。”慈禧答云：“汝言过重。我母子西巡时，若不得汝照料，恐将饿死，焉有今日。我久已将汝当亲人看待，近年汝在外间所办之事，他人办不了，故未能叫汝来京。汝当知我此意。”从这段对话中可以看出，慈禧和岑春煊的关系的确非一般主臣可比，作为刑部尚书的奎俊老于世故，对此当然心知肚明，他怎么肯主动去触霉头，既得罪太后红人又转而得罪太后呢？

后来刑部不得不修改奏稿另行上奏，改稿中参劾岑春煊的内容全部被删，锋芒全无，用李贵连先生的话说，“一份立意明确、措辞严峻的参劾封疆大吏破坏法律、草菅人命的奏折，变成一篇空洞、平淡，请求依法断罪的陈辞”。

内忧外患中逼着上路的司法改革

授予地方官员便宜行事之权，可以“就地正法”，其弊端远非超过对死刑实行层层审核的烦琐可比，而封疆大吏们一旦得到这种权力，就会死死拽在手中，不肯放松分毫。这样一种局面显然是对国家统一的司法权的严重损害。

除了这种内忧，清王朝完整的司法权还面临着外患。这就是列强在中国攫夺的治外法权。治外法权的要害是，凡与清王朝缔约的国家，其侨居中国的公民，均不受中国法律的管辖，所引发的刑事和民事案件，均由本国驻中国的领事依照本国法律审理，清政府的各级司法机关都无权过问。

列强坚持治外法权的理由是，中国法律与国际不接轨，野蛮而落后，同时又许诺一旦清王朝对司法进行了改革，他们愿意接受中国的司法管辖，如同他们对待日本一样。尽管有证据显示，列强热衷治外法权并非只有他们所称的这一个原因，但必须承认，建立在旧的宗法社会基础之上的中国法律的确有野蛮和落后的地方，列强以此为说辞只能让清政府哑口无言。同时这也意味着，如果不能用武力赶走列强，和外人打交道无法避免，要想废除治外法权，就只有改革司法之一途。

光绪三十一年三月，也就是岑春煊怒斩两门丁之后不久，修订法律大臣沈家本、伍廷芳奏请永远删除凌迟、枭首、戮尸三项酷刑，死刑至斩决而止，清廷允其请；光绪三十二年，《刑事诉讼法》首先完成；光绪三十三年，《新刑律草案》告竣，同时议订商律及民律；宣统二年（1910），资政院审议通过了《新刑律草案》，由清廷颁布施行。

在官制改革上，清王朝对“三法司”也进行了比较彻底的改造。

光绪三十二年九月，改刑部为法部，大理寺为大理院，各省原主管司法的按察司为提法司，并定四级三审之制，于京外次第设立各级地方审判厅，仍附设检察厅，以搜查案证，监督审判。法部及提法司，只负责司法行政事务，决不能干涉或影响审判。如是一来，行政权与裁判权各有其职守，从而改变了中国法律文化传统里司法、行政混一的格局，司法独立的曙光初现。正如法律史学者所评价，“清末司法改革能有如此重大变更，具备现代立宪国家的基础，伍、沈有极大贡献”。

在老大中国取得这点成绩真是来之不易。宣统二年，在资政院审议《新刑律草案》时，仅仅一个“无夫和奸（即和没有丈夫的女子通奸）”不为罪的条款，新旧两派就要吵得沸反盈天，新的法律精神注入之难，于此可以概见矣。从传统的重礼教迈向现代的重法理，清季的中国尽管步履维艰，但在以沈家本为代表的志士仁人的推动下，还是小心翼翼地启程了。

回顾清末司法改革之历程，李贵连先生说：“二十世纪初期的中国法律改革，是中国法律史上亘古未有的变革。经过这次改革，现行法律，从体系体例到名词概念再到精神价值，都与传统法律断裂。西方化法律取代了传统法律。这是沈家本七十多年生命精华之所在。自改革之日起，他和他所主持的法律改革，就颇多争议。誉之者视他为‘法学泰斗’，熔铸中西法律法学的巨人，毁之者斥之为‘抗命之臣’，自毁藩篱的罪魁。”但历史终究是公正的，从清末越往后，沈家本得到的评价就越高。

而和沈家本一起，修订法律的另一位重要角色伍廷芳，入民国后任司法总长，为了维护人权，捍卫法律的尊严，又续写了自己的光荣。当时，雄踞上海、手握兵权、被孙中山称为“吾党唯一柱石”的沪军都督陈其美随意拘押平民，伍廷芳致函痛斥：“清之末造，立宪虽假，而司法成立所在，行政有司，未敢妄为侵越横恣如贵都督所为。……贵都督乃为满清行政官吏所不敢为之事，本部窃所未喻。……本部亦望贵都督勿施积极手段，坏民国之基础也。”时至今日，读这样的书信，仍令人神往其风采！可惜，几个司法人的作为无法撼动大局。

第三辑

重回现场：历史公案探隐

谁最害怕宪政：吴樾行刺出洋五大臣事件再探

光绪三十一年八月二十六日（1905 年 9 月 24 日），在北京的正阳门火车站发生了一件震动中外的大事。

这一天本来是个喜庆的日子，因为清廷五位大臣奉旨以此日登车，踏上出洋考察宪政的道路，而这于老大中国而言，实为空前之举。《申报》描述当时之盛况云："外部、商部以及各部司员，京中各报馆人员均先时到站，高等实业学堂学生及军乐队学生，并测绘学堂学生、崇实学堂学生、识一小学堂学生均着操衣，列队送行。内城工巡局巡捕消防队先时到站旁列队弹压，惟外城之巡捕并未到站。是日特加花车一辆，头等车三辆，二等车、三等车各二辆。头等车高插国旗，颇为荣耀，少顷各国驻京公使亦来恭送。"盛况的背后，当然是社会各界的喁喁望治之心。

《申报》接着写道："至十一点钟开车之铃摇毕，五大臣以次登花车，将挂行李车，砰然一声震动天地，送行者以及各学堂学生巡捕消防队等纷纷奔逃，少顷人喊儿啼，登时大乱。"

这变出意外的"砰然一声"，缘于青年吴樾的炸弹。吴樾何许人也？他为什么要把暗杀的矛头对准出洋五大臣？案情如何大白于天下？吴樾的激烈之举有着怎样的影响？从革命党人暴力吓阻宪政尝试，可以看出多少历史的幽暗？为什么越往后，暗杀这种暴力行为得到的评价越高？……百余年过去了，这些问题其实还没有得到清晰的解答。

炸弹预示宪政之难，慈禧“凄然泪下”

由于失误，吴樾炸弹的破坏力未发挥到极致，五大臣中仅两人受了轻伤，但其引发的社会紧张却不可忽视。事发之后，原拟启程的考察团当然只有被迫延期，民间更谣言四起，盛传京师将有大乱，一时人心惶惶。

这中间最高统治者慈禧的心境最耐人寻味。据五大臣之一戴鸿慈的日记，事发次日，当他与另两位原定出使大臣端方和徐世昌为炸弹事件面见慈禧时，慈禧“慷然于办事之难，凄然泪下”。

慈禧的“凄然泪下”应该缘自多方面的刺激。在五大臣出洋之前，国内舆论因为有感于日俄战争中日本以小搏大成功，归因于日本的立宪政体，主张中国应该效仿日本赶快立宪的声音高涨，一些开明督抚亦向朝廷发出类似吁请，这一切都让清王朝感受到了强大的压力。然而对最高统治者慈禧来说，她对立宪却不能不有复杂的考量。众所周知，宪政要义之一就是有效约束权力，向来迷信权力的人要接受它有着先天的障碍。但不能忽略的是，力保爱新觉罗氏的江山不失，永远是慈禧压倒一切的诉求。如果作为一种手段和策略，宪政能够消除革命的阴影，化解丛聚的社会矛盾，建立相对稳固的政治和社会秩序，那么两害相权取其轻，诸如权力受到一点约束的代价，她又有什么不能接受的呢？虽然宪政效用不明，但在利用传统政治智慧和经验均无法化解困局的窘境中，也不妨姑且一试吧。可以认为，这正是慈禧排除顽固派巨大阻力、终于决定尝试走宪政之路的原因。也可以认为，学习乃至实行宪政是慈禧思前想后、反复权衡利弊的一个结果。而现在，宪政刚刚起步，迎来的却是一枚炸弹，在此之后又会有多少艰难险阻？慈禧之“凄然泪下”岂不是人性之自然流露？

吴樾何许人也？案发后，一些督抚、将军即致电清政府：“此事必是革命党中人所为，盖恐政府力行新政，实行变法立宪，则彼革命伎俩渐渐暗消，所以行此狂悖之举，以为阻止之计。当此更宜考求各国政治，实行变法立宪。”他们的猜测完全正确。吴樾正是革命团体之一光复会的成员。

当时行刺情况，国民党元老冯自由著《革命逸史》曰：吴预偕山东人张榕，伪饰仆人装，携炸弹登车，准备抛掷，讵列车与机关车相拍合之际，车身猝然后退，乘客为之倾侧。吴之炸弹为撞针式，其针受此打击，未及抛掷，已自爆裂，轰然一声，铁片四散，吴下身先震碎，即重伤死，……张榕以立处距离尚远，未罹于难。另有人称系徐世昌仆人王四，侍徐登车，见吴面目可疑，用手推之下车，因以触动炸弹爆发，王亦受重伤。总之就效果而论，此次暗杀实不成功。

清廷于此案之后，鉴于治安形势，听从袁世凯之建议，设立巡警部。新成立的巡警部很快就破获了此案。据巡警部部员王守恂的回忆录《从政琐记》所记：

五大臣出洋考察政治，京师车站发现炸弹案，嗣经史伯龙、王效文二君，访得系吴樾。余在内城巡警厅，同王仲芗、严鹤卿共同讯问。据桐城馆馆丁云："吴先生住馆内，有伙食账，自炸弹发生日未回馆。"调验属实。询其书籍衣物，云："炸弹发生后一日，有人持吴先生信取去。"询与吴先生往来何人？云"馆丁常不在家，应门均小妞，年小不识字，常有人来，不知是谁"等语。

吴樾系安徽桐城人氏，在保定学堂肄业，以如此大案，案破仅及其身，清廷未兴大狱，实出有因。在巡警部，系王守恂谏言，不要在桐城和保定学堂两处"根究余党"，在天津，办理此案者为直隶总督袁世凯，因其幕僚张一麐力劝，也不过虚应故事而已。张氏著《古红梅阁笔记》有生动记载："项城命为文劝告革命党人。不为，则有人疑余为有连；为之，措词实难下笔。余乃为四六一篇，高悬于各火车站，粗通文义者，不能读也。吴樾为保定师范生，项城欲派某员查办，某有屠夫之目，余力争不可。所谓'四六'，即玩弄词藻之骈体文也，发布告示而用骈文，这不是分明不让人读懂内容吗？而王守恂、张一麐之动机，张氏自己一言道破：'此时海外革命风潮正盛，雅不欲激成士气也。'"

从《暗杀时代》看吴樾们的心路

吴樾身死，却留下了一份珍贵的文献《暗杀时代》，颇可窥见一代以身殉理想者的心路历程。

案发后，同盟会机关报《民报》称颂吴樾为古代著名刺客荆轲、聂政以后中国第一人，“能为民族流血以死”“其壮烈不可及也”，号召天下所有汉人都以吴樾为楷模，宁牺牲一己之肉体，决不做“非驴非马之立宪国民”。《民报》同时出版章太炎主编的增刊《天讨》，这份增刊堪称图文并茂，如《过去之汉奸变相图》对被主流舆论称赞的曾国藩、左宗棠、李鸿章极尽丑化之能事，曾之头，附以蛇类之身，左附以兽类之身，李则附以鱼类之身；《现在汉奸之真相图》中，几位公认较为开明的健在督抚的画像也甚为吓人，袁世凯之半身像，剖其头面，张之洞衣冠像，更将头置于胯下……文字之重头戏，就是题名为《吴樾遗书》的一束稿件，《暗杀时代》一文即出其中。

《暗杀时代》当为吴樾赴京租赁于安徽桐城会馆中，在等待行刺良机过程中所写。其“自序”首先介绍自己之身世：“予生八年即失母，惟二兄抚养之。数年兄亡，予父弃官为贾，至是迫于家计，不得安居，复奔走风尘间，集所得以为予弟兄教养之用。予年十三，遂慕科名，岁岁疲于童试。年二十，始不复于八股为事。”又自述思想转变过程曰：先服膺梁启超学说，后读《警世钟》等，“乃知前此梁氏之说几误我矣”。“予于是念念欲杀尽此辈。然此辈皆汉人也，皆汉人而为满酋之奴隶也。……此辈为奴隶者也，满酋造奴隶者也，不清其源而绝其流，又乌乎可！予于是念念在排满。”于此可见，最先勾动吴樾暴力清除之念的，其实还不是满人，而是主张保皇的汉人如梁启超等，只不过后来想到，梁启超等是“满酋造奴隶者也”，为正本清源讲，“于是念念在排满”。

吴樾倡言：“夫排满之道有二，一曰暗杀，一曰革命。暗杀为因，革命为果，暗杀虽个人而可为，革命非群力即不效。今日之时代，非革命之时代，实暗杀之时代也。……以复仇为援兵，则愈杀愈仇，愈仇愈杀。仇杀相寻，势不至革命而不已，……予愿死后，化一我为千万我，前者仆而后者继，不杀不休，不尽不止，则予之死为有济也！”在吴樾看来，唯有先以暗杀掀起腥风血雨，激发不同族群的仇恨，这样“仇杀相寻”，才能够唤出一个“革命时代”。

“不杀不休，不尽不止”，类似的宣言正是让那个时代激进者最为沉醉的音符，正是在这种音符的激荡之下，吴樾所鼓吹的“暗杀时代”真的降临到了神州大地。在吴樾之后，徐锡麟击毙安徽巡抚恩铭，汪精卫谋刺摄政王载沣，林冠慈刺杀广东水师提督李准，彭家珍刺杀禁卫军训练大臣良弼……短短几年时间，据估计，“暗杀事件和暗杀预谋此起彼伏，次数频繁，大概不下五十来起”。

而在思想逻辑上，所有的暗杀行动，几乎都一以贯之：只要杀尽满人，推倒清政权，国家的所有问题就会迎刃而解。《申报》当时登载了徐锡麟的供词：“满人妄想立宪便不能革命。我理想立宪是万万做不到的，革命是人人做得到的。……我只是拿定革命的宗旨，一旦乘机而起，杀尽满人，自然汉人强盛，再图立宪。”另外刊载了徐起事前书就的告示，附杀例：一、遇满人皆杀；一、遇汉奸皆杀；不听命者皆杀；私自逃逸者皆杀；扰害平民者杀……

“杀尽满人，自然汉人强盛”，这样的理念支撑着看上去文弱的读书人采取了一个又一个暴烈的行动，今之读者，也许会钦其热烈和单纯，但又不能不在他们营造的暴戾氛围中惊悚，一旦惊魂稍定，一个问题就会油然而生：杀人固然不难，但政治怎会如此简单？

吴樾以造就暗杀时代为职志，但他为什么会选择对出洋考察宪政的五大臣出手，这是否纯出偶然？并非如此。

清政府下诏派员出洋考察各国政治，为立宪做准备，虽然广受舆论赞扬，但也受到了革命党的猛烈抨击。《民报》刊文认为此举实乃“假考察政治之名，掩天下之耳目，于其归也，粉饰一二新政，以愚弄我汉人”。“欺骗人民”，这就是革命党关于此事的定性。然而，从逻辑上讲，此说实欠周密。所谓“欺骗”，就是其言与其行背离也，现在清政府尚处于立宪的准备阶段，并未真正推行，以何为据说其立宪是欺骗人民？认定其为欺骗，是否至少要等到实行宪政有一段时间后才能下结论呢？

革命党之所以要用暴力行动阻止清政府的立宪尝试，其隐秘心理从他们自己一段话中已透露无遗：“但愿满人多桀纣，不愿见尧舜。满洲果有圣人，革命难矣。”实行宪政将会大大加固政治和社会秩序的稳定性，这对想要夺取政权的革命党来说，当然不是福音。

明白了这一点，就不会奇怪吴樾们的暗杀对象为什么多为开明大臣了。清王朝残民以逞的贪官污吏多矣，但他们却引不起革命党人的兴趣，从某种程度上讲，清政府做的事越坏，官吏作恶越多，革命党人反而会越高兴，因为这只会引导社会走向乱局，并给革命党提供攻击的口实，更便于乱中夺取政权。而开明派的作用却适得其反。

谁最害怕立宪？这个问题的答案已经昭然若揭。

在异国真切感受宪政

革命党人希望用炸弹吓阻清政府的立宪尝试，终归无效，吴樾肉身所起到的作用，只不过延缓了考察宪政的步伐。

案发后，各界舆论纷纷请求清政府坚持原议，让五大臣及早动身出洋考察，以坚朝野内外立宪之心。出洋五大臣之一、湖南巡抚端方更是多次进宫面见慈禧，希望朝廷不要因一颗炸弹而退缩。

正是在这个时候，近邻俄罗斯传来俄皇宣布立宪的消息。同为老大帝国，因败于日本身处内忧外患之中的俄罗斯抛弃君主专制，走上立宪之路，这对清政府的抉择产生了很大的影响。端方即联合五大臣电商袁世凯、张之洞等督抚，会衔奏请两宫，明降谕旨，宣布立宪。11 月 18 日，光绪谕令政务处先筹定宪法大纲，11 月 25 日，端方又和袁世凯等人联名奏请 5 年后实行立宪。同日，清廷谕令设立领导和研究宪政改革的机构考察政治馆。

经过两个多月的犹豫，1905 年 12 月 7 日，清廷在端方等坚持下再次下令派遣五大臣出洋考察。为安全计，分为两路，一路稍早出发，主要考察美、德、俄、意、奥等国，一路稍后出发，主要考察日、英、法、比等国。两路出发时均不再举行盛大的欢送仪式。

为期七个多月考察访问的成果可以从戴鸿慈的日记和端方等人呈送的报告《欧美政治要义》中看出端倪。如戴鸿慈记其一行在美国议会参观，“文明国人，恒以正事抗论，裂眦抵掌，相持未下，及议毕出门，则执手欢然，无纤芥之嫌。盖由其于公私之界限甚明，故不此患也”。议员的这种公域私域分明显然给戴鸿慈们留下了深刻印象。考察美国政治的人得到美国州宪法一部，开始对“主权在民”的观念有了初步认识，因此从其笔下流出诸如“一切权力本为人民所有而自人民取出以畀本省官吏，官吏不论立法行政司法皆为人民之代理人”等语句，也就在情理之中了。

端方等人在其报告《欧美政治要义》中对立宪做了详细阐述，尽管这份报告未必出自考察大臣之亲笔，但既然由他们上奏给皇上，自然表示其对所陈事实和意见承担责任。从报告中可以发现，大臣们所理解、所希望的宪政，仍然是较偏向于君主的，因为君主的权力安排在篇首，而人民的权利与义务却放在篇末。这当然是时代的局限性，但同时我们也要注意，这可能出于一种为了更好地说服君主接受立宪的策略的考虑。

代表团观察到了很多此前中国游历者不曾看到的西方真实情形，在他们回国后所写的各类著作中，出现了许多此前中国典籍中不曾出现的新名词。“托拉斯”“无线电”“法人”“累进税”“议院言者无罪”“直接选举”“海牙公断衙门”（即指国际法庭）、“每一人富力”（即指“国民人均收入”）、“行政讼诉”都是此前闻所未闻的新鲜词汇。更值得称道的是，立宪一开始就不是在一种封闭中操作。考察过程中，代表团与流亡日本的梁启超、杨度即有交流，端方等人回国一到上海，更引发了在沪华洋头号人物访问求见的高潮。除了法、德、日、奥、丹、比、意等国驻沪领事，张謇、缪荃荪、汤寿潜、张元济、虞洽卿、盛宣怀等各界精英，均曾就立宪贡献意见。

考察宪政是为了实行宪政，戴鸿慈、端方上《请定国是以安大计折》，一锤定音：“除采用立宪政体外，盖无他术矣。”

该不该褒美暗杀？

革命党人对吴樾的称许，从上引《民报》的评论可见一斑。后来革命党推翻清政府，直至国民党掌握全国政权，吴樾这样的暗杀者在官方主流史学中所得到的评价自然只会越来越高。这是毫不奇怪的，不如此，国民党政权的合法权资源到哪里去寻找呢？

然而回到当时之语境，却全然不是这样。除了革命党自己的报刊外，中外舆论对吴樾的暗杀行动多持谴责态度。《申报》的文章说："彼党之主义，在于倾覆满洲政府，故日夜伺中国内乱之起，有间可乘则举革命之旗以起事，其宗旨与立宪如水火之不相入。康有为、梁启超以持立宪主义而为彼党唾骂者屡矣，今见立宪之意出自朝廷，而将有实行之期也，必大惊骇，以为中国一立宪，则国民平日不靖之气将自兹消弭，皇帝神圣不可侵犯之尊将为全国民所同心公鉴，而爱新觉罗之统绪永无可以倾倒之机，是则彼党宗旨将全归失败，其必欲出死力以阻遏之也固宜。"《时报》则评论说："五大臣此次出洋考察政治，以为立宪预备，其关系于中国前途最重且大，凡稍具爱国心者宜如何郑重其事而祝其行。乃今甫就道，而忽遭逢此绝大之惊险，虽五臣均幸无恙，然此等暴徒丧心病狂一至于此，其罪真不容诛哉！"各地各界对五大臣之慰问也纷至沓来，如上海复旦、南洋等 32 所学校即联合发了慰问电。这就是当年不可抹杀之事实。

然而，直至到了 21 世纪的今天，仍然有人迷恋暗杀的暴力美学，为其大唱赞歌。其中以据称专研民国史的伍立杨最有代表性。伍立杨所著《铁血黄花》是褒美暗杀的，《读史的侧翼》中也有多篇为暗杀大唱赞歌的专文。伍氏的立论依据是，“清末民初的暗杀之辈又远不止有公心而已，它作为一种革命的方法科学，始终贴近最大的最后目的。……进人类于大同，坦然向文明迈进”。而吴樾更是他深致倾倒的对象，他在《读史的侧翼》中将《暗杀时代》捧为“推倒一世豪杰，开拓万古心胸”的“不朽奇文”，说行使暗杀的“确为国人中不可多得的贤人精英，是最有头脑的优秀分子，其余则不必寄予希望”。……在人的基本权利越来越得到张扬的今天，这样的赞歌的确让人毛骨悚然。

为暗杀唱赞歌的人，几乎毫无例外地高举着一面名叫“目的”的大旗。暗杀虽然是一种暴烈而又卑怯的手段，可由于行使者是革命党人，因为他们是要推翻腐败无能之清廷，“救济人民之苦难，贯彻兼爱主义”，所以，他们的暗杀就崇高起来了。然而讨论历史公案的是是非非，其实更应考察手段，因为手段是否正义在当时就可以检测，而“崇高目的”云云却常常虚无缥缈。而即使是落到“目的”上，“目的论”也十分牵强。革命党人之暗杀不外两个目的，直接目的是推翻清政府，远的目标是如伍立杨所谓“救济人民之苦难”。这个远的目标，历史事实俱在，就不说了；推翻清政府的直接目的当然是实现了，但其中暗杀的作用似也甚微，革命党所行使之暗杀不知凡几，最后逼得清政府倒台的，不是还得靠武昌一役，靠新军和清军真刀真枪的对垒？

像吴樾这样，为了一种主义一种符号，其舍生取义的精神自然值得敬重，然而，历史的吊诡往往不是当事人自己可以预料的。革命党人攻击清廷预备立宪过程太长，是假立宪，可孙中山先生建立民国后，其规定的从军政到宪政的过程，比清廷还要缓慢，蒋介石主政后，宪政更是遥遥无期，吴樾若地下有灵会作何想？

应该反对一切形式的暗杀，哪怕是为了以暴易暴，这不仅仅因为暗杀在易暴方面作用甚微，更因为，几乎所有暗杀等恐怖活动中，都会有平民的血泪，而这又恰恰容易被我们的史家所忽略。

清末民初，革命党所行使之暗杀不知凡几，可是几乎所有的资料都只记录暗杀是否成功，而对被误伤的平民却完全不予理会。难道真的没有被殃及的“池鱼”？不可能，众所周知，革命党人的暗杀，除了用枪，很多时候用的是炸弹，谁会天真地以为，天女散花般的弹片会长了眼睛，不伤无辜？冯自由所著《革命逸史》中记载了一次广东的暗杀行动，暗杀对象“及其卫队多人均炸毙，邻近各店倒塌者约六七间”。多人被炸毙，店铺倒塌者达六七间，可见炸弹之威力，那么完全处于懵懂状态中的平民竟会毫发无损？以吴樾这次暗杀为例，戴鸿慈日记中感叹，“随员萨郎中荫图及其内弟、从弟、子女、车夫、家丁均重伤，一家七口，遭此意外之厄，亦云惨矣”。这不都是无辜者吗？然而《民报》在高调颂扬吴樾时，却连一丝一毫的歉意都没有表现出来。……过去提这些问题也许会被视为荒谬，可是在公民个人权利越来越受到重视的21世纪，我们是否还应该不屑一顾？

入民国后，国民党领袖宋教仁死于据传是袁世凯所主谋的暗杀中，这诚然是天人共愤之举，然而，愤怒的国民党人如果能以此为契机，对清末民初以来层出不穷的暗杀进行深刻反思，对自己历来奉行的暗杀政策进行认真检讨，那很可能会赢得道义和民心，比他们发动的讨袁战争更有效，并由此使污浊的民国政治得到清洁。可惜，中国人没有等到这个机会。

“杨翠喜案”：既是权色交易，也是政治斗争

自雍正以后，首席军机大臣已成为清廷百官之领袖。末代王朝的最后一位首席军机乃庆亲王奕劻。

有清一代，由亲贵来做行政首脑有一个演变过程。清制，亲王皇子是不允许干预政事的，这当然是为了便于皇帝一人独裁。等到咸丰皇帝被英法联军逼走热河病逝，慈禧之子同治皇帝于孩提登基，客观情势亟须一负有重望的亲王佐理，于是廷议推举咸丰皇帝之异母弟、较有贤名的恭亲王奕䜣为议政王，总理军机大臣及管理总理各国事务衙门。当初这不过是一时权宜之计，孰料居然成为定例，直至清廷覆亡之前夕，亲贵执政才算告别历史舞台。

与奕䜣相比，奕劻平庸得多了，尤为人诟病的是他还有“好货”的毛病。慈禧相中他，实因为便于操控。但慈禧大概没想到，这不同样有利于心怀叵测者的引诱吗？“心怀叵测者”就是在地方官员中班次居首的直隶总督袁世凯。斯时的袁世凯未必就有夺人之国的雄心，但其渴望攫夺更多更大的权力却是一定的。而他要达到这一目的，势必倾心结纳奕劻。一代枭雄袁世凯，处理人际关系的手腕极高，他拉拢奕劻，堪称“无孔不入”“无微不至”，不惜财力自不

消说得，就连奕劻之子，时任农工商部尚书的载振，他也要尽力侍候得舒舒服服。于是便有了轰动清末官场的一起性贿赂大案。

东北危机催生出的腐败机遇

光绪三十年（1904），为了争夺权益，中国的两大强邻日本和俄国在东北大打出手，是谓“日俄战争”。直至光绪三十一年七月，在美国的调停下，日本的全权代表外相小村寿太郎和俄国全权代表首相维特始于美国议和。

战场上，日胜俄败，但双方均已无力再战，故俄虽战败，气势犹盛，俄国沙皇且于谈判前放出豪言曰：“不割寸土，不赔一卢布。”双方订立和约，俄国所让予日本者，原本就系从中国劫夺而来，自然无法填日本之欲壑，但日本也无可奈何。刘体智《异辞录》云：“日俄战后，和约于日本无利，夫人而知之矣。当是俄使微德（现多译为“维特”）之强项，殊非吾国可比。微德一闻日本使小村寿太郎有需索之意，立与之绝，且曰：‘俟汝兵至彼德堡，再作此请，未晚也。汝今乃以战胜国自居耶？’小村寿太郎曰：‘然则孰为战胜国？’微德曰：‘无之，惟其无战败国，是以无战胜国。’小村竟无如之何。”刘氏所记当得之于传闻，但以和约内容参证，并非无根之论。

日本对俄国办法不多，但对中国就迥然不同了。不满于日俄和约之所得的日本，转而向中国勒索，遂派小村寿太郎为特使，会同驻华公使向清廷交涉，强迫订立中日东三省事宜条约，从此日本势力全面进入东北。而俄国人呢，虽经战败，可并未完全退出东北，其力尚足与日本角逐。在相互的利益争斗中，日俄两国尽管对立，却又有一个共同的掠夺对象，即中国，在如何对付中国的问题上，他们的目标又高度一致。清末的东三省就是在这两大强邻的夹击中，日益显得风雨飘摇……

在列强掀起的掠夺中国权益的狂潮中，东北的危机还有其特殊性。因为清廷向来视东三省为“龙兴之地”，尽管地大人稀，却始终禁止汉人移居东北。在治理架构上也与关内不同，二百余年都实行军府旧制，在盛京（今沈阳）、吉林、黑龙江三地分设“将军”管领，没有民政长官。这样一种僵硬的制度自然无法应付外患日深的危局。

光绪三十二年，清廷因盛京将军赵尔巽之请，于九月二十日派遣载振和军机大臣徐世昌赴东三省。在日俄两国的窥伺下，载振和徐世昌还只能以查办事件为名，对自己的国土进行实地勘察，寻求对付强邻的策略。两月之后，载振和徐世昌回京上了几道奏折，疾呼东北非根本改革，不足救亡图存，其中描述他们在东北之窘境曰：“臣等此次由新民东至奉天，北抵黑龙江，皆不得不仰息日、俄之汽车，明明我之境内，而俯仰周旋，如适异国，犹且不得不含耻茹痛，强作感谢之词。彼有骄容，我多愧色，则直可谓国体全失矣。”“明明我之境内，而俯仰周旋，如适异国”，此言不可谓不沉痛。

载振、徐世昌所陈的应对方略，“大要不外两言：曰充实民力；曰抵制外力而已。充实民力之策不一端，而徙民实边为其要义；抵制外力之策亦不一端，筹划交通为其命脉”。而首当其冲，两位大臣认为，改革东三省官制为前提，他们建议东三省设总督一名，奉天（沈阳原有奉天府）、吉林、黑龙江各设巡抚一名，清廷即准其奏。

在东三省改革官制，增设总督和巡抚，本是为了应对东北危机，但既然多出了官位，也就大有利益可沾，腐败之新机遇在这个时候猝然而临了。

言官一折惊天下

安插总督、巡抚这样封疆大吏的位置，自然会涉及不同派系的权力消长。

经过袁世凯的折冲樽俎，入民国一度位居总统的徐世昌被委为总督。徐过去做过袁的幕僚，被公认为袁系人物，但到底点过翰林，在此之前也有做部级高官的阅历，反对袁世凯的人恨恨不平却抓不到把柄。偏偏署理黑龙江巡抚的人选让担心袁世凯权力扩张太速的人找到了突破口。

出任黑龙江巡抚的是段芝贵。此人非科举正途出身，不过以父亲和袁世凯系旧交这层关系，得以在袁手下当差，因逢迎有术，遂被袁加以青眼，一跳几级，不几年俨然已为封疆大吏，让人侧目。一个叫赵启霖的御史很快上了一道弹劾的折子。其中激烈的语句，如指责段芝贵“人本猥贱”，“无功可纪、无才可录”，专事逢迎权贵，“可谓无廉耻”，说奕劻父子位高权重，“惟知广受赂遗，置时艰于不问，置大计于不顾，尤可谓无心肝”。更为轰动的是，奏章中披露，奕劻父子之所以对段芝贵情有独钟，实因为段“以一万二千金于天津大观园戏馆购买官妓杨翠喜，献之载振”。赵启霖在奏章中声称，段芝贵对载振实施性贿赂一事，已经是“路人所知”。

原来，前一段时间载振因事过天津，这是直隶总督的地盘，袁世凯自然不会放过巴结的机会，竭力讨其欢心，手下红人段芝贵则负责接待工作。一天，袁世凯邀载振在衙门中观戏，出演的当红歌妓杨翠喜一挑帘出场，载振即惊为天人，赞不绝口。“就怕长官没嗜好”，段芝贵看在眼里，心中暗喜，知道自己升官的机缘来了，用巨资为杨翠喜脱籍，送到载振府上。此行中载振与袁世凯会商东三省督抚人选，袁即以自己夹袋中的人物列一名单，交载振转呈奕劻。载振得美人，段芝贵得高官，而袁世凯的私人势力由此更进一步，可谓三全其美，不料美梦被赵启霖惊醒。

赵启霖的奏折直接针对首席军机父子，按其爵位，一个是亲王一个是贝子（亲王、郡王、贝勒、贝子是从高到低的四个等级的爵位），而且用语完全不留情面，尤为不堪的是还牵涉权色交易，堪称一折惊天下！

赵启霖的奏折一出赢得满堂喝彩，清议几乎都站在他的一边。这不仅缘于东三省改革官制这一场利益分配明显偏向了早为人所不满的袁世凯，还因为庆亲王父子名誉本来不佳，朝中一直涌动着推倒他们的暗流。

首席军机和他的“庆记公司”

庆亲王奕劻，乾隆皇帝第十七子和硕庆亲王永璘之孙，在宗室中支派较疏，因此直至光绪二十年，才得以晋封为亲王。光绪二十九年三月，奕劻入值军机处，至此掌握晚清政柄近三十载。“庸禄而又好货”，这是清人笔记中对他所做的几乎一致的评价，当时即有“庆记公司”之诨号。

慈禧太后宠信的岑春煊向来瞧不起奕劻，屡于入对时面劾奕劻“贪庸”。其自著的《乐斋漫笔》记录了主臣二人一段让人绝倒的对话：慈禧云：“汝说奕劻贪，有何凭证？”岑对曰：“纳贿之事，惟恐不密，一予一受，岂肯以凭据示人？”……太后言：“奕劻太老实，是上人的当。”岑云：“当国之人何等重要，岂可以上人之当自解？此人不去，纪纲何由整饬？”慈禧一次欲调停岑春煊与奕劻之关系，因问其到京后曾谒庆王否？岑对曰：“未尝。”慈禧说：“尔等同受倚任，为朝廷办事，宜和衷共济，何不往谒一谈？”岑曰：“彼处例索门包，臣无钱备此。纵有钱，亦不能作如此用也。”岑春煊过于直白的话让慈禧备感尴尬，只得乱以他语而罢。

去庆王府拜见，都得向门丁奉上“门包”，人言藉藉之下，奕劻也挺不住了，亲自写了一个帖子，严禁收“门包”云云。但实际又如何呢？据《凌霄一士随笔》所记：某官员外往为江西提学使，去王府两次拜谒均未能见到庆王，以为可能碰巧赶上其无暇，第三次再往，王府的守门人乃向他暗示需要送“门包”。这位官员指壁间所粘贴曰：“王爷既有谕，吾何敢送门包？”门丁笑眯眯地说：“王爷的话，不能不这么说。大人您这个钱，可是不能省。”

如果说以上记载都是传言，未足尽信，那么《施肇基早年回忆录》中所记就是铁证如山了。施肇基入民国后是有名的外交家，于清末民初入外务部任职，曾赴庆王府表示感谢，他在回忆录中记下了这一次拜见，“余得（外务部）右丞时，初次见庆王，送贽敬二千两，门包双份，各十六两，一给男仆，一给女仆。此在当日，已为极薄之礼仪。此份贽金，余本不愿送。唐少老（即时为外务部左侍郎、后来曾任民国总理的唐绍仪）告余，庆王开支甚大，老境艰难，内廷对之诸多需索，难以应付，余之送礼，在得缺之后，非同贿赂，且为数甚少，当时丞参上行走且有送至一万两者。余乃勉强为之。‘贽敬’系以红包先置于袖内，在临行辞出之前，取出放于桌上，曰：‘为王爷备赏。’王爷则曰‘千万不可’。然后辞出”。唐绍仪宽解施肇基，得缺之后再送礼，不算贿赂云云，当然无法自圆其说，但他的一番话也透露了两条重要信息：一是奕劻收红包的价码：得到部级衙门左丞、右丞、参议等缺，可能需要白银一万两；二是奕劻其实也并非处于“食物链”的最高端，连他自己也经常要被内廷的大太监们勒索。

以唐绍仪外务部左侍郎的身份，此时也算部级官员，谈论奕劻收受贿赂恬然不以为怪，可见这于当日真不过是小菜一碟。

巧妙的“弥缝”，含糊的“查办”

赵启霖奏上，朝野震动，清廷乃命两名大臣赴天津彻查。好个袁世凯，来了个釜底抽薪之计，即让天津巨绅王锡瑛将杨翠喜领去，声称是他买下的使女，花费不过三千五百元，并非外间所传多至万金。待到查案的人到了，这边已经布置妥帖，人证物证俱在，加之两位大臣本来也不敢深究，最后以“查无实据”结案，赵启霖则因所谓污蔑亲贵重臣名节而被革职，但不久也官复原职。

虽然结案，舆论并未偃旗息鼓。另一御史江春霖上疏，指出供词之“六可疑”：

一、“买献歌妓之说，起于天津报纸，而王锡瑛则天津富绅，杨翠喜又天津名妓，若果二月初即买为使女，报馆近在咫尺，历时既久，见闻必确，何至误登？”即指最先披露丑闻的是天津报纸，如果杨翠喜在此之前已被王锡瑛买为使女，这两位在天津均为名人，报馆怎会完全不知而致误登新闻？

二、“使女者婢之别名，天津买婢，身价数十金，至百金而止，无更昂者。以三千五百元而买一婢，是比常价增二三十倍矣。王锡瑛即挥金如土，愚不至此。”即指王锡瑛买一使女花费三千五百元，已大大超过常理。

三、“翠喜色艺倾动一时，白居易《琵琶行》所谓名在教坊第一者，无过是矣。老大嫁作商妇，尚诉穷愁，岂有年少红颜，甘充使女？”以杨翠喜的色艺和知名度，她岂会甘心给人做一使唤丫头？这也是很有力的质疑。

四、“王锡瑛称在天津荣街买杨李氏养女，不言歌妓，而翠喜则称先在天仙茶园唱戏，经过付人梁二与身父母说允，又不言养于李氏。供词互异，捏饰显然。”这是指出王、杨两人面对查办大臣的询问，供词尚有不尽一致之处。

五、“既为歌妓，脂粉不去手，罗绮不去身，其不能胜操作也明甚。谓在家内服役，不知所役何事？”此处不仅揭出供词的漏洞，而且显有指责查办大臣未能尽职的用意：原为名歌妓的杨翠喜现称给人做使女，其在杨家究竟从事何种事务，为什么全不追问呢？

六、“坐中有妓，心中无妓，古今惟程颢一人，下此虽十年浮海之胡铨，不免动情于黎倩矣。而曰买为使女，人可欺，天可欺乎？”这是从人正常欲望的角度分析，指出即使是南宋以气节著称的名臣胡铨，尚会为一个名叫黎倩的女子而动心，现在王锡瑛居然将杨翠喜充为使女，超出人情。

最后，江春霖的结论是：“臣以情理断之，出名顶领之说，即使子虚，买妓为妾之事，更无疑义，伏查《大清律例·户例》内载，‘凡官吏娶乐人为妻妾者，杖六十，并离异’等语。……”江春霖认为，突然冒出一个王锡瑛，实为受人指使“出名顶领”，退一步论，即使王锡瑛并非冒领，他买下杨翠喜也绝不是供作使唤丫头，而是“买妓为妾”，而按照清律，官吏娶乐人为妻妾也是要受到惩处的。因为王锡瑛不仅系巨商，还是兵部候补郎中，属于“亦官亦商”，他自在这一法律条文的约束范围之内。揣测江春霖之意，应该是借助法律的威慑作用，逼迫王锡瑛不要替人出头，以免遭受无妄之灾。可惜，清末官吏纳妓早成风气，例禁虽严不过都是具文而已，王锡瑛和幕后指使者当然不会中这个小小的圈套了。

江春霖的“六可疑”大多能够打中痛处，然而最后也并无下文。

言官制度及其影响

此事虽然含糊结案，舆论的力量终不可小视，即如奕劻也惴惴不安，授意载振自请开去农工部尚书一职。段芝贵的巡抚也泡了汤，就连其原来的官职亦被撤销。而慈禧的真实态度，则从她不久即令赵启霖复职，随后又给他升官一事上可窥端倪。慈禧令赵启霖复职的手谕交给军机大臣，居然绕过了首席军机奕劻，奕劻事后得知，不免诚惶诚恐。未几，赵启霖更被擢授为四川提学使，回想当初自己对亲贵的奋勇一击，感慨赋诗曰：“侧闻诏旨彰公道，始识朝廷有苦心。”

从这起性贿赂案中，颇可看出清末官场生态。一是贿赂公行，百官之首的人也不自重了；二是派系林立，此案的背后就有袁派和反袁派相互斗争的影子；三是官官相护，积习难改，此案的草草了结表明，靠官僚阶层内部进行吏治革新已不可能。

但同时我们还应该看到，赵启霖始遭罢黜而终于擢升，段芝贵经此一击，而未能再起，就连贝子载振也不得不忍痛舍弃杨翠喜，且被迫辞去农工商部尚书，奕劻也为慈禧太后所疑，都足以表明，当时清议尚有相当权威，国家的纲纪法度也未完全崩坏。

之所以如此，不能不归功于清王朝成熟的监察纠弹制度在制约官权上的积极作用。清王朝的监察纠弹制度有一个重要特点，即准许言官、谏官“风闻言事”，弹劾官员时不必硬要证据确凿，只要没有纳贿徇私，你的纠弹即使未被采纳，也无过错，偶有获咎者，最重者也不过革职，轻者只是回原衙门行走（不专任的官员谓之“行走”）。

在这种制度的激励之下，像赵启霖这样的猛人在清朝并非个例，敢批慈禧逆鳞的也不在少数呢，慈禧常常暴怒却也未敢破坏祖制，拿言官开刀。这种制度从根本上说，是为了维护皇权这个中心，但其客观上起到的抑制官威以苏民困的作用也是不可忽视的。

只爱娥眉不爱官：艳事背后的政治阴霾

纳妓自劾，轰传海内

光绪八年，大名士李慈铭在其《越缦堂日记》中记了一道“上谕”：

侍郎宝廷奏，途中买妾，自请从重惩责等语。宝廷奉命典试，宜如何束身自爱，乃竟于归途买妾，任意妄为，殊出情理之外。宝廷着交部严加议处。

不久，他又在日记中抄录一份“邸报”：“诏礼部右侍郎宝廷照吏部议，即行革职。”

这就是当时轰传海内的“纳妓自劾”事件。

事件的主角宝廷，字竹坡，其家世十分显赫，他是宗室出身，隶满洲镶蓝旗，系郑献亲王济尔哈朗八世孙，可谓天潢贵胄。宝廷还是晚清诗坛之一大家，文章学问俱佳，于同治七年中进士，选庶吉士，授翰林院编修。光绪七年，朝廷擢授内阁学士。他在出京赴福建主持选拔举人的乡试的时候（著名学者钱仲联谓，宝廷出京，是去任福建学政一职，主管当地教育事务，并非主持乡试，待考），途中于浙江衢州乘船，迷恋性质在“船妓”与“船娘”之间的舟女，纳为妾。按照清朝法律，官员纳妓为妾是要受处分的，尽管这一条款在实际生活中的执行力大成问题，晚清官员纳妓早成风气，但如果当事人自请其罪，朝廷和法律又怎么好意思继续装聋作哑不闻不问呢？

宝廷自劾的折子也很有意思，折中写道：“钱塘江有九姓渔船，始自明代。奴才典闽试归至衢州，坐‘江山船’，舟人有女年已十八。奴才已故弟兄五人皆无嗣，奴才仅有二子，不敷分继，遂买为妾。奴才以直言事朝廷，屡蒙恩眷，他人有罪则言之，己有罪则不言，何以为直？”

李慈铭于日记中痛诋宝廷“素喜狎游，为纤俗诗词，以江湖才子自命，都中坊巷，日有踪迹”，意思是此人猎艳成癖，还揭露了宝廷此前娶船娘失败的“阴事”。据李所记，宝廷主持浙江乡试时，就曾经买过一船妓，“吴人所谓花蒲鞋头船娘也”，“入都时，别由水程至潞河。及宝廷由京城以车亲迎之，则船人俱杳然矣。时传以为笑”。用现在的话说，宝廷想纳船妓的心情太急切，结果被人“放了鸽子”。而这一次，当然不肯再上当了，因此要和新纳的船妓“同行而北”。

李慈铭嘲笑宝廷“明目张胆，自供娶妓，不学之弊，一至于此”，还不忘捎带一笔，讥其并不懂欣赏美女，因为听说新纳的船娘“面麻，年已二十六七”。

宝廷过去在翰林院的时候，前工部尚书贺寿慈认市侩李春山妻为义女，后来贺寿慈东山再起，出任都察院的长官副都御史，这是监察官员维护风纪的职位，宝廷认为贺氏现有身份与前认李春山妻为义女的行为悖谬，乃上疏弹劾，弄得贺氏弃官而去。这次宝廷纳妓自劾，惹动好事者为诗嘲之：

昔年浙水载空花，又见闽娘上使查。宗室八旗名士草，江山九姓美人麻。曾因义女弹乌柏，惯逐京娼吃白茶。为报朝廷除属籍，侍郎今已婿渔家。

此诗首联即指宝廷两娶船妓；颈联拿宝廷的宗室身份与江山九姓渔船上的美女作比，因宝廷诗集名为《宗室一家草》，以“草”对“麻”，自然成趣；颔联上句写宝廷当年在翰林院弹劾贺寿慈事，“乌柏”典出《汉书 · 朱博传》，借指御史府，“弹乌柏”者，弹劾他人之奏折出自己手也，上句实为了衬托下句，喻其言行不一；尾联讽其宁愿弃官而婿于渔家。就诗而论，确是妙趣横生的雅谑，李慈铭在日记中录下了这首诗，并附加按语曰“一时传诵，以为口实云”，实则他就是此诗的作者。

像李慈铭这样的人对宝廷嬉笑怒骂，被朝廷革职的宝廷本人的态度又如何呢？

果然是诗人，也以诗应之：

江浙衡文眼界宽，两番携妓入长安。

微臣好色原天性，只爱娥眉不爱官。

“微臣好色原天性，只爱娥眉不爱官”，说得何等坦荡！宝廷后来还有诗曰：“那惜微名登白简，故留韵事纪红裙。”表示自己为了“红裙”不惧被人弹劾，又倡言“本来钟鼎若浮云，未必裙钗皆祸水”，更可见其人对女性之态度。

为了娶船娘，宝廷不怕失败，一娶再娶。难免叫人疑惑：这“九姓渔船”上的船娘，究竟是何种尤物？

船娘妖娆

清末民初人曾朴所著的《孽海花》虽名为小说，但实则多据真人真事敷演而成，而且有幸被作者选为小说角色的人物，均系当时之显贵和名流。宝廷眷恋钱塘江船娘，不惜弃官迎娶，即为小说中活色生香的段落之一。

《孽海花》第七回写道：“钱塘江里有一种船，叫作江山船，只在江内来往，从不到别处。如要渡江往江西，或到浙江一带，总要坐这种船。这船上都有船娘，都是十七八岁的妖娆女子，名为船户的眷属，实是客商的钩饵……做这项生意的，都是江边人，只有九个姓，他姓不能抢的，所以又叫‘江山九姓船’。”

曾朴已经将船娘的性质和江山船、江山九姓船之得名说得十分清楚。但为何以江山船谋生的只有九个姓，而且“他姓不能抢”，其实还有一段传闻。据徐珂《清稗类钞》所记，“九姓渔船，惟浙东有之。人有谓为陈友谅部曲之子孙者凡九姓，不与齐民结婚，以渔为业。盖友谅败于鄱阳，其部曲九姓，悉远窜至严州之建德，而挐舟往来于杭州、严州、金华、衢州也”。

《清稗类钞》这里说到的陈友谅，是元末大乱中与朱元璋争夺天下的群雄之一，而且一度实力和声势均在朱元璋之上，但终在鄱阳湖大战中为朱元璋所败。权势角逐中失败者如果不自行了断，其命运当然都掌控在胜利者手中。陈友谅身死，残部还有不少人马，据说这些余部共有九姓，他们逃到杭州、严州、金华、衢州一带，以操舟为业。朱元璋为了表示惩罚，将这九姓打入另册，列为贱民，不能与其他百姓通婚，因此乃自成一系统，在江上营业的“江山九姓船”也就具备了垄断性。自然，《清稗类钞》只是野史，这里所写只能聊备一说了。

江山九姓船的船家靠水吃水，其主业当然是客、货运和打渔了，船娘之登场，应该是市场需求的一种自然产物。起初未必全为“神女”，或为照顾船家生活或为招徕客人。江山九姓船虽无外人掺入其中，但九姓内部也肯定会有一种竞争关系，可想而知，第一个“引入”船娘的，在竞争中必然具有优势，然而这种优势却是无法长久维持的，因为市场中的其他竞争者肯定会群起效仿，这样一来，船上是否有船娘势必成为这一行业的准入门槛之一了。随着船娘的普遍进入，人性的欲求自然也会被激发出来，但如《孽海花》所说，船娘都是客商的钩饵，纯粹是为了给客人提供性服务恐怕也不尽合实际。我们只能说船娘是服务业的从业人员，性也可能是其中之一，而这种可能是否会成为现实，则完全视主客双方的意愿。

不能将船娘等同于船妓，从宝廷的痴迷也可窥出端倪。像宝廷这样见过大世面的人，如果要纳妓，何必要几次三番到钱塘江上去找呢？而且他喜欢的这位船娘，“面麻，年已二十六七”，在常人眼里未必十分漂亮。经常出入欢场的宝廷之所以眷念她，只有一个合乎情理的猜测：她终究还是一个渔家女子，并非欢场老手，和纯操妓业的女子相比，她的健康、活泼和纯朴足以让一个见过大世面的老男人沉迷。

不纯为妓女却被当时人们视为船妓，这里反映的是社会对贱民阶层的轻视。前引李慈铭日记，“吴人所谓花蒲鞋头船娘也”，这种社会意识已从此一口语中表露无遗。“蒲鞋”，浙江兰溪的方言，即民间草编凉鞋，浅口，穿脱方便；“花蒲鞋头”，指蒲鞋制作特别讲究，鞋头绣花。“花蒲鞋头”和“船娘”绑在一起，即指船娘虽然漂亮，毕竟是轻贱之物，人人可穿，人人可踩也。

“清流”的旋涡

宝廷娶一个属于贱民阶层的船娘为妾，卫道者讥其“不学”，他自己也承认“好色”，但也有人认为，作为宗室的宝廷行此常人眼中的“悖谬之举”，实则大有深意。

宝廷辞世，其好友、晚清另一位大诗人陈宝琛所撰的挽诗中有两句诗值得玩味：“梨涡未算平生误，早羡阳狂是镜机。”

陈宝琛这两句充满感慨的诗，揭破了艳事背后的政治阴霾。

原来，陈宝琛和宝廷均为当时人所称“清流党”之一员。

所谓“清流”，比喻德行高洁、勇于言事，有名望的士大夫，此义古已有之。《三国志》中说陈群“动仗名义，有清流雅望”，唐昭宗时，尽杀当朝名士，有的被投入黄河，曰：“此辈清流，可投浊流。”顾炎武诗“读书通大义，立志冠清流”，均可见“清流”应该算是一种褒词。晚清的“清流党”当然不是近代意义上的政党，也并未形成为一种组织，主要指以传统儒家规范为标准，侃侃论政的一批言官和谏官。他们的特点是坚执己见甚至敢批君主逆鳞，持论甚高却又未必均有裨于实际。晚清“清流党”中最著者，除了陈宝琛和宝廷，就是后以办洋务出名的张之洞，以及后来成为李鸿章女婿的张佩纶。这四人当时均供职于翰林院，志趣相投情谊深厚，又都长于诗文，抨击同僚指陈时政也往往毫不留情，因此最为人所侧目。宝廷死后多年，张之洞已是封疆大吏，一次拜宝廷墓，还对当年的少年豪举不胜向往，赋诗曰“翰院犹传四谏风”（一说“四谏”不包括陈宝琛，另一人实为黄体芳）。

晚清官场派系很多，在大臣之中，军机大臣、大学士李鸿藻和这些清流最为接近，于是陈宝琛等人隐然奉李鸿藻为“宗主”。因“清流”与“青牛”谐音，时人便称李鸿藻为“牛头”，张之洞、张佩纶为“牛角”，陈宝琛为“牛尾”。牛一发怒是要顶人的，这种绰号，也象征着当时一般官员对他们的敬畏之心，因为清廷向来优待言官和谏官，弄得不好，被这些“清流”狠狠参上一本，是要吃苦头的。

可是，清流党看似风光，但随着清王朝政治和社会危机的进一步加剧，清流党的日子也不好过了。经常成为其抨击对象的“浊流”不待见他们自不必说，另外，由于他们所持的儒家高论虽然看起来很美，但往往缺乏可操作性，究竟不能解决实际的问题，尤其是在掌握大权的地方督抚们眼里，动辄放言高论、侃侃谈兵谈洋务的清流简直就是自己大展施政宏图的障碍。而这时中央政府在恭亲王的主持下，其思路也是希望在中西文明碰撞的非常时期，尽可能避免不必要而又大伤元气的争论，走一条务实的变革之路。清流党的不合时宜性越来越凸显出来。罩在清流党身上的阴影也日趋浓重。陈宝琛说宝廷“早羡阳狂是镜机”，就是指他很早看到了这种危险，而提前以一种放诞不拘的方式进行趋避，逃离了是非的旋涡。

局势的演变似乎也验证了陈宝琛的判断。在宝廷被革职后不久的光绪十年，中法之间发生马尾海战，清政府官员和将领不战而逃，中方损失惨重，清流党成员也几乎遭受灭顶之灾。

在清政府的事后追责中，开列的惩处名单包括：陈宝琛、张佩纶、曾保、唐炯（云南巡抚）、徐延旭（广西巡抚）堪任军事，卒至溃败偾事，徐、唐定斩监候。张佩纶以马尾一役，调度乖方，暨保举非人，因而革职查办，后被发往察哈尔军台效力赎罪。陈宝琛则依部议，降五级调用。清流党多以知兵自许，这一次既在保举军事人才上大大走眼，张佩纶在前线的仓皇遁逃更将书生的荏弱暴露无遗。本来书生谈兵，无论多么慷慨激昂，都只宜姑妄听之，难怪清政府将张佩纶派往前线会办福建海防要被舆论认定是在有意挫辱这些高调派了。

而在此之前，另一位清流党要角张之洞于光绪七年出任山西巡抚，在当时关心各派势力消长的人看来，已有分化、瓦解清流党的嫌疑。这种阴谋论无法细究，但一个事实确是清楚的，到了光绪十年，清流党的声势近于消沉。而从时序上看，这些事情也确是发生在宝廷纳妓自劾之前后，于此观之，说宝廷洞烛机先也不能算太离谱了吧？

“清流”是非辩

光绪二十六年（1900），慈禧光绪于“庚子事变”中被八国联军逼得出京逃难，途中幸遇知县吴永办差尽力才免于冻馁。吴永此人十分钦敬李鸿章，其口述回忆录《庚子西狩丛谈》中曾记录了李鸿章与他推心置腹的一次谈话。那时李鸿章已是人生暮年，回首宦途不禁感慨万千，愤激地说：“言官制度，最足坏事。故前明之亡，即亡于言官。此辈皆少年新进，毫不更事，亦不考究事实得失、国家利害，但随便寻个题目，信口开河，畅发一篇议论，借此以出露头角；而国家大事，已为之阻挠不少。……朝廷以言路所在，又不能不示加容纳。往往半途中梗，势必至于一事不办而后已。大臣皆安位取容，苟求无事，国家前途，宁复有进步之可冀？”又曰：“天下事，为之而后难，行之而后知。从前有许多言官，遇事弹纠，放言高论，盛名鼎鼎，后来放了外任，负到实在事责，从前芒角，立时收敛，一言不敢妄发；迨至升任封疆，则痛恨言官，更甚于人。”

在这里，向来自负的李鸿章令人惊讶地流露出了一种人生失败之感，而之所以如此，他当然不会认为是自己才识不足，而是归咎于办事多遇牵制，以致未能尽才，自己主持的国家大事，也为之“阻挠不少”。牵制自己的力量，李鸿章则直指清流，比之于明末国家将亡时仍然大闹意气的东林党人，说他们少不更事，不考究实际，但求立异鸣高。李鸿章此处所说的言官升任封疆后，即对言官态度大变者，当隐指张之洞。张之洞当上封疆大吏后，不仅明里暗里和过去的清流朋友划清界线，议论也平实得多了。对这种转变当然不宜乱下道德判断，而应考量其身份之变化。不言而喻，“看人挑担不觉沉”，一旦自己亲自去挑担，感受又怎么会一样呢？

吴永记录的李鸿章的感慨可以说是完全可信的，因为在其书信中，他就曾多次对朋友发牢骚曰：大臣在前面办事，言官们拿着笔跟在后面指责这挑剔那，事情怎么能够办好！

在李鸿章看来，言官谏官等清流们的最大弊端有二：脱离实际和泥古不化。检视史料，意外的是，对清流的这种认知并非李鸿章一人而然，在一些被后世公认为思想开明的先觉者、改革者那里，“守旧”几乎成了清流们一张无法摆脱的标签。

著名古文家、李鸿章幕僚吴汝纶在书信中感叹：“近来世议，以骂洋务为清流，以办洋务为浊流。”

曾国藩之子、著名外交家曾纪泽在日记中把清流分为上中下三种：“上焉者，自守之士，除高头讲章外不知人世更有何书，井田、学校必欲遵行，秦汉以来遂无政事。此泥古者流，其识不足，其心无他，上也。中焉者，好名之士，附会理学之绪论，发为悬虚无薄之庄言，或陈一说，或奏一疏，聊以自附于腐儒之科，博持正之声而已，次也。下焉者，视洋务为终南捷径，钻营不得从而诋毁之，以忌嫉之心发为刻毒之词，就三种评之，此其下矣。”此处曾纪泽揭破了一个事实：名为清流，实则成分复杂流品不一。既有好名之徒，更有为了派系利益宁愿做违心之论的人，也不乏为了谋取私利而刻意诋毁他人者，而在曾氏看来，把这些名不副实的清流排除在外，清流之最上者，也不过能“自守”而已。

精通洋务、最早倡议向西方文明学习的郭嵩焘则直接把矛头对准了清流党首领李鸿藻，他在致友人函中愤慨地说：“李兰荪（李鸿藻字兰荪）之意，竟欲东讨日本，西击法郎西，直不知其意欲何为？当国二十年，乃有此昏谬，覆国亡家有余。徒与一二无知少年，肆口狂论，自命清流，而使元勋宿将，慨然流涕，以求引避，能不寒心？”又曰：“数年前在京师即知高阳（此指李鸿藻，因其为河北高阳人）必误国，今始验也。”

……

然而，一个容易为人忽略的事实是，李鸿章所痛恨的言官，多为其未能收买者。像对宝廷等人嬉笑怒骂的李慈铭也点过翰林，也喜欢大言高论，但其笔下从未拿李鸿章开刀，自然不在李鸿章痛恨之列。而李慈铭之所以善待李鸿章，实因为后者对他多所笼络也。从李慈铭的日记中可知，李鸿章除了给过他一些优差，每每到京公干，李慈铭都会和其他穷京官一样上门大打秋风，蹭点银两来花。

专司言责的人能够做到不被收买，是否应该承认，真正的清流，其人品和气节仍然有可取的地方？清流固然常常不知变通，但其迂执的议论最后发生作用，怎能独怪于他们？如果不是由于执政者缺乏主见和定见，又因为对出现权臣的危险过度敏感，隐藏着利用言官谏官对大臣制衡的心理，清流的一些高调又怎能进入决策层，乃至对国事产生负面的影响？可以肯定地说，如果没有一批不畏权势、勇于言事的清流们，大吏们的气焰会嚣张得多，晚清政治也会更加污浊。

回到本文的主角宝廷。据《花随人圣庵摭忆》所记：“竹坡先生之贫特甚，罢官后，徜徉京西诸山间，得诗数百首，春寒如严冬，而着袄袍，面破棉见。……身为贵胄，交游遍朝端，而穷饿不顾以死，非徒今人所难能，古亦不多见。闻先生殁时，无以为殓。”

“身为贵胄，交游遍朝端，而穷饿不顾以死，非徒今人所难能，古亦不多见”，作者的这种感喟放到任何一个时代都会引起强烈的共鸣。无论如何，我愿意对宝廷等那些真正的清流们保持一份敬意。

重审“苏报案”

“苏报案”在晚清史上颇显奇特。这是以一国政府为原告，以本国国民为被告，由设在租界的中外联合审判机构“会审公廨”共同审理的特殊官司。

《苏报》创办于1896年的上海公共租界，原本平淡无奇，1900年该报被落职知县湖南人陈范购买，1903年5月，同为湖南人的章士钊被陈范聘为主笔，和主要作者章太炎、邹容等人大力宣扬“排满”“革命”，乃一变而为晚清史上言论最为激烈的报纸。清政府要求租界当局“引渡”《苏报》诸人未果，只得妥协。最后，会审公廨判章太炎监禁三年，邹容两年，刑期从到案之日算起，期满逐出租界。清政府“萃一国之精神，以购一二党人之性命”的目的宣告失败。

革命党取得政权后，“苏报案”的主角章太炎、邹容的光环被不断地放大，迄今也未见削弱。不论是讲革命史，还是新闻史、言论史、民主思想史，都会浓墨重彩地铺叙“苏报案”。与舍身取义的章、邹相比，清政府在叙述者笔下，则尽显滑稽、颟顸和凶残。

论者既已把试图惩处章、邹等人的清政府定义为腐朽和凶残，合乎逻辑的推论是，清政府要想表现得“正面”一点，只有对章、邹等人公开刊诸媒体，鼓吹暴力、煽动杀人的言论不闻不问。可这能否算是正常的社会？论者是否愿意生活于其中？在整个“苏报案”中，清政府的行动是否真的没有一点合法性？

“苏报案”给中国社会带来了什么？尤其是后来对“苏报案”的一边倒似的肯定式书写，对中国新闻事业的发展造成了什么样的影响？

……

如是种种疑问，都在表明，对这个晚清大案，实有重新梳理之必要。

“苏报案”发生的背景

“苏报案”发生的大背景，可用一言而概之，即革命的声势日趋高涨。

百日维新失败，康梁亡走海外，以“保皇”救中国为根本主张。保皇党把被慈禧太后囚禁的光绪皇帝想象成圣主，认为维系这个神圣的符号，会大大节约社会变革的成本，因此当务之急是推动光绪帝重掌政权，实行君主立宪。而孙中山领导的革命党则反是。两派围绕保皇与革命、共和与君宪，在海外展开了论战。

在“苏报案”发生前夕，又有“拒俄运动”。俄国人借庚子事变，既参与“八国联军”侵华，又派兵侵占东北。事变平息，中外签约，俄国却拒绝从东北撤军。在留日学生的主导下，中国知识界掀起了“拒俄运动”。“拒俄运动”中，革命党发挥了很大作用，使这场运动天然带上了浓重的“反清”色彩。如果在外人凌逼之下，政府表现软弱，那么对革命党来说，这场民族危机岂非打击清政府、摧毁其合法性资源的天赐良机？而在清政府一边，虽然看不到任何有关其要出卖作为祖宗发祥之地的东三省利权于俄人的资料，但它处理“拒俄运动”中的为难是不言而喻的，一方面，不能拂逆民众爱国之情，另一方面，又要力防革命党推动暗潮，使民众心理从“拒俄”转向“反清”。清政府和革命党的诉求在此背道而驰，双方之角力不可避免。这一点通过《苏报》得到了再现。

章士钊被聘为《苏报》主笔后即抱定两大宗旨，“第一排满，第二排康（有为）”，这一宗旨又决定了《苏报》文章的基本面目，为了反清政府和宣传革命，无所不用其极。清政府后来控告《苏报》，举出了几篇代表性文章，可见一斑：1903 年 6 月 6 日刊登张继《祝北京大学堂学生》，作者呼吁北京的学生效法欧洲资产阶级革命时期的学生，起来“杀皇帝”“倒政府”;6 月 18 日登载《贺满洲人》，“乃今者睡虎已醒，群盲豁然，吾汉族之曙光已一发而不可遏，抑视满人为九世深仇，切齿裂眦，磨砺以须”；6 月 22 日发表章士钊《杀人主义》，宣扬“杀尽胡儿方罢手”……

“拒俄运动”爆发后，《苏报》迅即开办“学界风潮”专栏给予呼应。但对照上述触目皆是的血腥词句，读者当能明白，《苏报》所谓“拒俄”，其实言在此而意在彼。

“苏报案”中的章、邹应予重新评价

章太炎、邹容是“苏报案”中的主角。

邹容以其鼓吹“革命”“排满”的小册子《革命军》和为《苏报》撰写的激进社论，又因“苏报案”发而庾死狱中，乃成为近代新闻史绕不过的一个人物，更有专门研究新闻史、言论史的学者赞曰：邹容的《革命军》“可以说是中国第一部‘人权宣言’”。

新闻是什么？不论理论家如何定义，都不能否认其关键在于尽可能地传播事实真相，“客观、公正、理性”是新闻（包括随新闻而生的新闻评论）的本质。以这种标准衡量，邹容的《革命军》也好，其为《苏报》撰写的激进社论也罢，虽然都极富感情色彩，有强烈的感染力，却未免脱离了新闻的常轨。“吾民何辜，受此惨毒，始也欲杀之，终也欲杀之，上薄苍天，下彻黄泉，不杀不尽，不尽不快，不快不止，呜呼！呜呼！”在邹容笔下，清政府对汉人就是一个“杀”字而已，类似这样的文字昔日当然很有鼓动性，但毫无疑问，这样的论述过不了事实和情理检验这两道关口，它诉诸人的血性，而不是理性，新闻怎能以此为准则？

将邹容的《革命军》视为中国第一部“人权宣言”，那就更是明显的误读了。异国的“人权宣言”是为所有“人”争人权，如果只为人类中的某一部分、某一种族、某一阶级争人权，哪能算是“人权宣言”呢？而我们在《革命军》中却赫然看到邹容的郑重提议：“驱逐居住中国中之满洲人，或杀以报仇。”

邹容撰《革命军》，“义兄”章太炎在《苏报》上撰文揄扬、推介，又与康有为展开笔仗，一时成为舆论界的风云人物，也让《苏报》的声名不胫而走。康有为从国民受教育程度不高着眼，宣扬君主立宪，章太炎著文驳之，号召革命，二人的辩论，是近代史上异彩纷呈的一出大戏。

康章之争谁占上风？不少已出的近代史都认定，康有为被章太炎的雄文驳倒了，章之《驳康有为论革命书》遂成为近代史上一篇经典政论。但今日如果肯细读全文，则不难发现，章氏雄文虽然笔墨凌厉，却远不能让人服气。

辩论文章，最重要的是讲事实，摆道理，谁论据过硬、说理透彻，就能折服辩手和旁观者。章太炎的文章与这一基本要求相距甚远。章文中向来被人传诵的抨击光绪帝的句子，如“载湉小丑，不辨菽麦”云云，今人视之是难逃人身攻击嫌疑的，而且光绪帝是不是真的就“不辨菽麦”，时年三十多岁，未进过宫，没和皇室打过交道的章太炎又怎么会知道呢？不过想当然罢了。这些都犯了政论文章之大忌。

章氏雄文中最大的一处败笔，就是不从对方已有之言行上着手分析，而是揣摩其动机，并以此作为攻击之靶，极尽丑化能事。他先是说光绪帝发动变法的动机是，“知非变法，无以交通外人，得其欢心”，又说康有为反对革命，坚持立宪，是因为“内阁军机之位，亦可以觊觎矣”。和人辩论时当然要击其痛处，不过，这种痛处，应该是其言行上不经意露出的破绽，你使其暴露于天下，适见对方之丑态。对方思想深处的东西，你何由得之？如果辩论双方都胡乱猜测对方的动机，以此作为靶子，那只会流于“公说公有理婆说婆有理”，是典型的胡缠乱打了。

杨度曾经感叹：“革命排满四字，在社会上可以成为无理由之宗教。”康章之争中，章氏一方之所以显得气势更盛，正是由这种时代氛围和大众心理决定的，与文章好坏关系甚微。

章、邹的一生如何盖棺定论，非浅学者能为，也超越了本文题旨，但具体到“苏报案”中的二人之言行，窃以为，历来史家评价过高。自然，如果要写革命史，“苏报案”中的章、邹不妨大书特书一笔，轮到撰写新闻史，也要大加褒奖，则殊属不当了。

清政府的行动

针对《苏报》诸人，清政府力图将其从租界“引渡”，由中国官员按照中国法律进行审判。

所谓“引渡”，本是指一国应他国的请求，将被他国指控或已判刑的人移交该国的行为。租界当局将犯罪的华人交给中国政府，不能视为引渡，但在当时，租界当局视租界为独立王国，常常称这种行为为“引渡”。围绕“引渡”，清政府和租界当局及背后的列强政府展开了折冲樽俎。双方的冲突，显示了法治理念上的巨大歧异，英国议会就是否“引渡”《苏报》涉案人员进行辩论时，不赞成“引渡”者即指出：“华人之正法于北京者，受残酷之刑罚，其野蛮之情况”，世人皆知，因此，“目前所论之案，虽有一派人士主张交诸人于华官手，吾等决不当附和之”。除此之外，租界当局还怀着隐秘的心思，即防范自己攫取的治外法权因此案而被冲破一个缺口。

而反观清政府，其陈旧的思维模式一开始就显露无遗，“目无君上”“大逆不道”等指控，本非法律语言，焉能说动外人？清政府遇挫之后，也慢慢开始学会运用规则与列强周旋。租界当局坚持涉案诸人在租界内审判、服刑，是其认定章、邹系因言论涉案，当以国事犯视之，而在 19 世纪，一个主权国家对来自别国的国事犯有庇护之权，已为通例。但租界能否享受有主权国家之权利？起初清政府并未意识到这一点，只是反复辩论章邹二人是“痞匪”，不是“国事犯”，最后才醒悟，转而援引中外所定会审章程同租界当局周旋。如张之洞所指证：“查上海公堂章程，有华人涉讼其案情与洋人无涉者，领事不得干预等语。……而工部局硬欲干预此案，竟欲以上海租界作为外国之地，显系有意占权，万难迁就。……我能趁此极力争回此项治权，将来再有缉拿匪犯之事，便易措手。利害所关甚巨，所包甚广，其有益尚不仅此六犯一案也。”

然而，在清政府与各国公使、领事、工部局交涉过程中，又发生了曾参加自立军起义的沈荩在刑部被杖毙之事，中外舆论哗然，使交涉急转直下。清政府不得不退而求其次，草草结案。

清政府的失败有多重蕴含，打压革命排满言论的行动遇挫是其一，司法主权遭到攘夺是其二，与时代脱节的旧的司法制度及法治理念被中外舆论共同唾弃是其三，因“苏报案”，合法性资源进一步丧失是其四。正是由于“苏报案”的刺激，清政府加快了法律改革的进程，以求和国际接轨。

仅仅于政治着眼，清廷在“苏报案”中的形象的确糟糕得可以，但如果从法律角度考察，清政府亟欲惩治《苏报》诸人的诉求未必全无合理性。一个很简单的道理是，即使按照“国际惯例”，一国之政府对公开在媒体上鼓吹杀人的血腥言论也不能不加以制约。清政府的法治理念的确落后了，但即使是用当时最称文明的标准衡量，章太炎和邹容等人也是有罪的，只不过在中西两个法律系统里，其罪行一重一轻罢了。

《苏报》与《申报》：中国报业的两条道路

“苏报案”对晚清乃至以后社会的影响十分深远，但它对中国新闻事业的发展所起到的特殊作用却似被忽略了。

入民国后，《苏报》及章、邹等人被塑造的光辉形象，使业界中人以追步《苏报》为荣，这样的舆论生态颇堪深思。一个耐人寻味的现象是，与“革命的”“生气勃勃的”《苏报》相反，在报史叙述者笔下，和《苏报》同处上海、中国最早的现代报纸之一《申报》，其晚清时期的表现，则被打上了“保守”“落伍”的标签。

翻阅晚清《申报》，一个非常直观的印象是，它反映的社会生活极为深广。几乎所有争议事件，即今日所谓“公共话题”者，都受到了《申报》的充分关注。大到修建铁路之分歧、派遣留美幼童、倡言办报、外使朝觐之争、科举兴废，小到城市消闲与娱乐方式的变化、一所新式学堂的举办、上海兴起的烟馆女堂倌、中西医的冲突、杨乃武冤案之过程、官场礼仪从简的呼声，在《申报》上一一得到了呈现。可以说，要了解真实的晚清社会必须去读《申报》，《申报》正是以客观报道当下的姿态成为了历史。而就当时而言，《申报》的功用正在于，平和而坚定地推动社会转型。我不准备说《申报》的这种工作一定比天天鼓动暴力革命的媒体更值得赞扬，但至少也有其价值吧？可惜的是，此后中国报业的发展路径选择上，《苏报》压倒了《申报》，新闻媒体不再是“公器”，而理所当然地成为了特定利益群体的工具。在这里，事实的真相并不是第一重要的，重要的是如何最有效地传递出对自己有利的信息，并以之影响公众。当年《苏报》在“拒俄运动”中曾经揭载一份“清廷严拿留学生密谕”，并由张继作《读〈严拿留学生密谕〉有愤》以为烘托，轰动一时，清政府谴责《苏报》捏造上谕，《苏报》言之凿凿地宣称密谕系“从江督署借抄得来”，后来章士钊终于承认了捏造的事实，并称：“当日凡可以挑拨满、汉感情，不择手段，无所不用其极。”这无疑是严重逾越新闻媒体底线的行为，可是在目的正义的眩惑下，却少人过问。

《申报》被讥为“落伍”，《苏报》则成为“进步”的标志，窃以为，这与新闻业在近代中国渐渐发达以来，国人对新闻功能的理解出现了偏差有关：偏重新闻鼓动的一面，却相对忽视了新闻隶属于传播学的更重要的一面，即传播事实真相。

《申报》的被贬低并不只是一家报馆的荣誉问题。如所周知，中国现代报史上，此后坚持《申报》道路的，只有《大公报》等寥寥几家而已。

一颗头颅与一场革命：清末乱局中的端方之死

从王国维的一首悼诗说起

1912年，时为民国元年，在日本留学的王国维挥笔写下了一首悼诗《蜀道难》。起首即悲叹：“对案辍食惨不欢，请为君歌蜀道难”，中间介绍这个死者，“开府河朔生名门，文章政事颇绝伦。早岁才名揭曼硕，中年书札赵王孙”，“开府此外无他娱，到处琳琅载后车”。描写其死难经过则曰：“提兵苦少贼苦多，纵使兵多且奈何。戏下自翻汉家帜，帐中骤听楚人歌。楚人三千公旧部，数月巴渝共辛苦。朝趋武帐呼元戎，暮叩辕门诟索虏。”

王国维要悼念的，就是于一年前被刚刚覆灭的清王朝任命为督办粤汉、川汉铁路大臣，不久即死于兵变，连头颅也被士兵装在盒子里送往武昌请功的端方。从诗中可以看出，王国维对端方的评价很高，把他比拟为元代著名诗人、学者揭傒斯（字曼硕）和杰出书画家赵孟頫（赵为宋宗室之后，故称其为“赵王孙”），说他出身名门，文章政事绝伦，又好风雅，仕途之余唯嗜收藏书画古董。发动兵变，乱刀砍死端方的是随其入川弹压四川保路运动的湖北新军，而端方曾任湖北巡抚，所以，他所带的“楚人三千”实为其“旧部”。这些旧部早晨还到端方帐前拜问“元戎”，晚上的时候，就骂他“索虏”（南北朝时南人叫北人为“索虏”，清末汉人亦以此称满人）了。字里行间，透出王国维很深的感慨。

辛亥革命的“种族革命”成分极浓，入民国后的王国维为什么要悼念一个满人？

其实，他与端方的关系远远说不上深厚。王国维于清末受罗振玉之邀，曾执教于以紫阳书院为基础创办的江苏师范学堂，当时两江总督正是端方。我没有看到二人直接交往的文字资料，但考虑到王国维和提携他的罗振玉，与端方一样都对古器物有着相同的嗜好，而罗振玉一直又为端方所器重，所以从情理上讲这三人应该有学术切磋的机会。更重要的是，王国维毕生致力于文化和教育，而端方在两江总督任上，对江苏新式教育的发展起到了至关重要的作用，这想必也是王国维怀念端方的一个原因。

四川保路运动是点燃辛亥革命的导火索，由于鄂军被急征入川，导致武昌空虚，才有了武昌起义出人意料的成功，孙中山就说：“若没有四川保路同志会的起义，武昌革命或者还要迟一年半载的。”作为出面负责弹压“起义”的清廷大员端方，就这样以一个可笑的角色在历史中定型了。王国维居然为因对抗革命而丢了脑袋、丝毫不值得同情的端方写悼诗，未免太不合时宜。世人多谓王国维学问精深，而思想落伍，他在入民国后还悼念一个满洲贵族官僚，似乎又是一个表明其“思想落伍”的现成好例。

历史是不是这样？可还有一些异代人们意想不到的幽微之处？

才子、开明派、渐进改革者端方

端方，字午桥，号陶斋，满洲正白旗人。1861 年（清咸丰十一年）出生于直隶（今河北丰润县）的一个满洲贵族家庭，1882 年，21 岁时中举，进入仕途。端方在政坛崭露头角始于戊戌年的百日维新，当时他被任命为作为新政内容之一而设立的农工商总局督办。维新失败，农工商总局被撤销，端方本人也几遭不测，但最终化险为夷。据说端方的脱险缘于他进呈了一首歌颂慈禧的《劝善歌》，“太后大悦，命天下张贴，京中呼为‘升官保命歌’”。但实际上最根本的原因在于，端方不像康有为那般激进，对慈禧也非常尊重。认识到晚清中国必须变革，但又力主走渐进的道路，这是端方的一个显著特色。

端方成为晚清政治中的要角，则在庚子年中。这一年，在八国联军的进迫下，慈禧挟光绪，从北京、山西一路跑到西安，而这时的端方正好代理陕西巡抚。关于端方的突然发迹，护驾入陕西，后被擢升为西安知府的川人胡延有《长安宫词》一百首，其中第七十九首和胡的自注有清楚的记载。诗是这样写的：金殿留身日正中，安危重论徙薪功。退朝高敞蓬莱馆，旌节花开一品红。原注中则写道：“陕西护抚臣端方当拳焰方张之际，懔遵谕旨，保护教堂最力。偶有乱民蠢动，立置重典，羽书下州县，责令谨守条约，保教安民，幕府草檄，手腕欲脱。虽指摘交乘，卒赖镇定之力，全境乂安，圣驾得以安然临幸者，端方之力也。两圣莅止，深契其能，擢任湖北巡抚，旋加头品顶戴尚书衔。”从诗中可以看出，在义和团声势最盛而且得到朝廷支持的时候，端方即“保护教堂最力”，从而保证了陕西全境的安全，也使出逃的慈禧有了一处相对安全的避难所，同时又把自己送上了封疆大吏的位置。

“谨守条约，保教安民”，这只是端方作为晚清重臣中开明派的一个方面，其对国内政治生态影响最大的则在发展文化教育和力主宪政上。端方历任湖北、湖南、江苏、直隶（今北京、河北、天津一带）等地的大员，在其任上，兴学育才始终是其重中之重，不论是推进留学事业，还是建立和完善现代教育体系，都堪称全国的模范。可惜，我们对那些被打上可笑印记的近代人物，向来只习惯于记住几条斩钉截铁的“判断”，而忽视去搜寻原始的史料，所以端方在文化教育方面的开创性贡献一直不为人所熟知。直到2007年，南京大学出版社出版了张海林教授的大著《端方与清末新政》，这一情况才有所改观。张海林在书中列出了“端方在新政活动中的诸多‘第一’”，不妨引录几条以见端方在发展文化教育方面的成绩：1902年，端方在湖北巡抚任上创立湖北幼稚园，此为中国历史上最早的现代幼儿园；1902年，与湖广总督张之洞合奏清廷，建立湖北图书馆，此为湖北第一个现代公共图书馆；1905年，在湖南巡抚任上开办湖南第一个公共图书馆，派出中国有史以来第一批女留学生20人赴日本学习，举办湖南历史上首次体育运动会；1907年，在两江总督任上，饬令南京各学堂举行运动会，此为南京历史上第一次全城学生运动会，又创办江苏第一个现代公共图书馆，创办南京最早的官办外语学校；1908年，创办两江最早的法政学校、商业职业学校……

端方本人博学能文，当时就有“旗下三才子”之一的美称。加上他重视文化教育，礼贤下士，故许多名流均乐为其所用，要么被延揽为幕下士，要么被他推举到实施新政的重要位置，如缪荃荪、李审言、况周颐、罗振玉，都是一时之选。《清史稿》中说："端方性通脱，不拘小节。笃嗜金石书画，尤好客，建节江、鄂，燕集无虚日，一时文采几上毕、阮云。"把他比为清朝集显宦、宿儒于一身的两大代表毕沅、阮元，是并不夸张的。

端方在倡导宪政方面的言行，更有超越时代的意义。

清末五大臣出洋考察宪政，是当时中外舆论普遍关注的大事，后来却被妖魔化了。五大臣之出洋考察对中国社会的意义，其实从端方考察归来所著的两本书中就可以看得十分清楚。端方归国后整理出版了《欧美政治要义》和《列国政要》，介绍文明社会的政治学常识，很多论述均为开先河者。比如他分析臣民权利和义务，对"义务"，仅用了一百多字论述，而在"臣民之权利自由"中，则以两千多字的篇幅浓墨铺陈，"人身之自由""家宅之安全""居住转移之自由""信书之秘密""所有权之保障""信教之自由""言论著作印行结社之自由""请愿之权利""裁判之公平"等，逐项列举无一遗漏，又痛论曰："设立政府所以谋公共利益，保全国民之治安兴盛利乐，非为一人一家或一种人之幸福尊荣私利也"，这在总是强调人民对政府负无尽义务的传统社会，真如电光石火。正如张海林教授所说："如此系统地把欧美宪法中权利自由的条文译介过来，且公开出版，并上奏最高当局者，这在中国历史上还是第一次。……只可惜过去治中国宪政史的学人完全忽略了端方和《欧美政治要义》的存在，把赞赏、译介、阐释、传播西方民主自由权利的功绩全部挂在了所谓

‘弃传统而不顾’的激进留学生或革命家身上。”

端方是宪政救国论者，认为“中国非立宪不可”，但他同时又以日本立宪经过十多年预备期为例，称“速立宪又不可”，理由是，“中国数千年来一切制度文物虽有深固之基础，然求其与各立宪国相合之制度可以即取而用之者，实不甚多。苟不与以若干年之预备，而即贸然从事仿各国之宪法而制定颁布之，则上无此制度，下无此习惯，仍不知宪法为何物，而举国上下无奉行此宪法之能力，一旦得此，则将举国上下扰乱无章，如群儿之戏舞，国事紊乱不治且有甚于今日，是立宪不足以得安，而或反以得危矣”。充分显示了其渐进改革者的特色。今天回顾近代史，应该承认，实施宪政的确无法一蹴而就，需要一个为时不短的准备过程，而渐进改革也是代价最小的一条路径。

张海林教授的《端方与清末新政》主要取资于海外出版的端方文集和奏稿，不知何故，近代野史笔记中关于端方的材料均未采用。近人笔记中有一些对端方不利的说法，主要是称其“好货”。这一说法也许不是空穴来风，否则端方也玩不起古董。不过晚清官场贿赂公行成风，端方作为一个有特殊嗜好的封疆大吏，未能洁身自好并不意外，也不应影响到对其作为政治家大节的评价。

要命的铁路

1909 年，48 岁的两江总督端方被擢授直隶总督。虽同为总督，但直隶总督在地方官员中排序第一，是所谓“疆臣之首”，端方眼看就将入阁为相参与枢要了，却突然遭遇了一场政坛滑铁卢。

此前一年，光绪和慈禧相继去世，1909 年清廷要筹办慈禧梓宫移陵。作为直隶总督的端方被任命为“山陵大差”总办，负责一切相关事宜。差事办完之后，李鸿章的孙子李国杰弹劾端方，说移陵过程中，有人持照相器具“沿途拍照，毫无忌惮，岂惟不敬，实系全无心肝”，又说风水墙内架设电线，“马上传递，未为不便，何必借行树为电杆。致蹈人臣不敬之诛”。端方因此被革职。

照相，架设电线，无非都是想借助现代技术，把差事办得漂亮点。端方丢官，实在是无妄之灾。当时《大公报》就发表评论进行了辛辣嘲讽：“自光学发明而后有照相机之作用，自电学发明而后有电线杆之设布，我国之有此等机械犹在近数十年，故关于此等犯罪律例上无明文也。今直督端方竟因此而蒙不敬之罪，殊属出人意外。由此推之，凡近来以摄影为纪念，以电机通言语者皆以不敬待之耳，否则何解于端方之革职？”端方解职由津晋京，天津官、绅、商、学各界特在车站搭棚恭送，《申报》报道称“商学各界在车站送行者不下数千人，皆有依依不舍之意”。

荒唐故事的背后是权力的争斗。据说李国杰找端方碴儿的目的原就很不单纯，他曾以“侄国杰”的身份向“午帅年伯大人”致函一封，为自己和他人向两江总督任上的端方求过官职，而端方承允之后未曾践诺。加之端方升迁过速，又锋芒毕露，难免不为人所忌。

罢官后两年，即 1911 年 5 月，因著名洋务派、时任邮传部尚书盛宣怀的推荐，端方被清廷起用为督办粤汉、川汉铁路大臣。端方的起复，野史上说是他不甘寂寞多方运动的结果，而从他在私信中多次流露对这一任命的迷茫情绪看，这种说法并不可信。

清廷之所以相中端方，实因为愈演愈烈的铁路风潮集中于南方，而“端方曾任湘、鄂两省督抚，两省士民甚有感情，若令其前去，善为劝导，必能弭祸无形”。端方在湘、鄂两省督抚任上，确与地方绅民关系不错，但问题在于，如果某件事情牵涉利益甚巨，则感情云云往往又是靠不住的。而铁路风潮正是牵涉利益甚巨的一件麻烦事。

铁路风潮起因于盛宣怀主持的铁路国有政策。自甲午战争以后，清末的铁路政策经历了合股官办、商办与路权国有三个阶段。盛宣怀力推的铁路国有，是在合股官办、商办这两种办法均遭遇严重挫折后一种自然的政策转向。清政府认为，铁路路权收归国有，由国家统一筹划，向西方银行借款，并聘请外国工程技术人员来建造，铁路建设才会取得成效，而南方各省相当多的绅商则主张继续由民间自办，这样就产生了碰撞。过去我们习惯于把清政府的做法称为“卖国”，把以“商路亡，中国亡”为号召鼓动风潮的人们称为“爱国者”，未免忽略了情绪化的东西下面掩藏着的利益考量。

铁路风潮牵涉多省，为什么唯独四川闹得最凶？原来，湖北、湖南两地商人投入到铁路民营公司的股份，清政府都如数偿还，而四川公司亏空的300万元，盛宣怀却拒绝补偿。盛宣怀拒绝的原因在于，四川公司的亏损，是其卷入了1910年世界性的橡胶投机生意，遭遇失败。盛宣怀说：全国老百姓交到国库的钱，怎么能为民营公司自己经营不善而埋单？

关于“保路运动”，大陆学者萧功秦先生在《清末“保路运动”

的再反思》一文中有深入的分析，而美国学者周锡瑞更早有精辟论断，他在《改良与革命：辛亥革命在两湖》一书中说了这样一段意味深长的话：

“那些钱庄倒闭时，钱丢了，而中央政府拒绝补偿四川公司那些股份。假如政府偿还了那些在投机中损失的钱的话，四川绅士是可以保持沉默的。他们的抗议文件，就隐隐包含了这个意思。自然，四川的抗议是在爱国主义和反对外债的辞藻中暗示出来的。不出所料，在湖南和湖北也听到了类似的辞藻，但是在后面这两个省内，没有人丢失一文钱财，辞藻还是辞藻，并未见诸行动。”

四川发起保路运动的绅商们，他们将自己的策略归纳为两句毫不含糊的话，即“以索还用款为归宿，以反对国有为手段”。这颇有些像今日的“嘴里是主义，心里是生意”。有自己的利益诉求很正常，但可怕的地方在于，他们为了自己的利益，打着让人热血沸腾的冠冕旗号，裹挟了大量“不明真相的群众”，使社会局势严重失控。

端方对保路运动爆发后的复杂局面是有清醒认识的。他在出发前和赴川途中，曾多次谏言，要求朝廷废除国有政策，以免刺激众怒，引发全面骚乱。一路上，他走走停停迟迟其行，显示了他对自己和国家命运的茫然。他也知道危机迫在眉睫，并力图用清廷官员罕有的柔软身段将其化解。随端方入川的幕僚后来向朝廷报告：“此行端故督上体朝廷德意，下念民生困苦，虽带有鄂军两标护行，实不主剿办宗旨。沿途皆由端故守竭诚演说，日行百余里，道路崎岖，宿于牛栏豕圈之间，寝食俱废。然遇村屯乡镇人烟稠密匪徒麇集之区，犹作舌敝唇焦口讲指划，务使川民皆感朝廷恩惠，解散胁从。……

是以每到一邑或一州一镇，人民皆备极欢迎，结彩舆前有如山积。”端方家丁也向朝廷报告：“沿途饮食，并无菜蔬可食，每饭只有白饭咸菜。沿途所住之房即系养猪堆粪之屋，即钦差亦系此等之房。行至两三月均如是。……到一处即鸣锣集众，寻一处宽敞庙所，六大人（端方之弟端锦）前往演说。……各界感情殷殷。”他又根据地方人士的申诉，向朝廷电奏：“查得川中罢市罢课，不戕官吏，不劫仓库，绝非逆党勾结为乱。……人民因蒲殿俊、罗纶等被拘赴辕请释，统领田征葵擅行枪毙街正、商民数十人，附近居民闻知，遂首裹白巾奔赴城下求情，又为枪毙数十人，以致众情愤激……”电文中的倾向性是很明显的，他希望借此取得和绅民谅解的动机跃然纸上。

在革命风暴已经席卷而来的时候，作为负责弹压动乱的清廷大员，端方要面对的危机，既是他个人的，也是清政府的。为了化解这两个层面的危机，可以说端方也竭尽了所能。但该来的还是来了。

1911 年 11 月 13 日，端方带领湖北新军抵达四川资州，在资州盘桓了十余日，他显然已陷入彷徨不定的困境。这时，武昌起义的消息传来，军心愈发动摇。据随同其入川的一位新军士兵回忆：“端方为稳定军心，极力笼络部下：有的士兵生病了，端方派其弟到军营问候；有的士兵亡故了，端方修书哀悼；沿途官民送吃送喝的劳军，端方做出先尝毒的姿态。甚至有的士兵受不了跋涉之苦，端方竟然下令雇轿抬着他。”尽管如此，兵变还是发生了。端方和他那曾经留学日本研究铁路的弟弟端锦均被杀害。

裹上华丽外衣的暴力

杀死满人、清廷大员端方，在当时的语境中，当然是值得喝彩的革命行动。可惜，寻绎史料，又有一些意外的东西。

关于端方之死，梁溪坐观老人《清代野记》是这样叙述的："时统兵者一为曾广大，一为邓某，皆端任鄂督时所拔之士也，于端皆有师生谊。又有营官董海澜者，四川人，亦鄂之学生。……当时广大禁兵毋暴动。……至十月朔，端行有日矣，布告军士谓已遣人至成都银行借四万两发本月之饷，并为众军办归装，众怒稍息。至初五日，端束装待发，众以银未至阻其行，并要挟书券，端与之。至初七日黎明，银犹未至，众谓诳我，于是董海澜倡议入行馆，驱端至侧屋云：'我辈将假尔室开会议。'兵入室，遍搜行箧，无所得，即欲杀端，曾广大乃宣言曰：'端某非诳人者，彼欲行即听其行，何必杀，如赞成者举手。'乃举者仅少数，曾又再三劝，兵皆汹汹，谓曾有异志，当先杀之，曾乃不敢言，大哭出。谓端曰：'曾某不能保护，罪万死，然迫于众，实无可解免矣。'其时兵皆举铳待发，曾亟止之曰：'此中尚有汉同胞无数，若满人不过端兄弟二人耳，何为玉石不分耶！'众乃逼端至行馆大门一小屋中，乱刃交下。其弟端锦大骂，迫之跪，不屈，亦乱刃而死，皆断其首。曾广大备棺敛之，欲敛其元，众曰：'是将函至武昌者，不得敛也。'……初八日，成都借银至，已无及矣。"

除了《清代野记》，像上海《字林报》等外国在华媒体当时也有类似的记载。这提醒我们，对掩饰暴力的那件华丽外衣，需要认真审视。

发动兵变的人没有得到他们想要的银子，为了自己利益的最大化，只好在端方的脑袋上打主意了。他们将端方和端锦的头颅盛在匣中，浸以煤油，使其不腐，回鄂时沿途示众，最后又呈送武昌军政府的黎元洪，以此作为在未来政权中分一杯羹的奇功。

端方的被杀引起了英国《泰晤士报》著名记者莫理循的注意，他向报社报告：“端方在中国享有广泛的威信。他是满人，但属于满人中之佼佼者。……野蛮杀害端方，引起人们普遍的谴责。”（见骆惠敏编《清末民初政情内幕：〈泰晤士报〉驻北京记者、袁世凯政治顾问莫理循书信集》，知识出版社 1986 年第一版）。现在当然无法确知，莫理循所谓“普遍谴责”的情绪是否属实，但几乎可以肯定，至少在像王国维这样的旧派知识分子那里，类似事件的一再发生，会严重影响他们对一场革命的观感。

“革命不是请客吃饭”，但这并不意味着革命中的任何暴力都能自动享有道德非议的豁免权，尤其是，当经历了一个个痛苦动荡的时代之后，我们也许会发现，所谓“历史必然性”往往等于什么都没说，在很多时候，暴力实际上并无必要。

可以认定，端方就是死在了毫无必要的暴力中。为什么说杀死端方毫无必要？首先，因其开明派的身份和在西方人士心目中的地位，杀死他不会给革命增添任何荣誉；其次，在资州如惊弓之鸟的端方，既无意愿也无能力对革命采取对抗行动，于革命党人来说完全不存在威胁，野史中说，他甚至向乱兵表白自己并非满人，希望幸免的心理可见一斑。端方之所以不得不死，只与兵变者隐秘的内心有关，而和所谓爱国、革命等宏大符号关系甚微。

端方死了，曾为其门下士的湖南人左全孝在祭文中抒发了他的不平和困惑：“谓天道有知耶，神奸巨蠹多无恙，而持公理、重民权，首倡宪政如我公者，独罔善其终！”至于今人，评价一个历史人物自然可以超越这种师生的私情，只需要追问一个简单的问题了：对我们这个国家来说，到底是端方，还是采取了“革命行动”、杀死端方的“爱国者”更有实质性的贡献？

和历史上许多革命一样，辛亥革命的领导者和组织者中，的确有不少真诚的理想主义者，然而不能否认，一旦革命的飓风飙起，或主动参与，或被动裹挟进来的，并非都是天使。这也是辛亥革命成功之后，国家却长期陷入兵连祸结悲剧的一大关键。革命不一定要与道德亦步亦趋，但不受道德约束、全然失去敬畏的革命，终究会将人性之恶全部诱发出来。民国后中国社会的乱象，在端方之死的事件中已初现端倪。

读了上面的文章，我们当能明白，诗人气质浓郁的王国维为端方这样一个人物写一首悼诗，实为情理之中的自然之举。后来王国维自沉，原因众说纷纭，不论真实情况为何，其入民国后的情感和倾向，在他悼端方的诗中，其实早已透露无遗了。

大清王朝最后的崩溃

1911年10月（旧历辛亥年），武昌一声枪响。与精心谋划但终告失败的黄花岗起事等暴动相比，这一次，革命党可谓仓促而应，事前并无成算，但却取得了如孙中山事后所承认的“意外的成功”。

从黄花岗到武昌，革命党的力量并未得到实质性改观，但相形之下，厌弃大清王朝的阵营却是明显扩大了，否则无法解释作为孤城的武昌一声号召，居然引来了全国各地的响应，而且在这些响应的地方，出面主持独立的多数并不是革命党人。

“灭六国者六国也，非秦也；族秦者秦也，非天下也”，历史循环的定理再一次显露了它的伟力：绵延了两百余年的大清王朝仍然是自己打败了自己。

“举鼎绝膑”的摄政王

谁最该为清王朝的覆亡负责？

对这个莫衷一是的问题，身为清廷显宦之后的近代掌故名家徐凌霄、徐一士兄弟的回答也许最为公允，他们的结论是：“清运之促，西后自为罪魁，然当国时，群小尚有畏惮之心，至载沣摄政，奕劻之流，争权攘利，元首俨成赘疣，纲纪乃荡然矣。”

慈禧光绪死后，作为最高掌权者的摄政王载沣实在有点力小而任重。

载沣身份颇为特殊，他既是光绪之弟，又是慈禧最宠爱的大臣荣禄之婿，故当慈禧不惬于首席军机奕劻之际，乃命载沣入军机以分其势。这就是载沣进用之因。

载沣此人其实也没有多少明显的缺点，但能力平庸却是不可讳言之事实。在其监国主政后，东三省发生鼠疫，直隶总督奏报本省防疫情形，载沣批令认真严防，其中特别说到“万勿令其蔓延京津一带”。批令传出后顿时舆论哗然，鼠疫危害于哪个地方的人民都是一样的，按摄政王的意思，难道只要不令其威胁到皇城就万事大吉了吗？无法知道，载沣口出此不经之谈，到底是因为一时疏忽还是真的心胸太窄，但无论哪种，摄政王的庸碌都已昭然暴露在了民众面前。

能力平庸一点，如果谨慎小心，不乱变更，也许还可以维持守成的局面，但载沣却想干成一件大事，以确保清皇室的万世基业。清季革命党以满汉民族矛盾作为他们向清王朝攻击的利器，如何防范？溥仪《我的前半生》中说载沣 1901 年到德国去了一趟之后，自以为取得一条真经，即“军队一定要放在皇室手里，皇族子弟要当军官”。派遣满洲少年亲贵们放洋学习军事乃流行开来，年轻人当然都是有权力欲的，亲贵们回国后在这一点上便很容易和载沣达成共识。

不论是非，单纯从统治效果上分析，让所谓自己人抓兵权当然是不错的，但也要看时机是否得当，情势是否许可。对于在种族革命风暴中飘摇的清王朝来说，在军队中排汉不是正好给革命党提供了攻击的炮弹吗？而就当时的客观情势而言，以袁世凯为代表的汉人在军队中苦心经营多年，手下高级军官均唯其马首是瞻，又怎能通过换上一些并未打过仗的满洲少年亲贵统领，就令军队改心归顺？

载沣把袁世凯驱赶回乡，逼使后者以息影山林的方式韬光养晦，这是其权力攀上顶峰的标志，也是他决心要干一件大事的开端。开端似乎很成功很顺利，袁世凯猫在乡下装作以垂钓赏雪打发光阴，北洋武人发了几句牢骚但也没有什么大的哗变，但成功的开端却隐藏着失败的结果。当武昌枪响，曾到德国学习军事的旗人荫昌奉命率军前往镇压，而袁世凯的旧部均不听其号令时，载沣还是得把袁世凯请回来。尽管时移势易，这一次，再回来的袁世凯的要价比当初高出了许多，但又有什么办法呢？

才能平庸的人应该甘于平淡，如果自我期许太高，一心想干大事，往往只会上演“举鼎绝膑”的笑话。

请人救命，来的是“催命郎中”

清廷前倨后恭地请回袁世凯，实为万般无奈之举。

袁世凯势力在清末逐步发展，渐成尾大不掉之局，其实不仅被载沣等满人视为大忌，另外一些忠于清廷的汉族大臣也对他充满了疑虑。

曾为军机大臣做秘书的高树所撰《金銮琐记》录有一诗，专门写袁世凯当年进京的气派，诗曰：“卫士持枪似虎熊，桓温入觐气何雄；玻璃窗内频探望，暗暗心忧两相公。”诗后自注：“项城在湖园入觐，卫士如虎如熊，有桓温入觐之概，王、瞿两相国在玻璃窗内观之。观后，凭几而坐，默然不言者良久。”

“王、瞿两相国”，就是两位军机大臣王文韶和瞿鸿禨。当时慈禧犹在，袁世凯会不会像东晋权臣桓温一样威胁皇室，已经是有眼光的人们挥之难去的阴影。现在，袁世凯刘郎重到，而且所攫取的权力更大，皇室所能制衡的牌更少，当年的这个问题显然是更加尖锐更为紧迫了。

在清廷被迫解散让汉人愤懑的“皇族内阁”，任命袁世凯为内阁总理大臣，授其组阁之权的时候，中外朝野都在严重关切袁世凯下一步的动作。但袁世凯却还在发挥他的演员天赋，若无其事一般。《凌霄一士随笔》记载，袁世凯入京组阁，一位日本外交人员与其有旧，第一个请见，密询袁意，“袁氏力言‘靖乱报国，之死靡他’，忠诚溢于言表，某氏曰：‘信乎？’袁益指天日为誓”。

“忠诚溢于言表”的袁世凯看来不会辜负“救命”的重托了，但实际上，他做的却是“催命郎中”的工作。就在他发誓的同时，套向大清王朝的绳索也越收越紧。

袁世凯将权力集中于自己手中的第一步，就是要求停止入对奏事。内阁一成立，袁氏开单列举的事项大要为：

除照内阁官制召见国务大臣外，其余召见官员，均应暂停止；总理大臣不必每日入对，遇有事件奉召入对，并得随时自请入对。

除照内阁官制得由内阁国务大臣具奏外，其余各衙门应奏事件，均暂停止。所有从前应行请旨事件，均咨行内阁核办，其必应具奏者，暂由内阁代递，凡无须必请上裁事件，均以阁令行之。

清廷无可奈何，一一从其请，并下诏：此后奏事人员，于章程未定以前，关于国务有所陈述者，均暂呈由内阁核办，毋须再递封奏，以明责任，而符宪政。

袁世凯这一步棋的要害在于，将入对奏事之权，都集中到了以他为首脑的内阁，各衙门对内阁负责，听内阁号令，不再像过去那样还要向皇帝“请旨”，而他自己什么时候面见皇帝，可以随心所欲，这意味着国家无论发生了什么大事，总理大臣是否想让皇帝知道，什么时候想让皇帝知道，都由总理大臣掌控。

这样一种政治格局，当然是虚君立宪之本义，否则袁世凯所组建的也不配称为“完全责任内阁”了。遗憾的是，从结果上分析，袁世凯集权的目的并不是为了实行真正的宪政。

袁世凯集权的第二步是逼摄政王辞位。隆裕太后也只能允之，下诏准摄政王退位，并再次强调“用人行政，均责成内阁总理大臣”。

经过政治上的集权，外靠嫡系的北洋武装，这个时候，袁世凯取清廷而代之的条件可以说已完全成熟。难道中国历史上篡位夺权的一幕又要上演了吗?

中国人对这样的一幕当然太熟悉了，而且谁都知道，只要以武力做后盾，几乎没有不成功的。然而这种做法也有一个缺点，尽管历史多由胜利者书写，但到底不是多么光彩的事情，道德上的骂名有留存到身后的危险。

历史上有人为了让犹豫不决者狠下心来，大胆篡弑君上，劝其“勿慕虚名而遭实祸”，现在大权在握的袁世凯当然不想遭实祸，但也并不想拒绝虚名而背上恶名。

袁世凯到底是袁世凯，他要做权臣，要夺人之国，也会大不一样。

袁世凯吓唬隆裕：怕不怕法国大革命？

辛亥革命大幕揭开之后，一时形成革命党在南、清王朝在北的对峙格局。而能够打破这种格局的唯一力量，就是袁世凯。袁世凯倒向哪方，哪方就会取得胜利。

对峙双方于此当然心知肚明。清廷一方，固然授袁世凯以重权乃至全权，只求保住皇位；革命党一方，当日既把推翻清室、将国体由君主制变为共和制视为终极诉求，对袁世凯也极尽游说、笼络之能事。而袁世凯，当然乐得左右逢源，既以南制北，又以北制南，最后坐收渔翁之利。于是，表现在战场上，袁世凯的北洋武装和革命党打打停停，使自己手中始终保持对南北双方都带有挟制性的筹码，而私底下，却是信使不断，经过几轮交易，终于达成一致，即袁世凯只要不维系清王朝政权，则革命党拥护袁世凯做共和国第一任总统。

《辛亥革命史料》中载有袁之心腹赵秉钧对人说的一段话：“项城（袁世凯祖籍河南项城）虽重兵在握，却力避曹孟德欺人之名，故一面挟北方势力，与南方接洽，一面借南方势力，以挟制北方。在南方者，实力不够，一般党人，每思利用项城，以推翻清室，一时拉拢，尚有途径可寻。惟北方以清室二百余年之根柢，环境恶劣，进行颇不容易。……首先胁迫亲贵王公，进而胁迫清帝，又进而恫吓皇太后，并忖度其心理，诱之以优待条件，达到自行颁布退位，以全权组织临时政府。如此，则袁政府系由清室递嬗而来。”

这段话把袁世凯的心事和算盘揭示得清清楚楚。南北双方对袁来说，既是需要震慑的对象，又都可以拿来利用。两者比较，袁对南方革命党施展手段相对容易，只要军事上维持高压态势就行了，而北方到底是一个绵延了两百余年的政权，存有一定的根基。更重要的是，袁世凯无意施暴，不想留下用武力欺负孤儿寡妇的千载恶名。

不动武力，袁世凯也实现了自己的目标。他对清廷的手段无非两个字，哄与吓。

首先是以前线军官催饷的电报为凭，胁迫亲贵王公捐款接济军用。清廷下诏，谆谆教导王公大臣们，“当凛多藏厚亡之戒，效毁家纾难之忠”，然而应者寥寥。当过首席军机的奕劻报效不过十万两，余者二三万两。在袁世凯这种恐吓手段之下，重私蓄而轻国难的王公大臣们难免都要打自己的小九九了：这样打下去，朝廷在不在尚是一未知数，而我们的私财恐怕早就打了水漂！于是自然不会站在坚决镇压革命的一方了。

其次是以所谓优待清室条件做诱饵，最后则是危言耸听，对隆裕太后出之以恫吓。这一哄一吓的手腕，均在其要求清帝退位的密奏中表现得淋漓尽致。

密奏中，他先以国务总理大臣的身份，大叹了一番苦经，“无饷可筹，兵不敷遣，度支艰难，计无所出，筹款之法，罗掘俱穷，大局岌岌，危逼已极，……臣等受命于危急之秋，诚不料国事败坏一至于此也”，又抬出南方，“民军之意，万众之心，坚持共和，别无可议”，接着安抚皇室，“民军亦不欲以改民主，减皇室之尊荣”。

最妙的是最后一段：“读法兰西革命之史，如能早顺舆情，何至路易之子孙，靡有孑遗也。民军所争者政体，而非君位，所欲者共和，而非宗社。我皇太后皇上何忍九庙之震惊，何忍乘舆之出狩？必能俯鉴大势，以顺民心。”

法国大革命，法王路易十六和王后是上了断头台的，此处分明是恐吓隆裕太后：若不及早退位，清皇室将蹈法王之覆辙。有意思的是，主旨是恐吓别人，但从字面上看，却合情合理，而又哀婉动人，仿佛时时处处都在替别人着想。

罪己、解除党禁，最后的救亡策失灵了

清王朝立国两百余年，其制度之成熟和完善已达传统社会的顶点，在对内治理上，也常自夸其所谓迥异于前朝的深恩厚泽。这样一个庞然大物，为什么到了最后却被一个袁世凯玩弄于股掌之中？眼看袁世凯的绳索越收越紧，它就全然没有补救和反抗的办法吗？

清廷当然是不甘心覆亡的，它也采用了一些救亡策，只是形移势变，均归无效。

武昌起义后六日，江苏巡抚程德全即请状元实业家张謇草疏，与山东巡抚孙宝琦等联衔入奏，请现任亲贵内阁解职，处分酿乱祸首，提前宣布宪法。明眼人一看即知，这是挽救人心的办法。可是

清廷却把这一道奏疏“淹”了，即既不公开也不批复，算是冷处理。不料，驻军滦州（今河北滦县）的第二十镇统制张绍曾因受革命党游说，联合其他军人列举速开国会、改定宪法、特赦党人、组织责任内阁，皇族不得充任国务大臣等十二款，给清廷发了个电报。滦州就在京城的边上，这份武人的电报等于就是兵谏。而这时又传出离北京不远的太原宣告独立、巡抚被杀的消息，京城里盛传张军即至，人心惶惶。在武人的威胁下，清廷下诏罪己：

“政地多用亲贵，则显戾宪章；路事朦于佥壬，则动违舆论。促行新治，而官绅或借为网利之图，更改旧制，而权豪或只为自便之计。民财之取已多，而未办一利民之事；司法之诏屡下，而实无一守法之人。驯致怨积于下而朕不知，祸迫于前而朕不觉。……兹特布告天下，誓与我国军民维新更始，实行宪政。凡法制之损益，利病之兴革，皆博采舆论，定其从违。以前旧制旧法有不合于宪法者，悉皆除罢。”

对这份“罪己诏”有必要略作解说。所谓“政地多用亲贵”，即指此前推出皇族内阁，现在清廷总算承认此举与立宪之义明显违背；“路事朦于佥壬”，“佥壬”者，小人也，当指推行铁路国有政策的邮传部大臣盛宣怀，清廷也终于意识到不该不顾舆情对铁路国有政策的强烈反应而一意孤行了。

逼得清廷下“罪己诏”，可见张绍曾兵谏之威力。武人干政，动辄就要发一道通电，众所周知此乃民国时期的奇特景观。开此恶例的，就是张绍曾，然而关于近代史的书籍对此却多要大加赞扬。

清廷罪己的同时，又下诏准组完全责任内阁，不再任用亲贵。

诏书中“懿亲执政，与立宪各国通例不合”云云，本来是国人早就一再指出的，现在进入诏书真令人感慨。

更大的动作是下诏解除党禁：

“党禁之祸，自古垂为炯戒，不特戕贼人才，抑且消沮士气，况时事日有变迁，政治随之递嬗，往往所持政见，在昔日为罪言，而在今日则为谠论者。虽或逋亡海外，放言肆论，不无微疵，究因热心政治，以致逾越范围，其情不无可原。兹特明白宣示，与民更始，所有戊戌以来，因政变获咎，与先后因犯政治革命嫌疑，惧罪逃匿，以及此次乱事被胁自拔来归者，悉皆赦其既往，俾齿齐民。嗣后大清帝国臣民，苟不越法律范围，均享国家保护之权利，非据法律，不得擅以嫌疑逮捕。至此次被赦人等，尤当深自拔濯，抒发忠爱，同观宪政之成，以示朝廷咸与维新之至意。”

罪己，实行责任内阁制度，解除党禁推行政党政治，清廷的这几步都是为了唤回已经流失的民心，特别是对立宪派来说，现在清廷所允诺者就是他们一直以来所坚持的诉求——以和平的方式走宪政的道路，但为什么即使是立宪派，对清廷抛出的最后的救亡策也无动于衷呢？

原因简单得很，在速开国会请愿活动中，清廷和立宪派的关系已趋紧张，不久清廷推出皇族内阁更如兜头冷水，谁也没有再耗下去的兴致了。

绵延了两百余年的大清帝国这时就像一棵大树，蠹虫在里面刨其根本，外面有人推搡，还有一些人则冷眼旁观，这样一种局面，它哪有不倒的道理呢？

隆裕掩面而泣：务要保全我们母子二人性命

南北相持，最大的受益者将是袁世凯，这种趋势已经明朗。而革命党的激烈行动又加速了这种趋势。

首先，潜伏于京城的革命党激进一派暗杀袁世凯未中，倒帮了袁的大忙。隆裕太后倚袁世凯益专，清廷中对袁不利的话都不能入隆裕之耳了，而袁于案发后，更以休养为名不再入朝，以示要挟。其次，革命党的炸弹帮助袁世凯消灭了一个有力的敌人，即清廷贵族中的少壮派代表良弼。良弼抵制袁世凯，反对议和、清帝退位，正组织“宗社党”与袁抗衡。良弼被炸死，亲贵皆胆落，纷纷离京走天津、青岛、大连等处，避居于租界，无人再敢反对议和。

反对的力量越来越弱，袁世凯的逼宫则步步为营。在袁世凯心腹、邮务大臣梁士诒的奔走策划下，驻外各国公使电请清帝退位。不久，更有所谓前敌四十二将领的联名请退位的电报。

最后的崩溃终于来了。1912 年 1 月间，《申报》的一篇报道赫然题为《清皇族的哭声》，记述的是隆裕太后于清帝正式下诏退位前召集的御前会议的情形：“（隆裕）询及上海和议情形，及近日国家艰危之种种时，清太后大哭，各王公亦哭，乃纷纷退出。旋又召内阁总理及各国务大臣入对。清太后正坐，宣统旁坐，袁内阁总理力陈：‘国民坚持共和政体，万难转圜，此事太过重大，非臣等所敢担任，必须仰仗太后宸断。’隆裕太后谓：‘余系妇人，皇帝年幼，凡事皆靠汝等国务大臣主持，如将来办得好，固汝等之功，即使无法转圜，至于失国，有我为证，将来皇帝长大，亦不能怪汝等。’于是袁内阁总理言及唐绍仪（北方议和代表）来电请召国会，举民主、君主问题付之公决一节上禀，清太后即命照此办法施行，言毕又哭。”

私底下，隆裕的表现更为凄惶。《三水梁燕孙先生年谱》中记录了谱主梁士诒的一段话：“当国势危时，清廷所以饵我者甚至。御赐物件前后十余种，又赏紫禁城骑马及赏紫缰等等。良弼被炸之日，京师风云至急，入朝行礼后，隆裕太后掩面而泣云：‘梁士诒啊！赵秉钧啊！胡惟德啊！我母子二人性命，都在你三人手中，你们回去好好对袁世凯说，务要保全我们母子二人性命。’赵秉钧先大哭，誓言保驾，我亦不禁泫然。”梁士诒时任袁内阁的邮务大臣，赵秉钧为民政大臣，而胡惟德则系外务大臣，都是袁系的重要人物，隆裕向这三位哀哀求告，当然是说给袁世凯听的。

1912 年（民国元年）2 月 12 日，清廷正式发布皇帝退位诏书。从此，“皇帝”成为一个历史的符号。几乎所有关于近代史的书籍写到这一重大事件时，都会宣告：这代表着君主专制在中国的终结。其实“君主”和“专制”之间的联系非常复杂，并不是国体先进，政体就会自然先进。有君主未必一定专制，君主立宪国的代表英国就是最好的例证，反过来，没有君主，也未必就一定没有了专制。君主国体的被埋藏，的确掀开了中国新的一页，但这一页对民众来说究竟意味着什么，一纸皇帝退位诏书并不能给出斩钉截铁的答案。

著名作家吴祖光的父亲吴瀛一直服务于故宫，他的《故宫博物院前后五年经过记》中记下了一件趣闻：清帝退位诏书发布后，起初“隆裕治事如常例，久之不见有奏国事者，乃问奏事处太监曰：今日何无国事？奏事处方告以国事已归袁世凯，太后但请问家事可耳。乃爽然”。自己丢失了一件早已习惯使用的东西亦难免惆怅，何况这件东西里包含家国之重呢？

吴瀛所著书中还存有袁世凯一个墨迹的书影，系袁在清皇室优待条件之末的一个亲批，“先朝政权未能保全，仅留尊号，至今耿耿，所有优待各节，无论何时，断乎不许变更，容当列入宪法”。

“至今耿耿”，一代枭雄也会有这种心理负担吗？也许这就是人性的真实。

第四辑

『后晚清』时代：青史他年任是非

辛亥年中的袁世凯

“袁四有将才，且名望亦好，故命他去”

1911 年 10 月（旧历辛亥年八月），武昌一声枪响，清廷急遣旗人荫昌率北洋军赴鄂弹压。不料荫昌虽曾留洋德国学习军事，号令却无法行于军中。清廷遂重新起用北洋军的老主人、原奉朝旨“开缺回籍养疴”，此时正在河南彰德洹上村作渔翁状的袁世凯。

袁之东山再起，虽然呼声甚高，但过去对他早有疑虑的一些满洲贵族也施加了阻力。柄清政多年的老恭王之嫡孙、小恭王溥伟就曾前往醇王府，当着摄政王载沣的面，对清廷起用袁世凯督师的决策进行了质疑。据溥伟日记，面对他的质疑，载沣回答说：“袁四（袁世凯排行第四）有将才，且名望亦好，故命他去。”溥伟曰：“袁世凯鹰视狼顾，久蓄逆谋，故景月汀谓其为仲达（司马懿）第二，初被放逐，天下快之，奈何引虎自卫。”载沣默然良久，始嗫嚅言曰：“庆王、那桐再三力保，或者可用。”

据此可知，袁世凯之得再起，固然主要缘于其累积的声望和客观情势使然，但也与他多年来在庆亲王奕劻、军机大臣那桐等一班亲贵身上所下的功夫不无关系。当年袁世凯悉心笼络，现在他们自然要投桃报李，鼎力推荐其出山了。

袁世凯的判断："南方军事，尚易结束"

民军于武汉发乱，适授袁世凯再起之契机，但在袁世凯眼里，实际并未把民军的威胁当回事。

有"财神"之称的梁士诒系袁系干将，其弟子所撰《三水梁燕孙（梁士诒）年谱》记："及袁起用，使人密告先生曰：'南方军事，尚易结束，北京政治，头绪棼如，正赖燕孙居中策划一切。请与唐少川（唐绍仪）预为布置！'"

"南方军事，尚易结束"，这就是袁世凯对战事的一个基本判断。而战事之发展，不幸恰如其言。

1911年10月28日（辛亥年九月初七日），黄兴抵达武昌，随后就任中华民国军政府战时总司令。11月1日，汉口被清军攻陷。11月16日，民军反攻汉口，仅两日即宣告失利，不得不退守汉阳。曹亚伯《武昌革命真史》记民军败退之状曰："我军即时慌乱，纷纷后退。黄总司令命令停止，皆不听命，一时极为紊乱。满军乘机前进，向我军追击。于是我各部队因以瓦解，势如山崩。……黄总司令垂头丧气，几不欲生。田桐等在旁劝解，谓胜败乃兵家之常事，另行整顿，再图恢复可也。"11月21日，清军猛攻汉阳，至26日，黄兴等再弃汉阳而退保武昌。《武昌革命真史》记载："黄总司令又传命令不准后退，并将后退者斩二十余人，犹不能止。……黄兴又将不用命者斩数人。……午后六时，黄总司令即退回昭忠祠司令部，向大众哭曰：战事一败至此，官兵无一人用命。眼见汉阳已失，我亦无面目见一般同志，惟有一死以谢同胞，云云。”

此时武汉三镇，已去其二，回到武昌后的黄兴对战事极为悲观，在 11 月 27 日军政府召开的紧急会议上报告汉阳失利情况时，干脆主张放弃武昌，并称：“现在武昌均系战败部队，不宜再用，用则仍败。为今之计，只有弃武昌而援南京。若得南京，然后组织北伐精锐军队，再图恢复可也。”此议被孙武、张振武等湖北革命党人所阻，黄兴乃赴上海。

清军既占汉阳，以双方之实力对比，设若再向武昌发起攻击，结果如何，连坐镇武昌的民军都督黎元洪也心知肚明。11 月 30 日，因清军从汉阳炮击武昌，黎元洪极为惶恐，从左右计，拟迁都督府于武汉之东郊葛店，并将现银六十万两搬上军舰，准备万一不利，即走上海。武昌城内更是一日数惊，百姓纷纷逃避。

清军方面，攻陷汉阳后欲再建奇功、不明袁世凯底牌的冯国璋于 12 月 1 日致电内阁，“现正布置渡江一战”，“国璋专顾前敌，自不难一举扫平，而后患亦可永绝”。然而这个时候战事却意外地暂时停息了下来，原因何在？

南方议决：“如袁世凯反正，当公举为临时大总统”

原来在战事进行之时，对峙双方的交易就已经开始了。

公开的接触，众所周知的首先是 11 月 9 日，袁世凯派幕僚刘承恩、海军正参领蔡廷干抵武昌，令其利用与黎元洪之旧谊，代为游说。其次是伍廷芳和唐绍仪分别以南北代表身份进行议和。而私底下的折冲为数尤多，如 1911 年 11 月下旬，袁世凯长子袁克定派同盟会员朱芾煌为代表赴武汉，欲与黄兴有所接洽，当时冯国璋不明真相，将朱擒拿，袁克定驰书营救，才得获免。同盟会大将汪精卫谋刺摄政王不中被囚，获释后因袁氏父子倾心结交，也曾代袁世凯说项，12 月 9 日黄兴有一电致汪氏曰:“项城（袁世凯）雄才伟略，素负全国清望，能顾全大局，与民军为一致之行动，迅速推翻满清政府，令全国大势早定，外人早日承认，此全国人人所仰望。中华民国大统领一位，断推举项城无疑。”12 月 20 日，在南北官方代表举行首次议和会议后，又有保定陆军小学堂监督廖宇春衔北方之命，到上海秘密会见黄兴，双方协议了“确定共和政体”“优待清皇室”“先推覆清政府者为大总统”等秘密条款五项。

而民军对袁世凯公开喊话则在 12 月 3 日，当时独立各省之代表假汉口英租界顺昌洋行开会，筹备成立临时政府，通过临时政府组织大纲，并议决，“如袁世凯反正，当公举为临时大总统”。

经过双方多次试探、摸底，各自诉求已昭然若揭。革命党一方既以推翻清室、将国体由君主制变为共和制为终极目标，袁世凯乐得左右逢源。《辛亥革命史料》中载有袁之心腹赵秉钧对人说的一段话:“项城虽重兵在握，却力避曹孟德欺人之名，故一面挟北方势力，与南方接洽，一面借南方势力，以挟制北方。”打着这种算盘的袁世凯，攻下汉阳是为了给南方一点颜色，而漠视冯国璋等军人的立功渴望，置近在眼前的武昌于不顾，天天向清廷叫嚷“无饷无械，孤危已甚”，自然亦在情理之中了。否则真的攻陷武昌，戏还怎么往下唱呢？

孙中山：“暂时承乏”“虚位以待”

1911 年 12 月 29 日（辛亥年十一月初十日），经十七省代表在沪选举，回国不久的孙中山以十六票当选为中华民国临时大总统。

南北双方尚在交易之际，南方冒出一个总统，颇出袁世凯之意料，他在给南方代表伍廷芳的电文中质问：“国体问题既由国会解决，乃闻南京忽已组织政府，显与前议相背，此次选举总统，是何用意？”

民党一方显然考虑到了这一点，所以孙中山一当选即给袁世凯发了一电：“北京袁总理鉴：文前日抵沪，诸同志皆以组织临时政府之责相属，问其理由，盖以东南诸省久缺统一之机关，行动非常困难，故以组织临时政府为生存之必要条件。文既审艰虞，义不容辞，只得暂时担任。公方以旋转乾坤自任，既知亿兆属望，而目前之地位尚不能不引嫌自避；故文虽暂时承乏，而虚位以待之心，终可大白于将来。望早定大计，以慰四万万人之渴望。”电文前半系向袁解释成立临时政府之用意，希望求得袁的谅解，后半则是剖白个人于总统大位绝无恋栈之心。随后其任职誓词又重申此意曰：“至专制政府既倒，国内无变乱，民国卓立于世界，为列邦所公认，斯时文当解临时大总统之职，谨以此誓于国民。”

几天后的 1912 年 1 月 4 日（辛亥年十一月十六日）孙中山复

电袁世凯："倘由君之力，达国民之志愿，保民族之调和，清室亦得安乐，一举数善，推功让能，自是公论。文承各省推举，誓词具在，天日鉴之。若以文为有诱致之意，则误会矣。"这已经是再三再四的承诺了。

孙中山如此委曲求全，显然事出有因。首先，临时政府财政严重困难，起初传说孙中山归国携有兵舰和巨款，事后才知不过带回一腔"革命精神"；其次，临时政府虽然成立，但无论通过照会还是其他形式向各国呼吁承认，均未蒙深知中国谁最有力量的列强理会；最后，论军事实力，北方远胜南方。临时政府成立前夕，日本驻上海总领事即向外务大臣报告："时局之解决，除推袁世凯为大总统外，别无他策。即使纯革命党人如黄兴一派表示反对，但北军之强盛向为彼等所熟知，且军队又均惟袁世凯之命是听，以南方之软弱兵力实无法与北军为敌；纵由黄兴或孙逸仙出任总统，各国政府能否承认，亦属疑问。"日本人对临时政府的后两个弱点已洞若观火。

职是之故，南方在紧锣密鼓筹建临时政府之时，不少人内心颇为忐忑。曾经以北方代表唐绍仪随员身份参加南北议和，其后曾任总统府秘书长的张国淦，在日记中记载，孙中山选为临时大总统，拟去南京就职前，外间盛传北方将派大兵渡江，某夜，汪精卫等仓皇来言："中山先生拟日内去南京就职，北方果用武力，倘有危险，如何下台？"张言："外间传中山有若干兵有若干饷。"汪言："纯是空气，但带有革命精神耳。"张言："北方有多年根据，项城又老于兵事，即使有兵有饷，此时亦不足与抗。须知项城以北方兵力威胁南方，又以南方民气恫吓北庭，如大兵渡江以后，便无文章可做。

中山去宁决无危险，但出项城意外，其心中不痛快耳。”

张国淦对临时政府成立后的局势和袁世凯心理的判断真可谓丝丝入扣。袁世凯并不缺乏对南方动武的实力，而一旦荡平，则其唯两条路可走：要么死心塌地做大清国的忠臣，要么逼迫清帝让位给他。如果此两者均非袁世凯所愿，当然只有放弃武力，而且奇妙的是，尽管临时政府和临时大总统让袁世凯不痛快，却大有借力打力之价值，其中奥秘和当初攻陷汉阳留下武昌简直如出一辙。所以，孙中山大可安稳赴南京上任，袁世凯需要的只是一颗定心丸。

孙中山当选临时大总统后的几次承诺已经算是给了袁世凯一颗定心丸，惟嫌浓度不够，1 月 14 日，议和代表伍廷芳给孙中山来电，“顷接唐绍仪君来言，……前云孙君肯让袁君，有何把握，乞速示云云。廷即告以孙君肯让，决不食言，若清帝退位，则南京政府即可发表袁之正式公文。至此后两方政府如何合并，可由两方协商决定。”“孙君肯让袁君，有何把握”言外犹有不放心之意，孙中山立即复电：“如清帝实行退位，宣布共和，则临时政府决不食言，文即可正式宣布解职，以功以能，首推袁氏。”

袁世凯：“民军亦不欲以改民主，减皇室之尊荣”

袁世凯吃了南方的一颗定心丸，也知道其因实力受限不致反复，遂转而积极、公开地对清廷施加压力。

清廷本已不堪袁世凯之威逼，而革命党刺杀满洲贵族中的少壮派代表良弼的激烈行动又帮了他的大忙。良弼组织“宗社党”，反对清帝退位，他被炸死，亲贵皆胆落，纷纷离京走天津、青岛、大连等处，避居于租界，无人再敢反对议和。

反对的力量越来越弱，袁世凯的逼宫则步步为营。在邮务大臣梁士诒的奔走策划下，先是驻外各国公使电请清帝退位，紧接着又有所谓前敌四十二将领的联名请退位的电报。在这封以北洋大将段祺瑞为首而签发的电报中，武人们赤裸裸地威胁："虽祺瑞等公忠自励，誓死可保无他，而饷源告匮，兵气动摇，大势所趋，将心不固，一旦决裂，何所恃以为战？深恐丧师之后，宗社随倾，彼时皇族尊荣，宗藩生计，必均难求满志。即拟南北分立，勉强支持，而以人心论，则西北骚动，形既内溃，以地理论，则江海尽失，势成坐亡。"

袁世凯终于如愿以偿等来了清帝的退位诏书，时在1912年2月12日（辛亥年十二月二十五日）。诏书中关系袁世凯者则曰："即由袁世凯以全权组织临时共和政府，与民军协商统一办法。"状元公、实业家张謇所拟的这份诏书，原稿中无"全权"字样，系袁世凯左右所增。袁系人马真是心细如发。

参议院："同人深幸公为世界之第二华盛顿"

清帝退位诏书一下，袁世凯即将诏书全文电达孙中山、伍廷芳、黎元洪及临时政府各部总长及参议院，又特别宣布政见，表示赞成共和，略云："共和为最良国体，世界所公认。今由帝政一跃而跻及之，实诸公累年之心血，亦民国无穷之幸福。大清皇帝既明诏辞位，业经世凯署名，则宣布之日，为帝政之终局，即民国之始基。从此努力进行，务令达到圆满地位，永不使君主政体再行于中国。”

清帝下达退位诏书之次日，即1912年2月13日，孙中山向参议院提出辞职书，推荐袁世凯继任，其中说道：“前使伍代表电北京，有约以清帝实行退位，袁世凯宣布政见，赞同共和，本总统即当推让，提议于贵院，亦表同情。此次清帝退位，南北统一，袁君之力实多，其发表政见，更为绝对赞同。且袁君富于政治经验，民国统一，赖有建设之才，故敢以私见贡献于贵院，请为民国前途熟计，无失当选之人，大局幸甚！”

1912年2月15日（辛亥年十二月二十八日），参议院开临时大总统选举会，到会者十七省，共计十七票，袁世凯满票当选。参议院致北京电文曰：“世界历史，选举大总统，满场一致者，只华盛顿一人，公为再见。同人深幸公为世界之第二华盛顿，我中华民国之第一华盛顿。统一之伟业，共和之幸福，实基此日。”

拿华盛顿来比袁世凯一度是民初的滥调，但见于明文者，这大概是第一次。

无法动摇的伟人：史料里的孙中山

孙中山，一代伟人。

这个定义成形久矣，无法动摇，也没必要去动摇。

但历史上的伟人素有两类，一类活在教义中，一类活在史料中。后者生动鲜活得多，也更能让庸夫俗子产生亲近之感。

随手翻书，发现关于中山先生一点有趣的史料，拉杂成文，以为后世欲知伟人者一助。

“先行者”，何处先行？

“先行者”，这是中山先生独享的标签。较之同时代人，孙中山先行的一步究竟在哪里？

孙中山既是革命家，也是思想家，但若要论到先人一步，则似乎只宜落定到理论建树上，毕竟他并不是近代史上誓欲推翻清廷的第一人，而即使是论列有组织有纲领的革命行动，在孙中山之前，也有一个杨衢云的存在。

作为思想家的孙中山，其最大贡献，当然还是标举“三民”和

“五权”。时人于此论曰：孙中山结合中国国情，吸收西方民主思想，用中国人特有的思维方式探索、总结和创立了以“三民主义”为主干的完整的民主革命思想体系。“三民主义”框架下的“五权分立”的治国体制，更是孙中山在中国法律思想史上的独创。孙中山自己也颇为“五权”设计而自矜，屡屡在演讲和文章中说，西方所说的立法、行政、司法三权划分尚不够细密，中华民国宪法要创造一种新主义，在三权之外加上监察和考试二权，叫作“五权分立”，“这不但是各国制度所没有，便是学说上也不多见，可谓破天荒的政体”，一旦完成五权宪法，“这便是民族的国家、国民的国家、社会的国家皆得完全无缺的治理，这便是我汉族四万万人最大的幸福了”。

然而哪怕是英雄圣贤，终究还是时代和环境的产物。孙中山的理论体系之建立，也肯定无法凭空而生，其“平均地权”的口号，渊源于传统的“抑兼并”和大同思想，即如“三民主义”，孙中山自己也坦陈，和美国总统林肯所谓“民有、民治、民享”是相通的。

孙中山思想体系的一个主要特色在这里已呼之欲出，即“中西杂糅”，换个说法，或曰“融贯中西”。

认定孙中山的思想系中西杂糅而成并非他人的臆断。孙中山在早期的一份自传中说：“文早岁志窥远大，性慕新奇。故所学多博杂不纯，于中学则独好三代两汉之文，于西学则雅癖达文之道（即达尔文的进化学说），而格致政事亦常流览。至于教则崇耶稣，于人则仰中华之汤武暨美国华盛顿焉。”1923 年，在《中国之革命》一文中，孙中山又说：“余之谋中国革命，其所持主义，有因袭吾国固有之思想者，有规抚欧洲之学说事迹者，有吾所独见而所创获者。”

“中西杂糅”也并不是贬词。承袭乃至消化前人之说，熔铸为自家面目，原系理论建构之常轨。真正值得注意的问题毋宁是，在借鉴昔贤理论乃至吸收和改造的过程中，弃此而取彼的选择反映了主体什么样的旨趣？而改造的效用、结果距主体之初衷又相去几何？

从“三权”到“五权”，看上去完美的设计

在孙中山的时代，为解决国家和社会问题，中西各种理论如万泉奔涌，孙中山杂糅中西，熔铸成从此打上孙氏标记的“三民”和“五权”理论，反映出孙中山理论建构上的一个显著特色，即追求完美和至善。

一方面，孙中山从中西两个传统中吸取营养，高悬了一个鹄的“复三代（即中国的夏商周）之规”“步泰西之法”；另一方面，他对两个传统又深致不满。孙中山批评中国数千年没有落实过民权，指出中国人只有家庭和宗族观念而欠缺国家和民族思想，类似论述人们知之甚悉，兹不具引。而对于西方近代以来法律制度的演进，孙中山也抱有相当疑虑。

1924 年，孙中山在一次关于五权宪法的演讲中说：“兄弟亦尝研究美国宪法。而在美国的人民自从宪法颁行之后，几众口一词，说美国宪法是世界最好的宪法。即英国政治家，也说自有世界以来，只有美国的三权宪法是一种好宪法。兄弟曾将美国宪法仔细研究，又从宪法史及政治各方面比较观察，美国的三权宪法到底如何呢？研究的结果，觉得他那不完备的地方很多，而且流弊亦不少……”

认为西方的三权宪法不够周密，遂有五权宪法的设计；同样，产业革命以来西方经济的飞跃发展让人叹羡，但市场之手难抑贫富不均，又有节制资本和平均地权思想的酝酿；因为西方的现代政府在行使权力过程中颇多掣肘而难免影响效率，遂有将政权、治权分割而分别赋予民众和政府的架构，如是种种，就其初衷而言，都是因为看到了中西政治、经济、社会中的弊端，力图吸收二者的优长而又规避二者之失，从而融合中西乃至超越中西，蹚出一条唯我独善的新路。

人类总是在不断试错中进步，所以创获一种一劳永逸地解决所有问题而且还不会滋生任何流弊的学说几无可能，即使是在当年，也有人困惑五权之于三权是否近于叠床架屋，担忧把政权和治权分割或有民权虚悬的可能，但无论如何，思想家为救国、救世的热忱所鼓荡，其追求完美和至善的努力永远值得尊敬。

尽管引来各种争议，但孙中山信念之坚世所罕见。以土地问题为例，由于相关问题在中国绵延已数千年，牵涉极为深广，任何解决方案均不免“按下葫芦浮起瓢”，故从同盟会到后来的国民党，对孙中山的土地政策持疑议者均不乏人。如胡汉民当初入同盟会，因为认定“平均地权”口号不合时宜而犹豫不决，孙与胡反复争辩到深夜三时，最终说服胡汉民入会。于右任也回忆称：“总理提示同盟会会纲，余独于平均地权一项，意谓非当务之急，因以所疑请质，总理则云：子未深究社会问题，故有此惑，斯时第须听受我语，以后从事研究，即可知我置重此点之故，或子等以为不急者，将来中华民国建立后，即成为最急之事。”

从胡汉民和于右任的故事中，人们看到的是一个执着的思想家，这份执着自然缘于其对自己理论的自信。就此而言，孙中山的确是一个伟大的理想主义者。不过看到孙中山的理想主义，也不能忽视其在现实政治运作中的实用主义。纵观孙中山的一生，成为其合作者的名单可以从洪门、袁世凯、段祺瑞、张作霖、冯玉祥一直拉到日本和苏俄，其中缘由，固如宋庆龄所言，“孙先生生平但知目的，不问手段”，实则也是传统哲学“经”与“权”二字的结合。

《民权初步》的著作权及其他

古人素有“道统”与“政统”之分，虽然握有孟子所谓“三宝”，即土地、人民、政事，这个“政统”显然在统治者手中，但“道统”古人却一直认为专属于孔子等昔圣昔贤。既有光芒万丈之圣贤经义在，所以古代的皇帝也就断了做理论家的念想，罕有著书立说者也。

近代以降则大不同，除了那些割据一方以做富家翁为满足者，其他大人物一般均有著述。但随之而来，其著作权就往往成为聚讼纷纭的问题。如蒋介石著《中国之命运》《苏俄在中国》，事后人们才知道幕后其实都有捉刀者。

孙中山主张“知难行易”，强调思想的力量，当然更要有著述了。比蒋介石高明的是，孙中山著书立说有着通盘的考虑，如《三民主义》《实业计划》等，已经形成体系，而与这种理论著作相比，其中有一本稍显特别，即专门讲述如何开会的《民权初步》，当年就有舆论讥为“不切近事”“烦琐哲学”。

但越到后来，这本《民权初步》越为后人所看重。唐德刚称赞孙中山“是真能摆脱中国封建帝王和官僚传统而笃信‘民权’的民主政治家”，主要论据就是从《民权初步》中，可以看出“孙中山先生头脑里的现代化程度远非他人所能企及”，他“了解搞‘民权’的第一步就是要知道如何开会，会中如何表决，决议后如何执行。这一点点如果办不到则假民主便远不如真独裁之能福国利民”。

唐德刚之推崇不是没有道理。稍知著书甘苦的肯定能够明白，一般理论著作，只要不追求体大思精，不妨天马行空，而分析如何开会最为合理最有效率，则非有切身体会不可，其载笔之难应该还在理论著作之上。但困惑也跟着来了，孙中山不过于青年时代在香港西医书院受了一点初步的西学教育，后来奔走于日本与西方，则以革命为职业。如此背景，何能著《民权初步》？

近读老同盟会员邓家彦《口述自传》(大百科全书出版社 2009 年版)，困惑迎刃而解。邓氏自述：“民国六年，总理所著《会议通则》(后改《民权初步》)，乃依 Robert（今译为罗伯特）著作，编译而成者。总理嘱余校对，并持书稿与上海各书局交涉刊印。且嘱余不必说明为翻译作品。”

“且嘱余不必说明为翻译作品”，这有实物为证，自此书刊行至今，署名一项要么是“孙文著”，要么是“孙中山著”。

弄清了此书的著作权，我又不能不对唐德刚的论断有一点疑虑。孙中山对“民权”究竟有着怎样的理解，其头脑里的现代化程度是否真的“远非他人所能企及”，一本编译而成的《民权初步》似乎还无法提供强大的证明力。

不妨再看孙中山对“民权”的最后表述。那是在1924年1月的国民党第一次全国代表大会上，大会通过的宣言中说：“国民党之民权主义，与所谓‘天赋人权’者殊科，而唯求所以适合于现在中国革命之需要。盖民国之民权，唯民国之国民乃能享之，必不轻授此权于反对民国之人。”显然，由于“民国”的概念空泛，所谓“反对民国之人”，其实际操作必然指向“反对国民党政权之人”。这样一个人群，宣言已经宣布其不配享有公民权利。众所周知，这一点在国民党政权那里，远不是说说而已，它对中国人生活的影响堪称深远。

中山陵不仅仅是宏伟和庄严

去过几次南京，最近一次才去看了一眼中山陵。

作为被誉为“中华民国国父”“伟大的革命先行者”的孙中山的陵墓及其附属纪念建筑群，虽然我早知道建筑足够宏伟，环境足够清幽，气氛足够庄严，但真正身临其境，还是吃了一惊。中山陵前邻平川后依青山，整个面积有8万余平方米，建筑群从选材到设计到做工，几乎每个细节都臻于完美。如此胜地，而能成为一个人的栖息之地，夫复何求？

叹赏之余，我也有一点疑虑，建这样一个中山陵是否出自中山先生之本意？所谓“陵”者，汉武帝有茂陵，唐太宗有昭陵，明太祖有孝陵，其意义中国人再熟悉不过了。中山先生创建的是共和国，他是经选举产生的临时大总统，其伟大远非汉武帝、明太祖等人可以比拟，似乎应该有所不同。

带着疑虑，回家翻书。先翻的《邵元冲日记》（上海人民出版社 1990 年版）。邵氏是国民党元老，与孙中山关系特殊，1924 年曾经担任孙中山机要主任秘书，并随孙北上会见段祺瑞，孙中山病逝前后，其均在左右陪侍，是孙中山签署遗嘱的证明人之一。这样一个人物，其日记之价值和可信度自不待言。

1925 年 3 月 12 日，邵元冲亲眼目睹了孙中山“形状大变”“呼吸渐停”至“孙夫人以手敷垂其眼帘”的过程。当天日记记道：“以公遗命，将来遗体欲葬于南京之紫金山，并命保存遗体仿列宁之式。此事决由孔庸之（即孔祥熙）与协和医院商办。至公之欲安葬于南京之紫金山者，盖以此为第一次革命首都之地，且欲激励后死者以完成辛亥革命之工作也。”

我的猜测看来没有根据，中山先生不但要求安息于紫金山，而且遗命自己遗体永远保存以供后人瞻仰。为什么后一条要求没能实现？此中也有故事。苏联既有保存遗体的经验，又是孙中山联合的对象，于孙中山逝后遂主动赠送水晶棺一副，但运到后经协和医院专家检测，此棺长途运输后已不能真空无菌保存遗体。国民党人遂又向美国订购特制铜棺。邵元冲 1925 年 9 月 28 日日记记下了他参观铜棺的情形，“闻此为东方第一次制造者，需价一万五千两，重一千五百余磅云”。

中山陵自 1926 年 1 月动工，至 1929 年主体建成，暂厝于北京西山碧云寺的中山灵柩终于可以迁葬南京了。国民政府谓之“奉安大典”。灵柩从北到南长途跋涉殊为艰难，当时的《时报》记者金雄白前往采访，几十年后著回忆录犹印象深刻："灵柩是由北平挑选了专业的六十四名扛夫抬着的，扛夫们穿了一色的素服，动定进退，都以击柝为号。"其盛大场面又见于5月28日的邵氏日记，"灵梓抵站后，即恭扶下兵舰渡江登岸。本日共分八列，凡党军政各职员及民众团体等均列队前道，余及各中委等则在第七列执绋伴灵车行。以途中队伍拥挤，故自江边至中央党部，不过九里许，而至下午三时顷始到。沿途民众皆列队敬礼，又各机关及各省政府之建牌楼者亦无数。……"

当了一回文抄公，抄了这些第一手史料，也许能说的话只有一句，世之有中山陵，真是太不容易了。自然为了表达后人对一代伟人的敬意，这点人力物力财力也实在算不了什么。美中不足的是，事实证明当年"奉安大典"中毕恭毕敬的党国要人，其中颇多中山先生精神的叛徒。尤其不能淡忘者，这一场热闹过后两年，"九一八"事变爆发，民族的灾难愈发深重矣。

中山陵引起的不仅仅是对宏伟和庄严的赞叹，也许还可以供人思考吧。

"宁死不看中医"？

民国政要王世杰的日记终于推出了两大册的整理排印本，诚为民国史领域中的大事。这自然缘于王世杰的身份和地位，其人原是一学者，所著《比较宪法》风行至今，而后来他在国民党政权内先后担任教育部长、宣传部长、外交部长等要职，其所留下日记的价值毋庸置疑。

时下日记出版颇为热门，若问背后原因，有人曾戏谓曰：此乃八卦情结作祟也。此言虽属戏谑，也不乏道理。日记是“私”的记录，如果是名人，人们熟悉的通常只是其在公众场合下出现的形象，假若你要知道一个总是大义凛然的人物会不会有俗人的声色之好，一个素来不苟言笑者是否也会偶尔冒出一个顽皮的念头，当然最好是去发掘他的日记。

读完《王世杰日记》，深觉其史料价值之大犹在我意料之外。但此处暂不考虑宏大叙事，趋步时风先找一点近似八卦的材料。

1964 年 11 月 1 日，因为本月是孙中山诞辰，媒体采访王世杰，请其介绍孙中山的优长之处，王世杰强调，中山先生最难为他人企及的优点就是“信仰坚定”。论据呢？王世杰日记记载：“可由彼于临终前在协和医院时，拒绝孙夫人及李石曾诸人推荐中医陆仲安为之治癌一事显示出来。”

称赞孙中山先生信仰坚定当然没有任何问题，但王世杰提供的“宁死不看中医”的论据却未必成立，因为 1925 年孙中山在北京不幸因肝癌而辞世，王世杰并非随侍人员，其论据只能得自传闻。幸好当年作为随侍人员的邵元冲也留下了一部日记，查阅《邵元冲日记》（上海人民出版社 1990 年版），在孙中山由协和医院手术至逝世这段不到一个月的时间里，当时的著名中医陆仲安是个多次出现的名字，2 月 20 日，“午前晤陆仲安等，知孙公疾无大变动”，23 日，“十一时归，晤陆医生，询孙公之疾”，25 日，“午前晤陆仲安医生，谓孙公疾殊属棘手，又谓旧历二十二日宜加注意，……闻之忧痛……”

两相对照，事实真相一目了然。其实平素不相信中医的孙中山于病危之际没有拒绝陆仲安，完全是人之常情，丝毫无损其伟大，也不能得出与“信仰坚定”相反的论断。王世杰为什么偏要坚信一个传闻，并将其作为孙中山“信仰坚定”的证明？

首先，不能忽视王世杰个人因素。王世杰原属中医药的坚决反对者，其掌教育部时在医学院的课程设置上对中医药采取全面排斥的态度，后来陈立夫接任一反前议还曾遭到他的严厉批评。王世杰自己对中医药恶感甚深，牢不可破，于是遂如王国维所说“以我观物，物皆着我之色彩”了。

其次，应该考虑时代背景。西风东渐，科学之风劲吹，民国名人与中医的纠缠可谓不一而足，最著名的如鲁迅，另外胡适抨击中医治病“没有科学根据”，傅斯年则为了通过“取缔中医”的提案，差点和反对者动武……考虑到这两个因素，“孙中山宁死不看中医”的传闻经过王世杰等人的传播成为佳话便可以理解了。

不信中医的胡适曾请一位名中医治了一回病，结果言人人殊，他自己的说辞也前后不一，几乎成为一桩公案，弟子罗尔纲分析胡适心态时说，他认为中医不科学，而中医居然医好他，社会盛传，“胡适怕对科学的发展有害，所以才不得不这样说的”。此语殊堪玩味。

辛亥元勋，孙中山何以独赏陈其美？

辛亥百年，谈相关史事者渐夥。但有些看似细微实则具备洞穿历史幽微价值的问题却未引起足够重视。比如，在国民党改组之前，孙中山先后领导同盟会、创建中华革命党，追随者甚众。在这些追随者中，谁最为孙中山所欣赏？

应该是民初荣任沪军都督、“二次革命”失败后被袁世凯遣人刺杀于沪上的陈其美。这个答案或许出乎很多人意料，但却有孙中山本人的言辞为证。陈死后，孙许之为“吾党惟一柱石”，亲自为他撰写祭文，在和唐绍仪联名发表要求给陈国葬的呼吁书中更说陈“勋烈媲于黄君（黄兴），而死义之烈过之”。这足以说明，陈其美是孙中山心目中最重要的党内干部。

孙中山何以独赏陈其美？或因陈氏死难之惨的刺激，更重要更根本者，缘于陈氏在党内分歧中对孙的竭力拥戴。而“孙中山何以独赏陈其美”之所以是一个值得探究的问题，就在于我们能够借此考察现代中国畸形的“政党政治”。从西方移植而来的“政党政治”为什么在现代中国发生变异？国民党为什么长期不能转型为近代意义上的“政党”？从孙中山和陈其美的关系中，也可以思之过半。

沪军都督之“政绩”：一笔糊涂账

陈其美（1878—1916），浙江吴兴人（今湖州人）。字英士。在“辛亥元勋”中，陈其美算是大器晚成。1906年始在日本加入同盟会，且初时并未受重视，同盟会成立后的初期军事活动中，其均未参与。查《孙中山年谱长编》，在那一时期也看不到这个精悍的湖州男子的身影，足以证明那时的陈其美还无法进入决意推翻清政府的同盟会的决策层。

陈其美人生的转折在于同盟会革命策略的适时调整。由于孙中山力主在华南地区首先举事的计划屡遭挫折，1911 年 7 月，宋教仁、谭人凤等人在上海设立同盟会中部总会，主张以长江流域为中心，在中国的中部发动革命，而反对继续在边疆搞武装起义。在此之前于 1908 年受命自日本回国经营沪上的陈其美出任同盟会中部总会的庶务。武昌首义，袁世凯的北洋劲旅兵临武汉三镇，陈其美等人决定“上海先动，苏杭应之，以救武汉之危”，他联络光复会上海支部、商团、会党及部分防军，在上海树起独立大旗，并一举荣登沪军都督的宝座，成为民初政坛上雄踞一方、举足轻重的人物。

在沪军都督之位的争夺中，陈其美的一些做法颇让人诟病，后人记载于此虽多歧异，但大致是说对打下制造局并救了他本人的商团首领李平书和光复会领袖李燮和采用了一些不太光彩的手段。今人对此也无须过于纠缠，因为这毕竟牵涉同盟会和其他各种团体、势力的利权之争，而一涉利权，许多记载和说辞便很难分别真伪了。相形之下，作为首任沪督的陈其美在任内究竟干了些什么，也许更值得关注。可惜目前关于陈其美的著述于此均大而化之，语焉不详，国民党方面一味歌颂的著作不论，大陆学者所著的《陈其美传》中说：“陈其美担任都督期间，同清廷封建统治和各种反动势力进行了艰苦的斗争”，举其大端，除募捐筹集军饷、加强军队训练外，还采取了许多如告示剪辫、严禁鸦片、禁止赌博、禁用毒刑等一些“破除旧俗陋习的措施”，作者称赞这些都“有力地触动了封建专制秕政”。对一个不想把历史放进玻璃罩而是准备去触摸、感受的人来说，细节的缺失无法忍受，而且如果把陈其美和敌手抗争、发布新政文告等都算成了不得的事功，那么哪一位军政长官又没有类似成绩？

要论“细节”，《辛亥革命在上海史料选辑》中收有当时人写给陈其美的一封信，说陈氏“中秋节以后，已连取小星（即小妾）四人；进出必坐极华美极昂贵之汽车；府中上下人等，凡是稍优之缺，悉数以湖州人充之，一若都督府变成湖州同乡会也”。同书还载有几位辛亥老人的回忆，同时提到陈其美“好嫖”。不知何故，称赞陈都督政绩者对这些明显不利自己观点的说法大多不予理睬，是认为不值一辩，还是认为陈都督和所谓反动势力抗争的“大节”才更为重要？其实，对一个当年在陈都督治下的上海人来说，他们的“市长”和谁英勇抗争远非其关心的内容，然而如果这个“市长”好冶游、一意任用私人，那简直就等于天塌下来了。一位曾服务于中行的人回忆说：“沪军都督陈其美随向中行索取军费，宋经理以不合手续，予以拒绝。旋被车送都督拘扣。事闻于司法总长伍廷芳，认为都督府非法拘捕，违反民主国法治精神，提出抗议。伍致陈函，曾编入《民国经世文编》，传诵一时。”查《伍廷芳集》，他与此相关的致陈氏函还不止此一封，如《为妄事捕逮咨陈都督文》《与陈都督论清查与捕获之权限》《为妄事捕逮再致陈都督书》。另外一些当年的疑案，随着档案史料的更多披露也越来越清晰了，如商务印书馆的创办人夏瑞芳遭暗杀，斯事不了了之，而在晚近出版的《张元济年谱》中已经明确指出夏氏招祸“乃因先前出于维护商界利益，曾联合诸商抵制沪军督陈英士驻兵闸北，陈嫉恨之，嗾使人暗杀”。后世闲坐书斋的史家可以心态从容地勾画陈都督的“大节”“主流”，然后轻描淡写地带一句“当然他也有其局限性也犯了一些错误”云云，可是事主们当年能否这般淡定呢?

陈其美在沪军都督任上干过一件惊天动地的事，即指使蒋介石暗杀当时出任浙江都督呼声最高的陶成章，此乃举世皆知的公案，不必细表。相对而言，在陶案之前，陈其美于都督府大堂之上枪杀曾参与南京光复之役的江浙联军司令部参谋长陶骏保的事件要动静小一点，其实两案相较，后者性质要严重得多。因为前者陈氏用暗杀，虽手段卑劣，还自知为人神共愤，所以既要安排小兄弟潜逃，同时还要装模作样地“严饬缉凶”，而后者则是未经任何法律手续便公然了断了一个高级军官的性命。什么是“和尚打伞”，于兹概见矣。

“劝一致服从中山先生继续革命”

讨袁失败，孙中山进行了反省，他的答案是：“一、革命必须有惟一崇高伟大之领袖，然后才能提挈得起，如身使臂，臂使指，成为强有力之团体人格”；“二、革命党不能群龙无首，或互争雄长，必须在惟一领袖之下，绝对服从”；“三、我是推翻专制、建立共和，首倡而实行之者，如离开我而讲共和、讲民主，则是南辕而北其辙”；“四、再举革命非我不行，同志要再举革命非服从我不行”，并据此思想组建中华革命党，手订了入党之誓约。而就是这一誓约中关于“附从孙先生再举革命”一词、入党人须于署名下盖指模以及按党员入党时间不同享有不同权利的规定引爆了不满，对立面是以黄兴、李烈钧为代表的老同志，认为“前者不够平等，后者亦近侮辱”。党内同志多方设法弥缝分歧未果，黄兴远避美国，而“中华革命党成立，开总理选举会时，到者仅得八省，这和同盟会成立时有 17 省人士参加相差甚远。可见当时中山先生服从个人的要求只有少数人士能够接受，曾任都督而参加中华革命党者，只胡汉民、陈其美两人”。

在这场争论中，陈其美扮演的角色既重要又微妙。这种作用不仅在于他以入党的实际行动支持了孙中山，更因为在黄兴赴美后，他发出了《致黄克强劝一致服从中山先生继续革命书》，信中提出了政党政治的一种“新理论”，而为孙中山所激赏。

这封堪称近代史上重要文件的书信，对作为政党的国民党的影响尤其不能低估，因为我们在其后国民党的思想建设和组织建设中都可以看到这封信的影子。

陈氏创造性地把一个政党划分为两个群体，一个是先知先觉一贯正确的领袖，一个是包括黄兴和他自己在内的后知后觉的众多党徒。回顾同盟会组织以来的历史，陈其美总结说：“征诸过去之事实，则吾党重大之失败，果由中山先生之理想误之耶？抑认中山先生之理想为误而反对之致于失败耶？惟其前日认中山先生之理想为误，皆致失败；则于今日中山先生之所主张，不宜轻以为理想而不从，再贻他日之悔。此美所以追怀往事而欲痛涤吾非者也。”这几乎就是“两个凡是”：凡是按领袖意见去做的，就一定成功，凡是未按领袖意见去做的，则必归失败，职是之故，党员对领袖绝对服从为“当然天职”。孙中山特把此信作为附录收入《建国方略》，可见陈氏主张和他自己的思想十分契合，他后来手订国民党党章不是也明确规定“总理有全权总揽本党一切事务”“总理对于中央执行委员会之决议，有最后决定之权”吗？

“淮橘成枳”的现代中国“政党政治”

近代意义上的政党，是19世纪以来立宪政治的产物，谢彬1924年著《民国政党史》开篇就说：“政党之产生，一方固须人民具有政治常识，他方尤须政府能循法治轨道。政党借舆论为后盾，发挥监督政府指导政府之本能，政府亦惟国利民福是求，不敢滥用权力，违反民意，始相制而终相成，而政党于焉兴起。”而杨幼炯《中国政党史》则给“政党”下了个定义：“政党者，即国民各以政见、主义相结合，求实现其一定政见或主义之团体也。”准此，说中国历史上被人以党冠名的清流党、东林党等等都不是近代意义上的政党，其理自明。到了清末，清政府以立宪相号召，乃成为杨幼炯所称的“政党结胎时期”。但像这时的同盟会当然还只能算秘密会党，资政院内民选议员组织的宪友会要在政府的“关照”下活动，当然也不能算真正的政党了。

那么民国肇建，以“共和”为体，政党政治是否形成了呢？

进入民国后，同盟会一变而为国民党，再变而为中华革命党，最后以“中国国民党”而定型，但考察其活动的前后历史，可以说国民党始终是畸形的“政党政治”中的“畸形政党”，始终不脱秘密会党的阴影。

为什么会出现这种情况？这就要说到谢彬所揭示的政党产生的两个前提条件，除此之外，窃以为一个政党的组织者、领袖人物是否具备现代政党政治中的宪政民主意识也至关重要。同盟会诸雄起事之初从事的是掉脑袋的勾当，采取秘密会党的形式自无可非议，考察其是否具备宪政民主意识应该放在局势稳定的时候以及他们能够控制局势的地方。

武昌首义成功，革命党和袁世凯达成妥协后，临时政府究竟应建都于何处是双方一大角力点，孙中山、黄兴等人出于制约即将出任临时大总统的袁世凯的目的，坚持袁氏在革命党势力范围内的南京宣誓就职，而袁世凯深悉“虎不可离山”的奥妙，不愿离开北京这个北洋军阀的大本营。南京临时政府参议院曾就此问题进行表决，经过激烈辩论，竟以多数票通过临时政府设于北京。孙中山、黄兴闻讯震怒，吴玉章在其回忆中说：“我急着去找黄兴，他也正在穿军装，准备起身到明孝陵去。我请他延缓时间，他说：‘过了十二点如果还没有把决议改正过来，我就派兵来！’说完就走了。这怎么办呢？……通知所有的革命党人，必须按照孙中山先生的意见投票。经过我们一天紧张的努力，当日召开的参议院会议终于把十四日的决议纠正过来了。”颇具讽刺意味的是，当后来临时政府以纠正过来的这个决议为名派蔡元培、宋教仁等人赴北京敦请袁世凯南下就职时，袁世凯嗾使部下兵变，并利用列强使团施压，给人一副非袁不能稳定北方的印象，这个时候，南京临时参议院又通过了一个新决议，即“袁大总统允其在北京就职”！

这就是民国“政党政治”的大的背景。

在这样一个背景之下，西方的“政党政治”到了现代中国，淮橘成枳，便可以理解了。而陈其美和孙中山之间不像现代政党中党员和领袖的关系，又何足深怪？

陈其美的影响不仅在孙中山生前，还延伸到了其身后。蒋介石主政后，其“义兄”陈其美被捧到辛亥革命功臣中一人之下万人之上的位置，显然有树典型的意义，即让众多党员明白只有像陈氏这样对领袖绝对服从的才是好同志，试图用这样的典范的陶铸和熏染，以此实现“一个政党一个领袖一个主义”。现代政党拼的是政纲，政党内部有无凝聚力，端看其有无政见共识，而绝非靠神化领袖、靠领袖对党员的绝对控制相维系。纵观国民党 1949 年前的历史，即使是独掌权柄，也仍然喜欢搞些鬼蜮伎俩，党内斗争如此，和其他政党间的竞争中更如此。梁漱溟等民主人士多次摇头说国民党作为执政党“太无风度”，其实它原本就非一现代政党，求其有风度岂非缘木求鱼？

“同盟会之成，多赖海外华侨之力”

提到孙中山的海外动员，长期以来人们似乎存在一个固化的印象：一边“登高一呼”，另一边“应者云集”。

这一印象自然不能说不正确。在华侨赞助革命党的过程中流传着不少佳话，侨居越南的“关唐为挑水工友，每担水价只值一文，当镇南关、河口两役起义时，将其半生积蓄三千元悉数捐出”，孙中山自己也曾回忆，“有许多人将他们的全部财产交给我。费城的一个洗衣工人，在一次集会后来到我住的旅馆，塞给我一个麻袋，一声没吭就走了，袋里装着他二十年的全部积蓄”。

因了这些佳话，孙中山说过，“同盟会之成，多赖海外华侨之力”。另外一句孙氏名言“华侨乃革命之母”，虽经学者考证可能并不存在，但这句话所要表达的意思，孙中山的演讲和著述中其实并不鲜见。而后来的一些研究者也可以由此津津乐道曰：海外华侨对祖国的前途和命运忧心如焚，对帝国主义和清王朝怀有极大的愤慨，孙中山先生领导的挽救民族危亡、争取祖国独立富强的资产阶级民主革命，得到了海外华侨的热烈拥护和积极响应。

需要肯定佳话的积极意义，但仅仅宣扬佳话也容易淡化过程的艰辛。事非经过不知难，孙中山的海外筹款、动员其实经历了太多波折和困难。

革命党在海外华侨中筹款，主要有三种方式：一是吸收华侨加入组织，同时收取会费；二是募捐；三是发行债券。而从效果上考虑，能够以理念和宗旨说服华侨加入组织并积极捐助无疑是最好的办法，除此之外，出台一些激励政策也十分必要。

1904 年 1 月，孙中山到美国檀香山组织中华革命军，招人报名入会，以发行军需债券名义募款，当时规定实收美金一元，承诺“本军成功之日，见券即还本息十元”；同年 5 月，孙中山又到旧金山发动华侨，据冯自由的《革命逸史》所记，“是日总理于说明革命主义之后，提议请座众购买革命军需债券，谓‘此券规定实收美金十元，俟革命成功之日，凭券即还本息一百元。凡购券者即为兴中会员，成功后可享受各项优先权利’云云”；1911 年 7 月 21 日，革命党在旧金山设立洪门筹饷局，孙中山手订筹饷约章凡四款，其中第一款规定“凡认任军饷至美金五元以上者，发回中华民国金币票双倍之数回执，民国成立之日作民国通宝用，交纳税课，兑换实银”，而对于认任百元以上者除按照第一款之外另有奖励，即每百元记功一次，每千元记大功一次，民国成立后论功行赏，记大功者可向民国政府请领一切实业优先权利。……

尽管如此，革命党的海外筹款却难称顺利。梅斌林《孙中山在芝加哥》一文回忆（载《辛亥革命回忆录》第八集），孙中山到洗衣馆等处劝募，与餐馆工人等接触，募捐时往往受到冷遇，“甚至被拒之门外，但先生不以为意”。《华侨与辛亥革命》一书也记载，孙中山的此次芝加哥之行，原定计划是筹款两万元港币，但结果仅募得三千元，“合纽约、波士顿所捐，亦不过八千港币”。

经费不丰经常使孙中山等革命党人陷入困境。1908 年，河口之役失败，招募而来的军人避往新加坡，为解决这批军人的生活问题，孙中山和当地华侨一度极为狼狈。《孙中山全集》第 1 卷中收有孙中山写给著名华侨林义顺的一封求援信，信中说：“若过数日后尚不能安置，……恐彼等不堪饥饿，必有野蛮之举。数日前已见过一次，有十余人到《中兴报》讨伙食，其势汹汹，殊不雅观。……如此之事，弟实所难堪。”最后在新加坡华侨张永福的帮助下，用张永福之山开石，让军人们在石山做工，有了糊口之资，事件才算平息。

“梁借革命之名骗得此财”

革命党的海外筹款为何如此困难？

2011 年，专门研究华人史的著名学者王赓武接受媒体采访时曾经谈到了“海外华侨中谁在支持孙中山”，王先生说：“海外华人大部分都是劳工，少数是工商界老板。根据我看到的材料，一方面，工商界基本上是保守的，不愿意跟清政府产生公开冲突，因此比较支持康有为、梁启超。另一方面，工商界大部分是广府人，孙中山和康、梁两派也是广府人，但康、梁的地位很高，是书香子弟、举人和帝师，广府人非常钦佩康、梁，所以工商界的广府人大部分是保皇党。孙中山的主要支持者是下层人民，因为会党的关系，普通劳工就比较支持孙中山。”

在思考“革命党的海外筹款为何如此困难”这个问题的时候，王赓武的这一番话可以提供一些解答的线索：一是当时在海外争取华侨支持的力量，除了革命党，还有康、梁等保皇派，两股力量之间存在激烈的竞争；二是孙中山的主要支持者多来自下层，往往自顾生活而不暇，自然无法拿出大笔资金满足革命党之需。

揆诸史料，这两点是毫无疑问的事实。《孙中山全集》第 1 卷中收有孙中山致党人的一封信，谈及与保皇派争夺华侨的情形时说：“弟刻在檀（香山）岛与保皇大战，四大岛中已肃清其二，余二岛想不日可以成功。非将此毒铲除，断不能做事。”又对梁启超海外筹款获得成功而大表愤怒曰：“闻在金山各地已敛财百余万，此财大半出自有心革命倒满之人。梁借革命之名骗得此财，以行其保皇立宪，欲率中国四万万人永为满洲之奴隶，罪通于天矣，可胜诛哉！”而在发出此信后不久，孙中山赴檀香山活动，发起募捐，由于梁启超刚为保皇会募捐不久，结果仅得两千余元。

然而，接着王赓武的话头还可以进一步追问：海外华侨中孙中山的支持者何以多集中于下层？王赓武揭出了“保守”二字，认为“工商界基本上是保守的，不愿意跟清政府产生公开冲突”，所以才舍孙中山而愿意支持康、梁。

因理念上的先进或保守而产生思想差异，导致趋舍不一，这一点或许难以否认，但同时也不宜忽视工商界人士思考问题高度现实的特点，而这一特点无法以“先进”或“保守”这种词汇简单定论。

据《革命逸史》，胡汉民就曾多次抱怨云：“大资本家最不革命，最怕革命，……革命好像对他是大不利。”在讲述南洋华侨参加革命之经过时，又特别以侨商陆佑为例，说此人死时财产达到四五千万，因与一位党人私交甚深，因此孙中山多次敦促党人劝其助饷，而陆氏答曰：“恐怕你们没有成功的把握吧？等到你们有成功的把握的时候，我来帮助好了！”

同是面对华侨动员，在考虑问题更为现实的工商界人士看来，保皇派的失势只是暂时性的，一旦清廷改变政策，保皇党人必将重返政府掌握政权；而革命党人则不同，其旨在推翻清政府取而代之，风险和难度之大不言而喻，除非看到成功的希望，投入过多成本显然是不合算的。在华侨上层人士中，陆佑的态度应该有一定的代表性。

正因为难以打通上层人士，革命党人遂专心运动中下层阶级。过去研究者批评革命党未与绿林会党切割是一大败笔，今天看来这实在是一种事后之明。当年革命党之所以接近绿林会党，一方面是因为这股力量不可小视，另一方面也是因为与上层社会扞格难通，假若不走会党路线，意味着连向下层阶级渗透的渠道也将被堵塞。这一特点存在于国内，更存在于海外华侨社会。孙中山 1904 年之所以在美国檀香山加入洪门，也宜放在这一背景下考察。

“在国家为寡恩，在国民为负义”

尽管革命党从海外募集的多为来自中下层人士的零星捐献，但因为人员众多，集腋成裘，最后汇集到革命党手里的也是一笔巨款。但是这笔巨款的具体数额究竟是多少？至今并没有权威的统计。

2011 年，在辛亥革命百年纪念中，国内媒体给出的也是一个含糊的说法：“每次革命起义，经费大多数都来自于世界各国的侨胞。据不完全统计，从 1894 年兴中会在檀香山创建，到 1912 年中华民国南京临时政府的成立，华侨捐款达 1000 万港元之巨。他们中间许多人都是倾家荡产，包括孙中山的哥哥孙眉。”

台湾学者蒋永敬对革命党人的经费问题进行了专门研究，但是因为赞助者众多而账目等资料又往往匮乏，最后也只能集中于“辛亥革命前十次起义经费之研究”。

据蒋永敬的研究，1911 年 4 月黄花岗之役是革命党人多次起事中唯一有经费收支报告的一次。此役共支付十八万七千六百三十六元，获捐款项有案可稽者：荷属南洋（印尼）三万二千五百五十元，英属南洋（马来亚）四万七千六百六十三元，美洲七万八千元（其中加拿大六万四千元，美国一万四千元），暹罗（泰国）和安南（越南）二万九千四百二十三元。

蒋永敬对辛亥革命前六年革命党所得的捐款数目有一个统计：越南与泰国华侨八万九千四百二十三元；加拿大华侨六万四千元；荷属南洋华侨六万二千五百五十元；英属南洋华侨五万七千六百六十三元；檀香山华侨一万五千元；旧金山华侨

一万一千元；缅甸华侨四千八百元；纽约华侨四千元；芝加哥和波士顿华侨分别为三千元和两千元。日本、澳洲、菲律宾等地华侨，虽有捐助，但数目甚微。

显而易见，这里所列的仍然只是一个相当粗略的估计，遗漏的当不在少数。

以当年的筹款、支款等实际情形而论，华侨捐助革命的款项到底是多少，不仅是今人只能粗略估算，即便是当年的革命党人，恐怕也无法确定了。

入民国后，由于宋教仁被刺案，孙中山发动反袁的二次革命，又一度向海外募捐。事后孙中山致函参、众两院，函中提出，辛亥革命过程中所借募款项至今未偿，反袁又举新债，“计募借华侨款一百七十万元，借入日本商人债一百万元”。

此处孙中山提到的两个数据都是为反袁而借的新债，而关于辛亥革命中的劝募款项，仅提到“至今未偿”而没有具体数据，显示其本人对相关数据并未掌握的事实。

当年募捐，革命党人为取得效果曾对赞助者许下种种承诺，如付本息数倍或享受其他优待权利等等。但从孙中山“至今未偿”一语中可以看出，这些承诺并未兑现。虽然由于入民国后纷纷扰扰之现实，政局不为孙中山等掌控，未兑现当年承诺的根本原因并不在革命党人身上，但孙中山却为此而深深负疚。

就在这封致参、众两院的函中，孙中山感慨地写道：华侨捐助革命，“共和既复，而一不之恤，是则在国家为寡恩，在国民为负义。故请求政府代为偿还，非徒以保个人之信用也”。

据当事者口述，1910 年广州新军之役失败后，孙中山在马来亚召开“庇能会议”，会上孙中山声泪俱下：我一再向海外的同志要钱，但是到了现在，又来向你们要钱，就这一次吧，如果下次再失败，我就永不来见你们……

孙中山在给参、众两院写信希望政府偿债的时候一定是想到了 1910 年的这一幕。然而，偿债的事似乎并没有下文。

国民党与知识分子的疏离

1934年秋，国学大师章太炎自上海迁居苏州，一度生计艰难。夫人汤国梨女士遂以辛苦蓄积所得筑屋两间，一间用以自居，另一间则出租贴补家用，这笔稳定的收入加上章氏不固定卖文的润笔费，晚年章太炎的生活倒也悠哉游哉。不料此时出任国民政府江苏省主席的陈果夫要在苏州城内大兴土木，开辟马路的规划中，章宅恰在圈定的拆除范围之内。

章太炎即将沦为“拆迁户”，即使以其国学大师的身份，在市政建设中似乎也稀松平常。其实此事颇有蹊跷。

章太炎遭遇拆迁，汤志钧编著的《章太炎年谱长编》和谢樱宁编著的《章太炎年谱摭遗》都遗漏了，提供相关史料的是曾任国民政府湖北省主席、身为著名法学家的湖北江陵人张知本。张知本在其口述回忆录《辛亥革命及国民党的分裂》（九州出版社2011年版）中，谈及此事时说，苏州开辟马路，“其中有一路线，故为弯曲，恰巧穿越章宅，因此必须拆除”。“故为弯曲”四字将真相一举揭破。

1936年，张知本随一批国民党元老去苏州给章太炎祝寿，得知此情，返南京后即往见国民党秘书长叶楚伧陈说：“就公事而论，章宅并未妨碍交通，政府有意作难，显见无容人之量；于私，章氏寓居故乡，不失为乡里之荣，奈何煎迫之如是？”后经叶向陈果夫关说，章宅幸免拆除。

从张知本的叙述中可知，章宅本来不是非拆不可，官方“故为弯曲”，究竟想传递什么样的信息？

说起来章太炎与孙中山、黄兴等人虽存政见分歧，也多意气之争，但以其早年在《苏报》和《民报》“排满”的赫赫功绩，“革命先驱”的地位终无法撼动，学术声望更是四海景仰。然而当年孙中山至少还会给章氏表面的礼遇，为什么随着国民党掌握政权，连表面的礼遇都不愿给，甚至还一度抄没其家产，施以公开之羞辱呢？

章太炎在国民党掌权后的遭遇并非孤例。胡适因为对孙中山的“三民主义”学说有所商榷，在报纸上遭到一个中学没有毕业的国民党“党棍”陈德征的辱骂；1947 年著名政治学者萧公权应聘到南京中央政治学校任教，就任后，教育长居然约同党方人员对他进行一场关于“国父遗教”的口试。

余英时先生尝撰长文探讨近代以来“中国知识分子的边缘化”问题，他的结论是，在康有为、梁启超之后，中国知识分子便已无法再居于政治中心的地位，孙中山虽然相对更为重视会党人物，但究竟本质上还是一个知识分子，国民党内最初也容纳了不少知识分子。而自北伐成功以后，国民党实行一党专政，“党棍”气焰熏天，它便越来越和知识分子疏离了。回顾章太炎、胡适、萧公权等人的遭遇，类似事件之层出不穷，诚如余英时所说，无一不在说明国民党对高级知识分子的轻侮达到了多么荒谬的程度。

从同盟会到中华革命党再到国民党，这三者虽有过渡关系，但作为政党，其诉求先后是有区别的，而其中组织成员的结构也随之而变，最后又反过来催使国民党政权的性质产生了变化。这大概是国民党与知识分子逐渐疏离的根本原因。需要注意的是，国民党政权性质的这种变化并非仅仅体现在下层的“党棍”上。陈果夫的《苏政回忆》，专门谈到了苏州筑路拆除章宅之事，称章太炎为“遗老”，轻蔑之意跃然纸上。后来章太炎辞世，国民党机关报《中央日报》刊发社论，径呼章太炎为“辟儒”，此类乖张言行，适惹起知识阶层之反感。

1936 年 6 月 14 日，章太炎病逝于苏州，蒋介石等当年贵要均有“唁电”，国民党中央党部还特拨治丧费 3000 元。但这究竟只是一种表面的礼仪，而且即使只是表面的礼仪，恐怕更多的还是代表着蒋介石个人的意思，否则无法解释作为一省之长的陈果夫和作为官方宣传机构的《中央日报》对章氏的公然轻慢。

许多年后张知本于接受访问中还记得当时的诸多细节，可见其受刺激之深。这不奇怪，一则张知本少年就读于张之洞创办的两湖书院，颇具旧派人物的风范，二则其貌似居省主席之高位，但在国民党内其实并不得志。他的感喟中应该兼有自伤和伤世的两意。

在张知本的叙述中，张之洞尊师重教的场景至为生动。两湖书院每届开学之期，张之洞率领文武百官莅校，“至校门下轿步行，先至至圣先师孔子神位，率监督（书院主持人）以下及学生，行三跪九叩礼；续至正学堂，率领百官立于东阶，监督率分教（书院各科主持人称分教）立于西阶，文襄代表学生家长，向西阶行叩首礼，容颜肃穆，时彼已年逾花甲，官阶崇隆，全受礼之监督分教，泰半属其门下，然为表明付托使命之重大，与酬答教诲之辛劳，仍恭谨执行教师大礼，为人师者，膺此隆典，其能不发抒忠荩，尽瘁于教育乎？受业者经此潜移默化之熏陶，当更能体验师道之尊严与学术崇高之价值，而知所致力矣”。

清末两湖书院的“监督”和“分教”们所受之待遇如此，国民党掌权时期章太炎所受之待遇如彼，张知本未必一定存有对比之意，但读者产生联想岂非势所必至？

溥仪、胡适与“北京政变”

先查辞典，陈旭麓主编的《中华民国史辞典》“北京政变”条曰：“1924年10月第二次直奉战争期间，原直系讨逆军第三军总司令冯玉祥，接受国民党联合倒曹锟、吴佩孚主张，在热河前线与奉军达成协议，于20日秘密回师北京。冯与胡景翼、孙岳等共同行动，22日将总统府卫队缴械遣散，幽禁曹锟。次日联合发布通电，主张停战。又组织国民军，电邀孙中山北上，主持大计。24日曹锟被迫下令停战，罢免吴佩孚。11月2日曹锟宣告退职，由黄郛组成摄政内阁。4日内阁议决清废帝溥仪出宫，废除帝号。旋由摄阁与清室修正优待条件，5日执行。11月中旬奉军违约入关，长江流域数省一致拥段。24日段祺瑞就任临时执政。次日冯通电下野，辞去国民军第一军军长兼总司令职。”

近代以降，武人主导的各类兵变、政变多矣，这次北京政变可有异乎？也许有的，因为这次政变的主要人物是“基督将军”冯玉祥，因为他是要和孙中山合作的，更因为他后来在中国政治角斗场中所扮演的微妙角色，所以，在相当长时期里，在许多史家眼中，这次北京政变是一次革命的行动。他在政变之初发布的“安民布告”

中说，“嗟我无辜同胞，何堪再罹兵戎”，“推重国内贤家，共同解决内争”，“军人不干政治，义惟绝对服从”云云，宣告他发动兵变的目的是制止内战、停止军人干政、推重贤能共建国家，这些话也常常被视为一个旧军人天良激发思想转变后的肺腑之言。至于为什么驱走一吴佩孚，又来一愈加凶恶蛮横之张作霖，为什么掀下曹锟，又请一段祺瑞，为什么政变之后内争却愈演愈烈，为什么军人干政始终尾大不掉，为什么同胞之苦难更加深重等等问题，只好归结为革命的不彻底了。

对这样一起事件，本来是不会有向来爱惜羽毛的胡适的身影的。可事实是，胡适偏偏卷了进去。这一切都因为溥仪出宫。

从前面引述的辞典条目看，“溥仪出宫”实在只是北京政变中的一个小小枝节，对当日在京城握有重兵龙盘虎踞的冯玉祥来说，简直等于搂草打兔子，顺带的功业。也许是因为北京政变中先后登场的各色政治人物太多，各种事件太让人炫目，溥仪出宫一事在现代史上的影响被大大低估了，而且就在当年，许多富有远见的人物对此也是漠然视之的，查阅孙中山、梁启超、蔡元培、鲁迅等人的日记、年谱等资料，他们关于 1924 年的记载也许提到了冯玉祥、吴佩孚等名字，而溥仪出宫一事却全然在他们视野之外，哪怕就是事件的主角冯玉祥，在《我的生活》中可以绘声绘色回忆自己在军事政治上的种种部署，但关于驱逐清室却只有“最有意义”等寥寥数语。这其实是符合一般人的思维的：废帝早已过气，能给当时人们生活带来直接影响的只会是风云际会的实力派政客。

而胡适是一个罕见的例外。1924 年 11 月 5 日，也就是溥仪出宫的当天，胡适致信给时在黄郛内阁中任外交部长的王正廷表示“抗议”，信中说：“我对于此次政变，还不曾说过话；今天感于一时的冲动，不敢不说几句不中听的话。”胡适说：“我是不赞成清室保存帝号的，但清室的优待乃是一种国际的信义，条约的关系。条约可以修正，可以废止，但堂堂的民国，欺人之弱，乘人之丧，以强暴行之，这真是民国史上一件最不名誉的事。”此信于 11 月 9 日在《晨报》上发表，在舆论界掀起轩然大波，胡适一时几成众矢之的，连他的好友、向来与其思想接近的人如朱经农、周作人等也不赞成胡适的态度，朋辈中周作人的一封致胡适的信可称代表，他说：“这次的事从我们秀才似的迂阔的头脑去判断，或者可以说是不甚合于‘仁义’，不是绅士的行为，但以经过二十年拖辫子的痛苦的生活，受过革命及复辟的恐怖的经验的个人的眼光来看，我觉得这乃是极自然极正当的事，虽然说不上是历史的荣誉，但也决不是污点。”李书华、李宗桐致胡适的信，则正好代表了社会上一般人士的看法：“一个新文化的领袖，新思想的代表，竟然发表这种论调，真是出乎我们意料之外。……我们根本上认为中华民国国土以内，绝对不应有一个皇帝与中华民国同时存在，皇帝的名号不取消，就是中华民国没有完全成立。”这一事件的余波还延续到了 1925 年，这年 8 月，有人以“反清大同盟”名义在报上发表宣言，要求将胡适驱逐出京。同年 8 月 26 日，因胡适没有参与反对教育总长章士钊的宣言，“上海学生联合会”致信胡适，说：“比年以来，先生浮沉于灰沙窟中，舍指导青年之责而为无聊卑污之举，拥护复辟余孽，尝试善后会议，诸如此类，彰彰较著，近更倒行逆施，与摧残全国教育、蔑视学生人格之章贼士钊合作，……”在整个溥仪出宫事件中，反对冯玉祥逼宫的人虽有段祺瑞等人，但公开站出来称赞胡适的，却似乎只有溥仪的师傅、英国人庄士敦，他认为胡适“说出了这样一件正确的事情，并且用正确的方式说了出来”。

胡适为什么要冒着被大众舆论指为“复辟余孽”的风险为清室说话？一般人会立即想到他的先后两次进宫。说起来，这也是现代史上的有名公案了。“他叫我先生，我叫他皇上”，鲁迅以他那特有的笔法将这一事件高度浓缩为十个字，精练当然足够精练，但无疑也遮蔽了好些本来应该是很丰富的内容。胡适的二进宫一度成为敲打他的一根绝好棍子，有人还绘声绘色地描述胡适见了溥仪请求免跪拜的可笑状。随着时间的推移，人们现在对此事看得是越来越清楚了，也终于明白，还是当事人胡适进宫后写的一篇文章最合情理和逻辑。胡适在那篇《宣统与胡适》的文章中说：“一个人去看一个人，本也没有什么稀奇。清宫里这位 17 岁的少年，处的境地是很寂寞的，很可怜的；他在寂寞之中，想寻一个比较也可算得是一个少年人来谈谈，这也是人情上很平常的事。不料中国人脑筋里的帝王思想，还不曾洗刷干净，所以这件本来很有人情味的事，到了新闻记者笔下，便成了一条怪诧的新闻了。”正像理学家说的“眼中有妓心中无妓”一样，正因为胡适没有帝王思想，所以在他眼里，17 岁的溥仪只是一个生于深宫之中长于妇人之手，寂寞而可怜的少年，这无疑是一种人情、人性的视角。考察他的与溥仪往还之种种，他的这种视角都是一以贯之的，直到溥仪出宫，他还特地到溥仪暂时寄居的醇王府去看望，表示慰问，并劝其出洋留学，愿意予以协助。

追论胡适在北京政变中的立场和态度，不能不适当注意他与溥仪之往还，也不能不注意他观察溥仪的这一视角，说他没有一点儿情感的偏私大概是困难的，但这种情感是符合人性之常的，而肯定不是旧式士子“士为知己者死”那种悖时的情感。

北京政变发生，溥仪被军人驱逐出宫，表示抗议和不满的大致有三种：一是遗老一派；二是虽非遗老，但希望多一事不如少一事，不愿在清室有大丧之际，背负欺侮孤儿寡妇的名誉，如段祺瑞即是；三是从法理角度表示反对。胡适自属于后者，他的意见的要点有二：一是对清室的优待是一种条约，为签约一方中华民国所认可和接受，不应轻易变更和废除；二是即使变更和废除，也应双方平等协商，而不应以暴力胁之。胡适的意见有没有道理呢？回顾昔日优待条例之产生，应该说它是政争双方妥协的一种结果，可以设想，如果当年双方都不愿妥协，只会使战事难休，流血更多，也就是说这一条例并不是只对清室一方有利的。当年对双方都是利好的条例，怎能随着共和政体的巩固，因其需支浩繁，现在就转而说中华民国对清室过于优待？当然，时过境迁，条例可以修正甚至废止，但如何修正或废止，订约双方应该首先找到诉求的交集，如果只有一方自说自话，那只是一方面的决定，命令另一方执行就是了，还能叫什么共同遵守的条例？细读“修正”后的优待条款，其实就是军人一方也是承认所谓条例应该以双方共识为基础的，否则这个《修正清室优待条件》的开头就不会有这段话：“今因大清皇帝欲贯彻五族共和之精神，不愿违反民国之各种制度仍存于今日，特将清室优待条件修正如左：……”而应该是“中华民国决定将清室优待条件修正如左”

云云了。看来军人一方希望外界认为这是一个平等协商的结果，可事实是，“鹿钟麟催啦，说，再限二十分钟，不然的话……景山上就要开炮啦……”这是为各种史料所明载的。

关于溥仪被逼出宫，最具权威性的看法也许来自当年参与导致皇帝退位和草拟优待条例，后来一度任民国司法总长的唐绍仪，在接受记者采访时说：“如果中国需要改变民国同清帝的关系，我们就应该公正合理和彬彬有礼地去促进它”，“我们之所以同意优待条件是因为满洲人的退位缩短了革命的时间、拯救了人类的生命，并给予了我们一个专心致力于建设的机会……不管我们个人发表过什么意见，在新的协议未缔结之前我们一定遵守这个协议……但是冯将军也许不再意识到中华民族的伦理原则……这不是政治问题，而是道德问题，这不是中国的政体问题，而是这个国家是否有礼貌观念的问题……”看得出来，这种观点是和胡适接近的。

也有人试图从法理的角度，但从反的方向证明取消优待条例之合法，如章太炎所说：“六年溥仪复辟，则优待条件自消。”这是说清室应该为民国六年的张勋复辟负责。这种事后追溯看似有理却站不住脚。像张勋这样的既有实力而又鲁莽的武人，清室有力量制约他吗？如果真的因为溥仪参与复辟所以要取消优待条件，那么民国六年复辟败灭之初为什么不立即着手？更何况，溥仪出宫之后，有人曾试图在溥仪的文件中找到他参与和支持复辟的证据，可惜并没有找到，当时担任外交部长的王正廷后来也承认了这一点。说来很有意思的是，1922 年，也就是张勋复辟之后 5 年，溥仪大婚，送礼的既有吴佩孚、徐世昌、曹锟、张作霖等炙手可热的人物，礼单上还有北京政变的主角、“基督将军”冯玉祥送的一柄“白玉大喜如意”呢。从这一富有喜剧化的细节中，我们是否可以窥出种种堂皇言辞下面的一些东西？

溥仪出宫后，于1924年的11月29日，偕同郑孝胥、陈宝琛逃往东交民巷日本使馆；1925年2月，溥仪又在日本人的保护下乘车赴天津；再以后的事，国人已耳熟能详。如果没有北京政变，没有溥仪出宫，又会如何呢？历史无法假设，当然也可以说溥仪后来之被日本人利用自有一种必然的逻辑，但我们说北京政变之发生至少给日本人的这种利用提供了便利，应该要算平实之论吧？

北京政变还影响到了一个著名学者的命运，他就是王国维。《王国维年谱长编》记载：1924年11月，“先生因清废帝溥仪被逐出故宫，自认日在忧患中，常欲自杀，为家人监视得免”。王之后来沉湖自尽，虽有各种解说，但他与清室的精神联系是谁也否定不了的。当然，一个学者的生死，在军国要人和动辄大谈“历史必然性”的人士心目中，实在也算不了什么。

往事已矣。这样的往事曾经发生过怎样的影响，我们只能说说而已了。我只是在回望这段往事的时候常常想起胡适。当年他给一个猛烈抨击他为清室“张目”的人回信，说：“你们只知道‘皇帝的名号不取消，就是中华民国没有完全成立’，而不知道皇帝的名号取消了，中华民国也未必就可算完全成立。一个民国的条件多着呢！……在一个民国里，我偶尔说两句不中听、不时髦的话，并不算是替中华民国丢脸出丑。等到没有人敢说这种话时，你们懊悔就太迟了。”读这样的句子，不由人不感叹：胡适毕竟是胡适。

从梁启超家书看王国维之死

王国维之死，曾被称为“中国文化史世纪之谜”，解读者众，以至有人还专门编了一本《王国维之死》的专著，但迄今也没有一个以足够的证据和雄辩的推理做支撑，让所有关心、讨论这一事件的人都心悦诚服的看法。不过，在 20、21 世纪的转换年头，蔡仲德先生连续写作了四篇文章，论定王国维之死是为了“殉清”，他说：“我并不否认王国维的死因中含有其他因素。但我认为，生活不幸（长子之丧、挚友之绝等）、悲剧人生观、性格矛盾、思想冲突等也许都对其死不无影响，却都不是促使他非死不可的现实的、直接的、决定性的原因；陈寅恪提出的‘殉文化’说可谓言之成理，却无法说明王国维为何经此‘数十年’（指中国文化之消沉沦丧已数十年）不死而到 1927 年才死？又为何遗书有‘再辱’之语？唯有‘殉清’说才足以回答这些问题，才是促使他自沉的现实的、直接的、决定性的原因。”

“殉清”说并不新鲜，罗继祖教授（罗振玉之孙）主编那本《王国维之死》，在罗列诸家之说时，就曾以“编者按”的形式，对这些解读逐一批驳，而明申己论：王国维之死系“殉清”。不过，相形之下，蔡仲德先生的四篇文章显得更为有力更有声势，所以，蔡文一出，关于王国维之死的议论遽然消歇，仿佛这个“中国文化史的世纪之谜”已经被解开，王国维铁定是为“殉清”而死无疑了。

细读蔡先生的四篇大作，个人觉得，其有力处在于用反证的形式，指出了“殉清”说以外的各种论点之难以自圆其说处，但是对自己的论点，却并未提出非常有力的论据。所以，“殉清”说恐怕也很难经得住和蔡先生文章类似的追问：如果王国维之死确是为了殉清，他为什么不在清王朝覆亡之日死？如果是因为在 1927 年自感复辟无望才绝望自杀，那么 1924 年，冯玉祥发动兵变，逼清室出宫，当此之际王国维的这种绝望应该是最深的，那时他为什么不自杀？……

应该承认，王国维与清室有着某种精神维系，他的死也肯定与清室有关，但把“殉清”认定为“促使他自沉的现实的、直接的、决定性的原因”，实在难以服人。很难想象，一个对中国历代王朝更替史烂熟于心，而又曾接受西方哲学美学洗礼的人，会对一个他眼中的又一轮历史循环寄寓生命之重。

考究这么多年来关于王国维之死的争论，一个很大的问题是，几乎都局限于就王国维论王国维，其他的旁证却被忽略了，而由于王国维本人留下的资料不足征，乃众说纷纭就毫不足怪了。我们为什么不考察一下在王国维自杀前后的背景里，和王国维相似的知识分子的境遇和心态变化呢？近读丁文江、赵丰田编的《梁启超年谱》（上海人民出版社 1983 年版），书中收录了 1927 年梁启超给女儿梁令娴的家书多封，家书中既有对时局的分析，更有心境的流露。梁启超和王国维同属于一代知识分子，在多方面都有相似之处，梁启超的这几封直陈心境的家书也许对我们了解包括王国维在内的那一代知识分子的心态不无助益吧。

下面引用梁启超家书中的原文（括弧内为梁氏自加），不下是非对错之判断。

1927 年 1 月 2 日，“时局变迁极可忧，北军阀末日已到，不成问题了。北京政府命运谁也不敢作半年的保险，但一党专制的局面谁也不能往光明上看。尤其可怕者是利用工人鼓动工潮，现在汉口、九江大大小小铺子十有九不能开张，车夫要和主人同桌吃饭，结果闹到中产阶级不能自存，（我想他们到了北京时，我除了为党派观念所逼不能不亡命外，大约还可以勉强住下去，因为我们家里的工人老郭、老吴、唐五三位，大约还不至和我们捣乱。你二叔那边只怕非二叔亲自买菜，二婶亲自煮饭不可了。）而正当的工人也全部失业。放火容易救火难，党人们正不知何以善其后也。现在军阀游魂尚在，我们殊不愿对党人宣战，待彼辈统一后，终不能不为多数人自由与彼辈一拼耳。”

1 月 18 日，“思永来信所讲的政治谭，这种心理无怪其然，连我都有点如此，何况你们青年呢？打倒万恶的军阀，不能不算他们的功劳，我们想做而做不到，人家做了当然赞成，但前途有光明没有呢？还是绝对的没有。他们最糟的是鼓动工潮，将社会上最坏的地痞流氓一翻，翻过来做政治上的支配者，安分守己的工人们的饭碗都被那些不做工的流氓打烂了。商业更不用说，现在汉口、武昌的商店，几乎全部倒闭。失业工人骤增数万，而所谓总工会者每月抽勒十余万元供宣传费（养党人），有业工人之怨恨日增一日，一般商民更不用说。”

3 月 21 日，“今日下午消息很紧，恐怕北京的变化意外迅速，朋友多劝我早为避地之计（上海那边如黄炎培及东南大学稳健教授都要逃难），因为暴烈分子定要和我过不去，是显而易见的。更恐北京有变后，京、津交通断绝，那时便欲避不能。我现在正在斟酌中。”

5 月 5 日，“受病的总根源，在把社会上最下层的人翻过来，握最高主权。我所谓上层下层者，并非指富贵贫贱等阶级而言，乃指人的品格而言。贫贱而好的人，当然我们该极端欢迎他。今也不然，握权者都是向来最凶恶阴险龌龊的分子，质言之，强盗、小偷、土棍、流氓之类，个个得意，善良之人都变了俎上肉。……总而言之，所谓工会、农会等等，整天价任意宣告人的死刑，其他没收财产等更是家常茶饭。而在这种会中（完全拿来报私怨，他们打的是‘打倒土豪劣绅’旗号，其实真的土豪劣绅，早已变做党人了，被打者只是无告的良民。）主持的人，都是社会上最恶劣分子，（报上所说几次妇女裸体游行，的确的确是真的，诸如此类之举动，真举不胜举。）半年以来的两湖，最近两个月的江西（今年年底两湖人非全数饿死不可，因为田已全部没有人耕，工商业更连根拔尽。）凡是稍为安分守己的人，简直是不容有生存之余地。”

6 月 15 日，也就是王国维自沉后十三日，梁启超致书梁令娴，谈及王国维。“静安先生自杀的动机，如他遗嘱上所说：‘五十之年，只欠一死，遭此世变，义无再辱。’他平日对于时局的悲观，本极深刻。最近的刺激，则由两湖学才叶德辉、王葆心之被枪毙。叶平日为人本不自爱（学问却甚好），也还可说是有自取之道，王葆心是七十岁的老先生，在乡里德望甚重，只因通信有‘此间是地狱’一语，被暴徒拽出，极端捶辱，卒致之死地。静公深痛之，故效屈子沉渊，一瞑不复视。”

……

细研梁启超写于 1927 年的这几封家书，窃以为，其中至少透出了三个耐人寻味的消息：一是对时局的悲观和绝望。像梁启超这样的知识分子本来对北洋军阀不抱好感，可是对北洋政府倒台后的时局走向却很不乐观。二是深刻地预感到了一个在他们以往经验之外的新的社会即将到来。三是对个人命运的深深的忧惧。回头看王国维的遗书，“五十之年，只欠一死，经此世变，义无再辱”，寥寥十六字，其中意味不正和梁启超家书中透出的相同吗？其实这毫不奇怪，梁启超、王国维那一代知识分子，本来就有着大致相似的文化背景。

前人论述王国维之死，也看到了从遗书中透出的“内心的恐惧”，但是，王国维所感到恐惧的究竟是什么呢？值得探究。是因为眼看清室覆亡而且复辟无望而恐惧吗？笔者以为，这种论调未免过于看低了王国维，这样一个学贯中西的人，他会把一个王朝的存亡兴废看得如此重要吗？但他的确又充满了忧惧，个人以为，他所忧惧的并不是政治之变革，而是社会之变革。政治变革只是朝政之变化，政权之更替，很多时候只与“肉食者”有关，而社会变革显然更为深广，它不仅是政治的、经济的，也是社会的、文化的，而且一旦飓风飙起，所有人将无所逃于天地之间。上引梁启超家书中，已经把这种社会变革的“乱象”和影响描述得淋漓尽致了。对梁启超等人来说，谁来当总统，谁接掌政权，也许都还可以忍受，和他抗争，但“车夫要和主人同桌吃饭”，“社会上最坏的地痞流氓一翻，翻过来做政治上的支配者”，“整天价任意宣告人的死刑，其他没收财产等更是家常茶饭”等等，却无疑是逸出他们经验之外的，他们不仅不能接受，甚至有一种欲抗争而不能的感觉——两种文化系统的人，差不多等于“秀才遇见兵”了。对即将刮起的社会变革飓风，连久经战阵、政治阅历丰厚的梁启超都要仓皇“走避”，何况是一介书生王国维？

随着时局的一天天变化，梁启超、王国维已经意识到一个为他们所全然陌生的社会将不可抗拒地降临，他们在其中会居于何种位置呢？不幸的是，1927 年，又发生了湖南著名学者叶德辉被处死的事件。梁启超家书中提到了两个学者，其实湖北籍学者王葆心的死是误传，他死于 1944 年，但包括王葆心在内的不少学者在那个时代曾遭受折辱，则是无可怀疑之事实，所以才会有这种王葆心被难的误传。梁启超家书中还遗漏了一个人，1927 年，章太炎在国民党上海特别市党部的通缉“著名学阀”的呈文中，名列第一，其家产也被浙江军政府籍没。以章太炎的声望和地位，这显然是更加轰传士林更加刺激人心的事件。过去人们讨论类似事件对王国维的影响的时候，因为叶德辉其人名誉向来不好，用梁启超的话说，“有自取之道”，而王国维因为没有劣迹，所以本来应该没有恐惧的理由。但如果能对那一时代的社会状况有了较深的体察，在叶德辉、章太炎等学者的遭际之下，王国维的“物伤其类”之情就有了一个合理的落脚点。从叶德辉、章太炎等事件中，王国维是否以为，即将到来的社会不仅为自己所陌生，而且带有某种反文化的性质？

导致王国维最终决定自沉的原因颇多，如蔡仲德先生所说，生活不幸、悲剧人生观、性格矛盾、思想冲突等等都可能是细故之一，和清室的精神维系也不容否认。说到他和清室的关系，仔细体味王国维诗词，他之所以从情感上倾向于清室，毋宁说更多出于一个人道主义者的同情和关怀，因为袁世凯从清室中取得政权的手段不正，复由于北京政变推翻优待条件，王国维都认为这是对“弱小者”的欺凌，为他这样的笃实君子所不取。但这些林林总总，都不应该是最致命的。套用蔡仲德先生的句式，我关于王国维之死的结论是：“我并不否认王国维的死因中含有其他因素。但我认为，生活不幸（长子之丧、挚友之绝等）、悲剧人生观、性格矛盾、思想冲突等等也许都对其死不无影响，却都不是促使他非死不可的现实的、直接的、决定性的原因。唯有‘忧惧社会变革’说才足以回答这些问题，才是促使他自沉的现实的、直接的、决定性的原因。”

其实，这种“忧惧社会变革”说也是卑之无甚高论，因为如果取“文化”的广义，从本质上讲，它和陈寅恪先生的“殉文化”说、叶嘉莹教授的“新旧文化激变中的悲剧人物”说并无区别。

“看花终古少年多，只恐少年非属我”，性格忧郁而又深受叔本华哲学影响的王国维在一个新的社会即将来临之时选择了自沉，这总让人想起奥地利作家茨威格。也许这有些比拟不伦，但我却禁不住总要这么想，想起茨威格夫妇自杀前写下的那段震撼人心的遗言：

在我自己的语言所通行的世界对我来说业已沦亡和我精神上的故乡欧洲业已自我毁灭之后，我再也没有地方可以从头开始重建我的生活了……

停滞的时间

从 1942 回到 1877

不知为什么，一提到 1942 我就会想起 1877。在中国饥荒史乃至整个中国的历史中，这都是重要的两个年头。

1876 年，即光绪二年底，华北平原发生了长达四年的大旱灾，1877、1878 两年尤为严重，而这两年的阴历干支纪年属丁丑、戊寅，所以人们称之为“丁戊奇荒”。“丁戊奇荒”的受灾面积之大［直隶(即今北京、河北、天津一带)、山东、山西、河南、陕西五省均在其中］，延续时间之长，死亡人数之多（据估计高达千万），都堪称中国有史以来最严重的一次灾荒。

之所以要把 1877 与 1942 这两个灾年拿来进行比较，既因为这样的比较存在操作上的便利，也由于二者存在不少相似的元素：当时的政权都处于财政窘迫、危机四伏之中。1942 年国民政府的难局众所周知，而 1877 年的清廷也是内外交困，外部压力之下，太平天国、捻军先后施予重创，1877 年，捻军余部仍然在给清政府制造很大麻烦。媒体的介入。光绪初年的旱灾，上达天听的渠道是政府所办的邸报，实为一种公文的汇集，而普通民众则主要依赖刚刚兴起的现代报业，上海的《申报》报道，从光绪二年起，华北五省长期不雨，而山西尤为严峻，“田中之土，亦尽干结如石，非用铁石捶捣，不能碎烂”，长达千余里的汾河，“已尽见底而人可步行矣……晋民供饮食之水，亦均难得”。到了 1942 年，以《大公报》为代表的中国传媒显然是更加成熟了，《大公报》派出的战地记者，目睹饿狗畏缩着尾巴“在村口绕来绕去找不到食物……吃起了自己主人的饿殍”等惨状，挥笔写下了长达六千多字的深度报道《豫灾实录》，举国震惊。另外，两场大灾中都有一个扮演了重要角色的外国人。英国传教士李提摩太深入山西等重灾地赈灾，又向海外募捐，向中国人展示了一种与传统救济有别的现代慈善模式，而 1942 年的灾荒能够使当时的决策者痛下赈灾的决心，则部分要归功于美国记者白修德，据白修德的自述，当其拿出大量现场照片后，此前不相信河南爆发了如此严重灾情的蒋介石“腿开始轻轻抖了一下，有点神经质地抽搐”。

但仔细对比，两场旱灾仍然有很大的差别。尽管生命财产的损失同样惨重，但就实际灾情而言，1942 年远远不能与“丁戊奇荒”相提并论。若论赈灾条件，1877 年受灾区域包括多省，而 1942 年则河南以外的重要产粮区都是丰收状态。1877 年的交通运输不便给赈灾带来了很大困难，特别是像山西这样相对封闭的地方，巡抚曾国荃不止一次感叹：“所有采买之粮，价值居其一，运费居其九，以故竭天下财力，皆销磨于脚运之中。”而河南位居中国之中心，四通八达，1942 年的现代交通工具已开始展现威力，所以一旦政府下定了全力救济的决心，就出现了身处灾区的一位天主教神父写信向白修德描述的场景，“从陕西开来的货车装的全是粮食，以后就不断开来。在洛阳，粮食简直到了卸不完的地步。……”

抛开这些客观方面的不同，面对天灾，政府应对上的差异更值得关注。

政府理解媒体价值未必是媒体福音

赈灾建立在对灾情全面了解的基础之上。光绪初年的灾荒发生之后，无论民间报纸，还是地方官员都没有任何隐讳，曾国荃于光绪三年（1877）四月二十五日接任山西巡抚，五月十三日一路巡视后即向朝廷报告灾情：“目击荒旱异常，饥民已遍山谷。……垂亡之命，犹复掇草根以为食，剥树皮以充饥，死于道途者不知凡几。”而据时任第三届国民参政员的郭仲隗回忆，1942 年“河南饿死了 500 多万人，河南主席李培基只报了 1602 人，开政治上未有之奇”。

现在有争议的问题是，国民政府对真实报道豫灾的行为有无忌讳乃至做出惩罚？

一个说法流传已久：《大公报》因为刊出了名为《豫灾实录》的长篇报道和由王芸生执笔的题为《看重庆，念中原》的社评，而遭到了当局停刊三天的处罚。但现在这个说法受到了质疑。

电影《一九四二》热映和掀起探讨 1942 年历史热潮之后，腾讯网连续做了多期专题，其中一篇名为《戳破〈1942〉里的伪历史》

的长文最受关注，在网络和微博上引起热烈的讨论，作者声称：“无论是电影本身，还是作为脚本的纪实原著，乃至于媒体对该段历史的诸多重新发掘，均可谓是伪史当道。”

作者意欲推翻的第一个定论，就是“《大公报》因灾情报道而受到了国民政府的惩罚”，文中说：“《大公报》被停刊三天是实情，但其被停刊的原因，其实并不是因为该社论报道了河南的大饥荒。据王世杰1943年2月4日的日记披露，其被停刊的真实原因是‘《大公报》因指摘限制物价之失败，受停刊三日之处分’。王氏曾担任国民政府中央宣传部部长，1942年12月7日刚刚辞任。以他的身份，自然知道《大公报》被停刊的真实原因。换言之，报道灾荒并不犯禁，但指责政府限价不力则惹怒了当局。”

作者纠伪不无成绩，但指责当下媒体对该段历史的诸多重新发掘均是“伪史当道”实在过于自信了一点。让人吃惊者在于，作者似乎并未阅读《看重庆，念中原》的社评，王芸生的社评本因长篇报道《豫灾实录》而来，其中正有“指摘限制物价之失败”的内容，而这种“指摘”恰是因豫灾之联想而“看重庆”的结果。如果套用作者的话，在国民政府这里，“报道灾荒并不犯禁，但指责政府处理不善、拿灾区和战时首都对比则惹怒了当局”。

其实说“报道灾荒并不犯禁”也并不完全正确，白修德的报道差点发不出去不就是证明？国民政府的新闻审查和对舆论的钳制本来是一个铁的事实，不仅是灾荒，就是关于抗战的报道，当时媒体上充满了多少讳败为胜的新闻？如白修德回忆录中所辛辣嘲讽：“中国军队的退却总是被宣布为该军‘正在进行重大的侧翼包围行动’，如某城某地被报道为‘我方已胜利将敌人诱入陷阱’，则无疑表明该城已沦入日本人手中。”

惩罚越过容忍限度的《大公报》，因为唯恐人们，尤其是《大公报》的最大受众群体知识分子建立起灾情与人事的联想，对外国记者如实报道中国给予很多限制，因为害怕暴露政府效率低下从而失去海外尤其是美国的支持。回想起光绪初年《申报》的自由报道，和李提摩太向海外通报灾情，海外募捐效果的空前，与其说缘于新闻自由理念的进入，还不如说这是清政府自身力量软弱，以及对媒体的作用的认识还相当模糊的结果。

从 1877 年到 1942 年，中国传媒显然更加成熟，而政府控制力和对媒体价值的认识也在与时俱进，但这种进步给舆论生态带来的却并非全是积极的影响。此中之诡异值得深思。

救灾中呈现的吏治差异

1942 年灾情的扩大很大程度上缘于河南省政府最初的瞒报，但那位应该为此负责的河南省主席李培基却于 1945 年当选为国民党第六届中央执行委员，典型反映了国民政府吏治的松弛。

不仅此也，在救灾已经迫在眉睫的当口，灾区还要为军队和本地的政府官员个人和家庭所需征集粮食。白修德的回忆录中说：“每个官员每天征收的定额是四磅半粮食来养活他的家庭，为数不算少；而部队里的士兵，一天可得到两磅的粮食。凡是兵员缺额的部队，他们仓库里积存的粮食都是满满的，多得吃不完——军官们就把粮食卖掉，钱入自己的腰包。教会和清廉的官员就是从这样的黑市上买到粮食赈济受饿的人们。……”

尽管如此，政府惩戒失职渎职、徇私舞弊官员和军人的机制却始终没有启动。

而回到光绪初年，“丁戊奇荒”中的赈灾行动虽然也有不如人意之处，但多为细节，如粥厂往往设于城中，“近者得食，远者不获一餐。……使民奔走不遑”。而政府的纪纲仍然堪称严肃有力。

李提摩太在回忆录中称赞由做过将军的曾国荃来当灾区的巡抚是一种“幸运”，“当发现一位政府官员侵吞救济金，中饱私囊时，他下令立即处决。这种果敢的行动震慑了其他官员，缘此他使政府官员免于腐败，也使乡村不至于失序”。留意于整顿吏治和稳定秩序，这的确是赈灾之要着，如果吏治不清明，秩序不稳定，即使花费甚巨，赈灾的效果也会微乎其微。

光绪四年（1878）三月二十七日，曾国荃向清廷上了《特参州县疏》，所参的地方官吏，一个是吉州知州段鼎耀，其人“于省局拨解赈银胆敢扣留不发，实属玩视民瘼，忍心害理”，另一个是代理荣河县知县王性存，“借罚捐赈为名，借端侵渔”，还有“试用县丞郭学海，委解粮石，假公济私，任意迟延，亦属任性妄为”，曾国荃“请旨一并革职，归案审讯，按律定拟，以重赈务而儆官邪”。最有意味的是，两个知县仅因在灾中修理知县衙门，也受到了曾国荃的严厉处分。

另据曾国荃奏报，灾情发生以来，“自初至今，计候补及在任正佐各员物故者，已近八十员”。官吏亡故如此之多，灾后疫情蔓延加剧赈灾风险是一个因素，积劳成疾无疑是另一个因素。

曾国荃在请求朝廷对死于赈灾中的官吏进行抚恤的奏折中说：“近日州县等官多有饔飧莫继者，且有得力之员因办赈焦劳过甚，遂至一病不起无以为殓者。”曾国荃笔下因赈灾“饔飧莫继”、死后甚至“无以为殓”者，民国官场上能够找到几例？

可以认为，在传统儒家“民胞物与”观念坍塌，而新的信仰尚未建立之际，复由于纪纲不振监督乏力，民国官吏阶层的道德水准呈全面下滑的趋势。

1942 泰半属于人祸

尽管出现了像《戳破〈一九四二〉里的伪历史》这样为国民政府辩护的文章，但一个判断大概很难被攻倒：与“丁戊奇荒”泰半属于天灾不同，“1942”泰半属于人祸。

不仅二者灾情不可同日而语，以河南的地理优势和 1942 年的交通条件，灾荒发生之后若能迅速有力地展开救济，绝不可能会有如此惨重的损失。

《戳破〈一九四二〉里的伪历史》一文中说，“电影及媒体惯说蒋介石不愿意救灾、‘根本不相信河南有灾’，……史料都有问题。”其实，除了电影《一九四二》之外，严肃的出版物很少断言蒋介石没有救灾的意愿也从未采取过救济的动作。即如作者一再质疑的白修德的回忆录，也清楚记载，豫灾虽然有所瞒报，但还是“相当柔和”地呈报到了重庆，而政府也因此拨付了 20 亿元的纸币。换言之，蒋介石和国民政府高层并非“根本不相信河南有灾”，而是起初“根本不相信豫灾已到了非常严重的地步”，也不是根本不愿意救灾，但因为根本不相信豫灾已到了非常严重的地步，所以其初期采取的救济动作对灾民来说真如杯水车薪。试问，在政府货币信用难以维系的灾区，20 亿元纸币岂不近于画饼充饥？更何况据白修德回忆，计划的 20 亿最终只运去了 8 亿元。

灾荒一旦不幸发生，政府反应的快慢影响至巨。1877 年，曾国荃刚刚接任巡抚即向朝廷汇报灾情，提出把光绪三年（1877）上半年的应解京饷 50 万两拨出 20 万两作为赈灾资金，很快便得到了清廷的允准；而据当时国民党中央社的消息，1942 年河南的“征实征购”“虽在灾情严重下，进行亦颇顺利……各地人民均罄其所有，贡献国家”……诚如王芸生社评中所说，“这‘罄其所有’四个字，实出诸血泪之笔！”

拿 1877 年和 1942 年相比，战争当然是一个没法置之度外的元素。必须承认，鉴于日寇的逼迫和河南局势的复杂，国民政府应对灾荒或许存在比清政府更多的困难，但是即使不去考虑河南地理的优越和交通条件的改善，只要想想从 1877 年到 1942 年，这中间整整经历了 66 年！如此漫长的岁月，中国这块土地上理当具有的进步在哪里？中国人民的福祉又增加了多少？

就这样，从 1877 年到 1942 年，中国人的时间仿佛陷入了停滞。

附：参考和引用书目

《中国近代史资料丛刊：辛亥革命》，上海人民出版社1957年版。

《中国报学史》，戈公振著，三联书店1955年版。

《中国留美幼童书信集》，高宗鲁搜集译注，珠海出版社2006年版。

《清末四十年申报史料》，徐载平、徐瑞芳著，新华出版社1988年版。

《剑桥中国晚清史》，［美］费正清主编，社会科学出版社1985年版。

《近代中国社会文化变迁录》第一卷，李长莉著，浙江人民出版社1998年版。

《从东方到西方：走向世界丛书叙论集》，钟叔河著，岳麓书社2002年版。

《王韬日记》，中华书局1987年版。

《忘山庐日记》，上海古籍出版社1983年版。

《曾纪泽日记》，岳麓书社1998年版。

《近代中国的变局》，郭廷以著，（台北）联经出版社1987年版。

《晚清宫廷与人物》，吴相湘著，（台北）传记文学 1979 年版

《日藏甲午海战战争秘录》，林伟功编，澳门中华出版社 2007 年版。

《甲午战争外交秘录》，［日］陆奥宗光著，陈鹏仁译，（台北）海峡学术出版社 2005 年版。

《李鸿章年谱》，雷禄庆编，（台北）商务印书馆 1977 年版。

《翁同龢日记》，中华书局 2006 年版。

《清史稿》，中华书局 1998 年版。

《曾国荃全集》，岳麓书社 2009 年版。

《徐世昌传》，沈云龙著，（台北）传记文学出版社 1979 年版。

《凌霄一士随笔》，山西古籍出版社 1997 年版。

《近代稗海》第一辑，四川人民出版社 1985 年版。

《庚子西狩丛谈》，吴永口述，岳麓书社 1985 年版。

《现代政治人物述评》，沈云龙著，（台北）文海出版社 1976 年版。

《曾国藩年谱》，黎庶昌著，岳麓书社 1986 年版。

《左宗棠全集 · 书信》，岳麓书社 1996 年版。

《施肇基早年回忆录》，（台北）传记文学出版社 1985 年版。

《古红梅阁笔记》，张一麐著，上海书店 1998 年版。

《徐树铮先生文集年谱合刊》，（台北）商务印书馆 1989 年版。

《三水梁燕孙先生年谱》，上海书店影印“民国丛书”。

《李鸿章与中日订约》，王玺著，（台北）“中央研究院”近代史研究所 1981 年版。

《端方与清末新政》，张海林著，南京大学出版社 2007 年版。

《吴汝纶尺牍》，黄山书社 1990 年版。

《我的前半生》，爱新觉罗 · 溥仪著，群众出版社 1984 年版。

《张謇全集》，江苏古籍出版社 1994 年版。

《梁启超年谱长编》，丁文江、赵丰田编，上海人民出版社 1983 年版。

《二十世纪初中国政治改革风潮》，侯宜杰著，人民出版社 1993 年版。

《湖南现代化的早期进展》，张朋园著，岳麓书社 2002 年版。

《立宪派与辛亥革命》，张朋园著，（台北）“中央研究院”近代史研究所 1969 年版。

《杨度集》，湖南人民出版社 1986 年版。

《天朝的崩溃：鸦片战争再研究》，茅海建著，三联书店 1995 年版。

《郭嵩焘诗文集》，岳麓书社 1984 年版。

《西学东渐与晚清社会》，熊月之著，上海人民出版社 1994 年版。

《我在美国和在中国生活的追忆》，容闳著，中华书局 1991 年版。

《沈家本传》，李贵连著，法律出版社 2000 年版。

《樊山政书》，樊增祥著，中华书局 2007 年版。

《两浙史事丛稿》，徐映璞著，浙江古籍出版社 1988 年版。

《近世人物志》，金梁撰，北京图书馆出版社 2007 年版。

《梁节庵先生年谱》，吴天任编，（台北）艺文印书馆 1979 年版。

《世载堂杂忆》，刘成禺著，辽宁教育出版社 1997 年版。

《清宫词》，（清）胡延等著，北京古籍出版社 1986 年版。

《人境庐诗草笺注》，（清）黄遵宪著，钱仲联注，上海古籍出版社 1981 年版。

《旧制度与大革命》，［法］托克维尔著，商务印书馆 1996 年版。

《王世杰日记》，（台北）“中央研究院”近代史研究所 2012 年版。

《伍廷芳集》，中华书局 1993 年版。

《孙中山年谱长编》，陈锡祺主编，中华书局 1991 年版。

《黄兴年谱长编》，毛注青编，中华书局 1991 年版。

《黄兴集》，中华书局 1981 年版。

《陈英士纪年》，莫永明著，南京大学出版社 1991 年版。

《武昌革命真史》，曹亚伯著，上海书店 1982 年版。

《邵元冲日记》，上海人民出版社 1991 年版。

《记者生涯五十年》，金雄白著，跃升文化 1988 年版。

《辛亥革命在上海史料选辑》，上海人民出版社 1981 年版。

《张元济年谱》，张树年主编，商务印书馆 1991 年版。

《章太炎年谱长编》，汤志钧编，中华书局 1979 年版。

《辛亥革命及国民党的分裂》，张知本口述，九州出版社 2011 年版。

《钟伯毅、邓家彦口述自传》，大百科全书出版社 2009 年版。

后记

此书的基础部分是凤凰文艺出版社2012年出版的《被打断的转型：晚清真相》，但同时也可以说此书是一本新书，因为增加了许多新内容，如“后晚清”这一辑中的10篇文章，而在内容增加之后，作者要表达的题旨无疑更为显豁了。

“后晚清”，顾名思义，时间上溯清末下连民国，其与晚清的关系不言而喻。窃以为晚清这个时段里发生的许多事情，需要和晚清之后的人与事进行比较、综合才能看得更为分明。

在刚刚过去的2016年，为纪念辛亥革命105周年，国内举行了各种活动。这几乎是一个惯例的动作，也不难理解。但任何时候，读书人都不能放弃思考，在习以为常的仪式化热潮中，重新思考的重要性更是不言而喻。之所以要“重新思考”，实因为一百多年来，很多时候我们被一些概念所缠绕，而忽视了对实体乃至历史真相的探寻。

比如几乎所有关于近代史的书籍在写到清帝退位这一重大事件时，都会宣告：这代表着君主专制在中国的终结。其实“君主”和“专制”之间的联系非常复杂，并不是国体先进，政体就会自然先进。

君主国体的被埋藏，的确掀开了中国新的一页，但这一页对民众来说究竟意味着什么，仅仅一纸皇帝退位诏书能否给出斩钉截铁的结论？结合“后晚清”中的几篇文章，相信读者自有答案。

辛亥革命的价值当然需要大加颂扬，在近代以降革命话语主宰舆论的环境中，这一点势所必至。然而另外一些问题也似乎不容回避，其中尤为重要者就是：为什么革命成功，近代中国的转型之路还是没能顺利完成？

晚清这个时段已经被贴上了众多负面的标签。这是有道理的，在很多方面，晚清都不能让人满意，但这一时段有一个鲜明的特点，即无论政治、经济还是社会都在进行深刻的转型。我在本书中选择了多个自认为对晚清社会走向具有深远影响的事件，通过发掘比以往更多更一手的史料，对其细致再现与分析，试图揭示出辛亥革命前夕晚清社会转型的真实形态。我期待读者读完此书，可以回答以下一些疑问：晚清社会转型已经走到了哪一步，给当时的中国人带来了什么样的影响？这种转型又为什么会被打断？晚清转型被打断是不是无可奈何的宿命结果，能否由此推出某种历史决定论？隔代论史，殷鉴何在？……

关于晚清、辛亥的图书一直是出版界的热点，坦率地说其中也颇存在一些“耳食之谈”“谬悠之说”，最流行者，如清政府关闭改革的大门逼出了革命，贵族利益集团丢尽了脸彻底丧失了人心等等。推翻这些论点，随便翻翻史料就够了。事实是，即使在清廷覆亡的前夕，改革的大门也始终没有关闭；清政权内部也根本不存在一个铁板一块的所谓利益集团，以满汉贵族区分，两大阵营中都有支持和反对改革的官僚，而即使是反对改革的官僚，也未必都是为了保住自己的既得利益，其中不乏清廉耿介之士，他们不过是担心改革过急，欲速不达罢了。

回到“近代中国的转型何以如此艰难”的问题，除了主政者对世界大势的把握能力之外，我以为下列各点不能忽略：一是激进思潮所席卷的民族、民粹等极端情绪严重毒化了社会氛围；二是在社会变革的过程中，那些用宏大、堂皇的符号包裹自己利益诉求的人往往能够巧妙左右民意；三是革命代替改革之后，权威资源流失得太多。

和历史上许多革命一样，辛亥革命的领导者和组织者中，的确有不少真诚的理想主义者，然而不能否认，一旦革命的飓风飙起，或主动参与，或被动裹挟进来的，并非都是天使。这也是辛亥革命成功之后，国家却长期陷入兵连祸结悲剧的一大关键。社会运动不一定非要与道德亦步亦趋，但不受道德约束、全然失去敬畏的社会运动，终究会将人性之恶全部诱发出来。

嫌改革的转型之路不快，这是革命的最雄辩的理由，而革命成功却往往意味着转型的中断，这堪称革命的一个悖论。可惜中国一再陷入了这一循环。回望历史，能不慨然？

本书以现在这个面目呈现，东方出版社策划编辑陈卓先生提出了很好的创意，付出了辛劳，感谢二字虽嫌程式化却是万万不可免的。

2017 年 4 月记于广州